최고 버전의
나를 찾아라

최고 버전의
나를 찾아라

크리스천 재럿 Christian Jarrett

이성동 옮김

성격 재발명의 10가지 원칙

책봇에디스코

주드, 로즈, 찰리를 위해

● 추천사

이 책은 단계별로 자신을 향상시킬 수 있는 구체적인 계획을 수립할 수 있다는 희망을 준다. 심리치료사 경력이 30년 이상 된 나의 경험을 통해서 볼 때, 성격 변화에 대해 이 책보다 쉬우면서도 지침이 되는 책을 보지 못했다.

– 카렌 R. 코니그(《뉴욕 도서 저널》)

재럿은 성격이 우리가 생각하는 것보다 유연하게 변화될 수 있음을 설득력 있게 보여준다.

–《파이낸셜 타임스》

재럿은 성격 변화를 열정적이고 힘차게 보여주어 독자들이 확신을 얻을 것이다.

–《퍼블리셔스 위클리》

이 책이 당신의 삶을 바꿀 것이라는 말은 결코 과장이 아니다. 성격의 변화가 일상적이면서도 지속적이라는 것을 보여주기 위해 동원된 매력적인 학술 논문, 놀라운 사례들, 개인적인 일화는 거의 완벽하다. 이 책은 필독서이다.

– 니르 이얄(베스트셀러 작가, 『초집중 Indistractable』 저자)

이 책은 읽을수록 매력적이고 확신을 준다. 그냥 엉터리로 주장하는 것이 아니라 과학적인 자료를 뒷받침하여 분명하게 말한다. 영감과 놀라움과 동기유발과 열정을 주는 이 놀라운 케이크에는 자두, 체리, 건포도와 달콤함이 있다. 진심으로 추천한다.

- 스티븐 프라이

- -

크리스천 재럿은 명료하고, 균형 잡히고, 적절하고, 권위 있게 긍정적 성격 변화에 대해 설명한다. 풍부한 근거자료와 힘찬 서술로 가득 차 있는 이 책은 희망적이고 의미 있는 메시지를 전한다. 자신의 성격과 주위 사람의 성격에 당황하고 놀라는 일반 독자들에게는 필수적인 저서이다.

- 브라이언 R. 리틀 (『성격이란 무엇인가Me, Myself, and Us』저자)

- -

이 책에서 재럿은 심오한 자료들과 통찰에 가득 찬 내용을 보여주면서 사실 자신에게 붙들리지 말기를 바라고 있다. 우리 자신이 알든 모르든 우리는 변화하고 있고, 변화할 수 있다.

- 멜리사 달(뉴욕 매거진《더 컷The Cut》수석 편집자)

- -

학교와 직장에서의 성공, 정신적·신체적 건강, 심지어 수명에 미치는 성격의 영향에 대해 많은 사람은 잘 인식하지 못한다. 재럿은 이 놀라운 책에서 이전의 성격 습관을 불식시키고 더 나은 성격을 형성하는

방식을 잘 보여준다. 시의적절하고 강력한 이 책을 읽고 난 다음 당신
은 이전처럼 자신의 성격을 생각하지 않을 것이다.
- 스콧 배리 카우프만
(〈사이콜로지 팟캐스트〉 진행자, 『초월Transcend』 저자)

재럿보다 성격심리학을 잘 풀어나가는 사람은 없다. 이 책은 매력적이
고 유려하게 성격 형성의 요소들을 잘 지적한다. 그리고 새로운 사람
이 되는 실제적인 방식을 제시한다. 연민, 지혜, 낙관으로 가득 차 있다.
자아 변화의 과학에 흥미를 가진 모든 사람이 읽기를 바란다.
- 데이비드 롭슨(『지능의 함정The Intelligence Trap』 저자)

재럿의 매력적인 집필 스타일은 현재에 만족한 생활을 하고 있는 사
람에게조차 즐거움과 가르침을 준다. 이 책에서 그는 긍정적인 방식
으로 새로운 습관과 변화를 구축하기 위한 훈련과 통찰을 제시한다.
- 엘리자베스 로프터스(전 심리과학협회 회장)

영감에 가득 차 있으면서도 실제적인 이 책에서 재럿은 긍정적인 성
격은 성취 가능하다는 것을 보여준다. 가능성에 대한 확신이 실제적
인 가능성의 핵심이기 때문에 이 책을 읽는 것이 바로 성격 향상의 시
작이다.
- 올리버 버크먼(『합리적 행복The Antidote』 저자)

접근 가능하고 실질적인 방식으로 성격과 행동의 복잡함에 대해 소통하는 이런 책을 만나는 것은 심리학자로서 흔한 일이 아니다. 이 책은 이런 일을 엄청나게 잘하고 있다. 재치와 따뜻함이 넘친다! 더 나은 변화를 위해 성격의 과학을 어떻게 활용해야 하는지를 보여주는 지적으로 짜릿하고 아주 실제적인 책이다.

 - 닉 위그널(임상 심리학자, 블로거)

성격은 변화하기 어렵다. 그러나 최신 과학은 올바른 수단과 전략으로 보다 나은 사람이 되는 것이 가능하다는 것을 보여준다. 새롭고 훌륭한 이 책은 그것이 어떻게 가능한지를 보여줄 것이다.

 - 토마스 차모로-프레무지크(영국 유니버시티 칼리지 런던과 미국 컬럼비아 대학교 경영심리학과 교수)

- **일러두기**

1. 인명은 외래어 표기법을 따랐으며, 일부는 널리 통용되는
   발음을 반영해 예외로 두었다.
2. 도서명은『　』로, 신문이나 잡지는《　》로, 짧은 글이나 영화,
   그림 등의 작품은〈　〉로 표기하였다.
3. 원문에서 강조한 부분은 굵은 글자로 표시하였다.

차례

추천사   006

작가 노트   012

1장   당신 안의 우리   018

2장   고난과 시련   052

3장   병리학적 변화   092

4장   식단, 황홀, 숙취   129

5장   변화를 선택하기   179

6장   구원: 나쁜 사람이 좋은 사람이 될 때   228

7장   어둠의 교훈   263

8장   성격 재발명의 10가지 원칙   305

에필로그   340

감사의 말   344

역자 후기   348

미주   352

찾아보기   388

사람은 진정 변할 수 있을까? 20년 넘게 심리학과 뇌과학에 대해 집필하면서 나는 이 질문이 많은 이에게 엄청나게 중요한 질문이라는 것을 깨닫게 되었다. 달리 표현하면, 나쁜 사람이 좋게 변할 수 있을까? 게으른 사람이 야망에 가득 찬 사람이 될 수 있을까? 제 버릇 개 줄 수 있을까?

자신을 있는 그대로 받아들이는 것이 심리적으로 건강한 것은 사실이다(받아들이는 것이 체념과 절망으로 빠지지 않는 한에서는). 하지만 나는 쓰고 싶은 책이 있었다. 그 책은 현재의 자신에게 만족하지 않고 자신이 가진 가능성을 최고도로 끌어올리는 데 지대한 관심을 가진 사람을 위한 책이다.

자신의 성격을 바꾼 범죄자들, 자신의 목소리를 내게 된 수줍었던 유명 인사들, 새로운 노력으로 탁월하게 변신한 마약 중독자들의 이야기와 함께 심리학의 설득력 있는 최신 연구 결과들을 통해 당신은 사람이 **변한다**는 것을 알게 될 것이다. 그렇다, 자신을 변화시키고 싶다면 **당신은 그렇게 할 수 있다.** 금방 그렇게 되거나, 쉽진 않겠지만 자신을 변화시키는 것은 가능하다.

당신의 성격은 삶이라는 과정을 통해서 계속해서 진화할 것이다. 이런 진화는 부분적으로는 변화하는 주위 환경에 대한 자연스러운 반응의 결과이기도 하고, 점진적으로 일어나는 생리적 변화가 그 원인이기도 하다. 가장 흥미로운 점은 당신이 되고자 하는 사람이 되기 위해 이런 변화의 유연성을 스스로 조절할 수 있다는 것이다.

이 책은 당신의 성격, 인생 이야기, 열정 등 다양한 측면을 더 잘 이해하도록 돕기 위한 테스트와 훈련법들로 가득 차 있다. 솔직한 마음으로 세부적인 훈련에 더욱 적극적으로 참여할수록 당신은 자신에 대해 더 많이 알게 될 것이고, 이 책이 주는 통찰력에서 유익함을 얻을 것이다. 새로운 습관을 형성하는 것은 성공적인 성격 변화의 핵심 요소이다. 그리고 이 책의 각 장 말미에는 기존과는 다른 성격을 형성하는 데 도움이 되는 새로운 활동을 제안하고 심리적 전략을 제시할 것이다.

또한 몇 가지 조심스럽게 살펴봐야 할 점도 있다. 나는 좋은 사람이 나쁘게 변하는 것에 대해, 그리고 때로는 부상과 질병이 성격에 미치는 파괴적인 영향에 대해서도 자세히 알아볼 것이다. 요컨대 당신의 성격은 끊임없이 변화해 가는 하나의 작품이다. 자기 자신에 대한 최고의 버전을 추구하는 것은 완수해야 할 과제라기보다는 스스로 살아가야 할 하나의 철학이다.

나는 이 책이 다른 사람의 희화화된 평가에 갇혀 있거나 압박감을 느끼는 사람에게 특히 호소력을 발휘하기를 희망한다. 우리가 종종 주변 상황의 영향을 무시하면서 (심리학에서는 "근본적 귀인 오류"로 알려져 있다) 서로에 대해 조급하게 결론을 도출하는 경향을 보이는 점은 바로 인간의 약점이라고 할 수 있다. 만약 당신이 **내성적이거나, 게으르거나, 여리거나, 약하거나,** 아주 단순하게 당신의 성격이 어떠하다는 식으로 다른 사람의 판단에 얽매여 있다고 느낀 적이 있다면, 당신은 다음과 같은 점을 배우면서 즐거움을 느낄 것이다. 즉 일정하게 주어진 바로 그 시기에 성격이 어떻게 드러나는지, 평생에 걸쳐 성격이 어떻게 변화하는지, 새로운 습관으로 자신을 변화시키고 인생에서 진정한 열정을 추구하여 기존의 성격 틀을 어떻게 부수고 나올지를 배울 것이다.

사람은 변한다. 나도 변했다. 어느 날 낡은 서류를 정리하다가 기숙학교에 다니던 십 대 시절 나에 대한 선생님들의 보고서를 우연히 보게 되었다. 16세 때 지도 교사는 "어떻게 하면 크리스천의 침착한 태도를 바꿀 수 있을지 잘 모르겠다"라고 썼다. 기숙사 사감은 같은 학기말 보고서에 "지도 교사의 말에 동의한다"라고 썼다. "크리스천의 타고난 성격은 '너무 조용하다'는 평을 받을 만하다"라고 말이다. 우리 반 선생님들은 만장일치로 내가 "너무 내성적이고 조용하다"(지리), "수업 토론에 더 많이 참여하도록 격려할 것이다"(역사), "더 말할 필요가 있다!"(영어)라고 했다. 가장 마음에 드는 것은 그 1년 전에 기숙사 사감이 한 평가로서, "크리스천의 선한 과묵함이 자신감 없음의 표시인지, 단순히 지성적인 차원에서 말을 아끼는 것인지 구별하기는 쉽지 않다"라는 것이었다.

그러나 대학 1학년 때, 나는 갑자기 내 껍데기에서 벗어났고, 많은 친구들을 사귀었고, 거의 일주일 내내 밤새도록 파티를 했다. 내가 최고의 성적으로 대학을 졸업한 후, 졸업 논문 지도 교수가 나를 오래전에 포기했다는 것과 나를 학문보다 스포츠에 더 관심이 많은 쾌락주의자로 밀쳐놓았다고 인정한 것을 기억한다(나의 사회생활과 내가 트레이너로 아르바이트하며 대학 체육관에서 보낸 시간을 근거로 말이다).

변화는 계속된다. 졸업 후 5년 남짓한 시간이 흘렀고, 인생은 다시 조용해졌다. 편집자 겸 작가로 원격 근무하며, 후에 나의 아내가 될 이와 함께 영국 요크셔의 시골에 살면서 나는 다시 극도로 내성적인 사람이 되었다. 나는 차가 없었고, 내 아내는 리즈 시에서 20마일 떨어진 곳에서 임상 심리학자가 되기 위해 공부하고 있었다. 이것은 상황이 어떻게 우리를 완전히 다르게 형성할 수 있는지에 대한 교과서적인 예이다. 조용한 마을에 있는 홈 오피스에서 혼자 일할 때는 외향적인 사람이 되기 어렵다. 하지만 첫 편집자로서의 도전적인 역할에 몰두하면서 점점 더 성실해지는 것을 느꼈고 심리학에 대한 글쓰기가 소명처럼 느껴졌다. 마감일을 맞추고 매일 글을 쓰는 자기 원칙을 지키는 것이 즐거웠고, 그것은 내 삶의 리듬의 일부가 되었다.

최근 몇 년간, 나는 내 자신이 다시 변화하는 것을 느꼈다. 나는 로즈와 찰리라는 아름다운 두 아이를 갖는 축복을 받았다. 이것은 나의 성실성을 더욱더 북돋웠다(삶에서 부모 역할보다 더 큰 소명이 있을 수 있을까?). 하지만 아이들이 나의 신경증적 성향을 한두 가지 더 증가시켰을지도 모른다.

게다가 나의 경력은 점점 쌓여 생방송, 라디오, TV에서 대중 연설을 더욱 많이 하게 되었다. 몇 년 전, 런던의 한 대형 술집에서 300명의 청중을 웃기는 행복한 소동을 겪으며 무대에 섰던 기억이 난다(덧붙이자면 그때 나는 설득의 심리에 대해 가벼운 이야기를 하고 있었다). 예전의 학교 선생님들이 현재의 나를 어떻게 생각할지 궁금하다. 그들이 내게 준 학교 보고서와 내가 최근에 런던 술집에서 한 강연에서 받은 평을 비교해 보자. "크리스천은 훌륭한 연설가예요," "매우 느긋하고 매력적이에요," "정보도 많이 주고 재미있어요," "풍부하고, 매력적이고, 즐겁습니다." 물론, 어느 정도 퍼포먼스를 펼쳤지만, 대중이 씌워준 가면 아래에 있던 나의 기질에 의미 있는 변화가 있었고, 목표를 추구하기 위해 목소리를 높이고 위험을 무릅쓰려는 더 큰 의지가 있었다고 믿는다.

나 역시 이 책을 쓴 경험으로 인해 변화되는 느낌을 받는다. 나는 이제 주변 사람과 환경이 우리 성격의 다른 특징들을 어떻게 이끌어 내는지에 대해 훨씬 더 수용적이다. 나는 이전에 불변

한다고 여겼던 내 성격의 측면을 덜 받아들이고 있다. 나는 우리가 끌고 가는 삶의 방식, 우리가 추구하는 야망, 우리가 살아가는 가치들이 우리의 성격 특성에 어떻게 영향을 미치는지를 배웠다.

사실 이 책을 쓰는 것(그리고 그 교훈에 유의하는 것)이 올해 초, 이전 16년간 해온 직업을 떠나 세계적인 디지털 잡지에서 도전적인 역할을 맡게 된 동기 부여와 자신감을 주었다고까지 말하고 싶다. 나는 편안한 영역을 벗어났지만 그래도 적응할 수 있다고 확신한다. 성격 변화의 과학에 충실하게도, 이번 잡지의 분위기가 나 자신의 가치관을 자극하는 데 도움이 되었다. 그 가치관은 심리적 행복에 대한 실질적인 통찰력을 공유함으로써 다른 사람을 지지하는 것이다. 나는 또한 긍정적인 방식으로 변화하고 적응하는 것, 당신이 원하는 사람이 되는 것, 특히 인생에서 중요한 것을 추구하는 것이 당신의 힘이라고 믿는다. 나는 당신에게 그 방법을 보여주는 데 도움이 되고자 이 책을 썼다.

1장

당신 안의
우리

다른 많은 젊은이들처럼 21세의 페미Femi도 나쁜 무리와 어울렸다. 2011년, 런던 북서부에서 과속 혐의로 경찰이 그의 벤츠를 세웠을 때 스포츠 가방에서는 8온스의 대마초가 발견되었다. 그는 판매 목적의 마약을 소지한 혐의로 기소되었다.

당신이 만약 그때 페미를 만났다면, 피하고 싶은 불쾌한 성격의 소유자라고 결론지을지도 모르겠다. 그가 처음 법을 어긴 것은 아니었다. 그것은 그가 전자 태그를 달게 된 행동 패턴들 중의 일부였다. 페미는 지금보다 더 어렸을 때 종종 길거리 싸움에 휘말렸다. 그는 "나는 내가 자라던 지역에서 말썽을 너무 많이 일으켜서 출입금지를 당하곤 했다"라고 회상하였다.[1]

그러나 페미-그의 풀 네임은 앤서니 올루와페미 올라세니 조슈아Anthony Oluwafemi Olanesi Joshua OBE이다-는 올림픽 금메달리스트와 두 차례의 헤비급 복싱 세계 챔피언이 되었고 깨끗한 생활과 좋은 매너의 흠잡을 데 없는 역할 모델로 알려지게 되었다. 파워리스트Powerlist (영국에서 발행되는 가장 영향력 있는 흑인들의 연간 목록, 2017) 발행인인 마이클 에보다Michael Eboda는 "그는 당신이 알게 될 가장 착하고 현실적인 젊은이 중 한 명입니다"라고 썼다.[2] 조슈아는 2018년에 "건강한 생활, 규율, 근면, 모든 인종과 종교에 대한 존중"에서 다음 세대를 교육할 수 있도록 돕겠다는 계획을 밝히면서 "나는 반대로 갈 수도 있었지만 존중하는 쪽을 택한다"라고 말했다.[3]

사람은 변할 수 있고 때로는 엄청나게 변하는 경우도 종종 있다. 그들은 인생의 한 국면에서는 특정한 부류의 사람이지만, 이후 이야기는 빠르게 흘러가고 나중에 그들은 완전히 다른 성격으로 변화해 버린다. 슬프게도 때로는 더 나쁜 쪽으로도 변할 수 있다. 한때 타이거 우즈는 건강하고 모범적인 행동으로 칭찬을 받았다. 그는 성실하고 양심적인 자기 수양의 전형이었다. 하지만 2016년 허리와 연관된 건강 문제로 몇 년 동안 힘든 싸움을 하고 난 다음 그는 음주 운전으로 체포되었고 당시 그의 발음은 어눌했다. 검사 결과 대마초에서 발견되는 THC 흔적을 포함해 5가지 약물이 그의 체내에서 검출되었다. 그의 흐트러진 범인 식별용 얼굴 사진은 전 세계의 신문을 장식했다. 그것은 세계 챔피언 골퍼의 가장 최근 스캔들일 뿐이었다. 몇 년 전, 타블로이드판 연쇄 불륜 이야기들로 우즈의 세계는 무너져 내렸다. 우즈의 어두운 삶의 시기는 한밤중 집안싸움 후 소화전을 차로 들이받았을 때 시작되었다. 다행스럽게도 이런 부정적인 변화도 되돌릴 수 있었다. 2019년에 세계 랭킹 1,199위의 골퍼로 전락한 우즈는 조지아주 애틀랜타에서 열린 마스터스에서 우승하여 스포츠 역사상 가장 위대한 복귀로 묘사된 업적을 남겼다.[4]

변화의 증거는 무슨 대단한 구원이나 치욕에서 나오는 것이 아니다. 주위를 둘러보면 덜 선정적이긴 하지만 여전히 놀라운 변화의 예를 볼 수 있을 것이다. 어렸을 때 에밀리 스톤 Emily Stone은 너무 불안하고 공황 발작이 잦아서 그녀의 부모는 심리치료사의 도움을 구했다. "내 걱정은 한결같았어요," 라고 그녀는《롤링 스톤 Rolling Stone》에서 말했다.[5] "어느 순간, 저는 더 이상 친구 집에 갈 수 없었어요. 학교를 가기 위해 문밖을 나갈 수가 없었어요." 이 소녀가 자신의 신경증적 성향을 극복했을 뿐만 아니라, 엠마 스톤(영화 배우 조합에 가입할 때 선택한 이름)이란 이름으로 오스카상과 골든 글로브, 영국 영화 텔레비전 아카데미상을 수상하고 세계에서 가장 많은 출연료를 받는 배우가 되리라고 믿기는 어렵다.

그리고 오하이오의 마리온 교정 협회의 수감자 댄Dan을 생각해 보자. 미국 공영 라디오방송국(NPR)의 팟캐스트 인비저빌리아Invisibilia의 에피소드에서는 그가 폭력적인 강간죄로 복역 중이었지만 이제 시인이 되어 교도소에서 TEDx (온라인에서 유명한 TED 강연의 오프 숏) 행사를 운영하는 데 어떻게 도움을 주었는지 들을 수 있다. 1년 동안 그와 폭넓게 알고 소통해 온 이 쇼의 게스트 리포터는 그를 "대단히 매력적이고 장난스러우며, 민첩하게 말하고 생각하지만 매우 시적이고 창의적"이라고 묘사한다. 댄의 교도소장은 그가 "표현에 능숙하고, 유머러스하며, 친절하고, 열정적"이라고 말했다. 댄은 자신이 범죄를 저질렀을 당시의 성격은 "이제 진정으로 존재하지 않게 되었다"면서 마치 다른 사람의 범죄로 교도소에 수감된 것 같다고 말한다.[6]

이 책을 집필하기 위해 연구를 시작한 나는 댄과 엠마 스톤의 경우와 같은 이야기를 사람들이 얼마나 자주 하는지, 그리고 그들의 성격 변화가 흥미진진한 새로운 심리학의 결과들과 얼마나 잘 일치하고 또한 이런 새로운 심리학으로 잘 설명되는지 놀랐다. 라디오 전화 통화, 온라인 채팅 포럼, 화려한 잡지들은 더 나은 방향으로 변화된 이야기들로 가득 차 있다. 즉 게으른 사람이 자신의 목표를 발견하고, 수줍은 사람이 자신의 목소리를 내고, 범죄자가 좋은 사람으로 변화하는 것이다.

오늘날 성격 변화의 과학으로부터 이러한 교훈을 배우는 것은 그 어느 때보다도 더 중요하다. 팬데믹은 우리의 삶을 뒤흔들어 놓았고, 우리의 적응력을 시험한다. 소셜 미디어에서 스마트폰 게임과 앱에 이르기까지 우리를 산만하게 하는 것은 어디에나 있고, 이것이 우리의 집중력과 자제력을 소모시키고 있다. 사람들이 트위터Twitter에 빨려 들어가면서 분노와 정치적 양극화가 도처에 널려 있고, 정치 담론은 최저치를 갈아치우면서 문화적 예의를 고갈시키고 있다. 몸을 많이 움직이지 않는 생활 방식도 늘고 있다(세계보건기구WHO는 신체적 비활동성을 "세계적 공중보건 문제"로 언급한다). 연구 결과에 의하면 이런 생활 방식은 성격 특성에 해로운 영향을 미치고, 결단력을 약화시키며, 부정적인 감정을 조장하는 것으로 나타났다.[7] 그러나 긍정적 성격 변화의 고무적인 이야기는 이런 해로운 영향들에 수동적으로 복종할 필요가 없다는 것을 보여준다. 그리고 더 나은 성격을 형성하고 이를 위해 스스로 주도권을 잡는 것이 가능하다.

가진 것도 많고
바꿀 것도 많다

우리가 변화할 수 있다는 사실이 성격의 개념을 완전히 무시하는 것을 의미하지는 않는다. 그것과는 전혀 다르다. 수십 년 동안 치밀하게 진행된 심리학 연구에 의하면, "성격"이라는 것은 있다. 즉 성격은 특정한 방식으로 행동하고, 생각하고, 타인과 관계를 맺는 비교적 안정된 성향이다. 여기에는 우리가 사회적으로 관계 맺기를 원하는 사람을 찾아 나서거나 우리가 좋아하는 것을 깊이 생각하면서 얼마나 시간을 보내는가도 포함된다. 성격은 다른 사람을 돕거나 성공하는 것에 얼마나 신경을 쓰는지와 같은 동기를 반영한다. 그리고 성격은 감정과도 관련이 있는데, 침착한 성격이 있기도 하고 쉽게 불안해지는 성격도 있다. 결론적으로 말하자면, 사고와 감정의 일정한 패턴은 행동 방식에 영향을 미친다. 생각, 감정, 행동이 모두 통합되어 "나-다움me-ness"을 형성한다. 즉 본질적으로 당신이 어떤 사람인지를 말해준다.

성격을 정의하고 측정하는 경우, 사용 가능한 변수들이 너무나 많다는 것이 심리학자들에게는 골칫거리였다. 어떤 단어들은 다른 것보다 더 돋보인다. 예를 들어서 몇 가지만을 열거해 보면 다음과 같다. 즉 허영심, 수다스러움, 지루함, 매력,

자기애, 수줍음, 충동성, 따분함, 까탈스러움, 예술성. (1936년 성격심리의 대부인 고든 알포트Gordon Allport와 그의 동료 헨리 오드버트Henry Odbert는 성격적 특성에 관련된 4,504개의 영어 단어들이 있다고 추정하였다.)[8] 다행히도 현대 심리학은 이런 단어의 중복된 표현을 모두 지워버리고 인간 성격의 특이성을 다섯 가지 주요 경향으로 정리한다.

이런 정리 과정을 예로 들어보자. 모험적이고 스릴을 추구하는 사람은 더 행복하고 수다스러운 경향이 있는데 이런 성격 경향은 기저적 경향, 즉 외향성이라고 알려진 것에서 기인한다고 보는 것이다. 이런 논리에 따라 심리학자들은 다섯 가지 주요 특성을 추출하였다.

- **외향적 성향**은 근본적인 수준에서 긍정적 감정을 경험하는 데 있어서 얼마나 수용적인지, 그리고 얼마나 사교적이고, 활기차며, 활동적인지를 보여준다. 그 결과 이런 성향은 흥미 추구와 동료를 찾는 것을 즐기는 정도에 영향을 미친다. 만약 당신이 파티, 익스트림 스포츠, 여행을 좋아한다면 아마도 이런 성격 특성에서 높은 점수를 받을 것이다.
- **신경증적 성향**은 부정적 감정에 대한 민감성과 정서적 불안정성을 보여준다. 만약 당신이 걱정을 많이 하고, 사람들의 무시가 당신에게 상처를 준다면, 게다가 과거의 실패를 계속 떠올리고 다가

올 도전에 대해 안절부절못한다면 당신은 아마도 이런 성격 특성에서 높은 점수를 받을 것이다.

- **성실한 성향**은 당신의 의지에 대한 것이다. 이것은 당신이 얼마나 조직적이고 자제력이 있는지, 그리고 얼마나 근면한지를 보여준다. 집을 깔끔하게 정리하고, 지각하는 것을 싫어하고, 야망을 가지고 있다면 아마 여기서 높은 점수를 받을 것이다.

- **친화적 성향**은 당신이 얼마나 따뜻하고 친근한지를 보여준다. 만약 당신이 인내하고 용서하고, 당신의 감각이 새로운 사람을 만나는 것을 좋아하고 신뢰한다면 아마도 당신은 매우 친화적일 것이다.

- **개방적 성향**은 당신이 새로운 생각, 활동, 문화, 장소를 얼마나 수용적으로 받아들이느냐 하는 것을 보여준다. 오페라와 자막이 달린 영화를 싫어하고, 일과를 어긴다면 아마 낮은 점수를 받을 것이다.

주요 성격 특성들과 하부 특성들

빅5 성향	하부 특징
외향적 성향	따뜻하고, 사교적이고, 적극적이고, 활동적이고, 재미를 추구하며, 행복하고, 쾌활하다.
신경증적 성향	불안하고, 화를 잘 내고, 슬픔과 수치심을 느끼기 쉽고, 자의식적이고, 충동적이고, 취약하다.

성실한 성향	유능하고, 질서 있고, 의무적이고, 야심차고, 자기 훈련적이고, 신중하다.
친화적 성향	신뢰하고, 정직하고, 이타적이고, 수용하고, 순응하고, 겸손하고, 공감적이다.
개방적 성향	상상력이 풍부하고, 미적으로 예민하고, 감정에 충실하고, 호기심이 많고, 다른 관점과 가치에 개방적이다.

대부분의 심리학자들은 이 다섯 가지 특성이 인간 본성의 어두운 면을 완전히 포착하지는 못한다고 믿는다. 이런 어두운 면을 측정하기 위해 그들은 다른 세 가지, 즉 나르시시즘, 마키아벨리즘, 사이코패스[일반적으로 어두운 세 가지 성격 특성으로 알려져 있다]를 제안한다.[9] 6장에서 이것들을 자세히 다루어 볼 예정이다. 이것들을 다루는 이유는 얼간이나 책략가, 허풍쟁이가 갖는 어두운 면으로 넘어가지 않으면서도 교훈을 얻을 가능성이 있는지를 들여다보기 위해서다.

성격이라는 것이 다소 명확하지 않고 순전히 서술적인 면을 지닌 듯 보이지만, 성격은 당신의 생물학적 구성이 반영된 것이다. 심지어 이런 생물학적 구성은 당신의 뇌 구조와 기능에까지 이어진다. 예를 들면 내성적인 사람은 단지 평화와 고요함만을 선호하는 것이 아니라 그들의 뇌는 시끄러운 소리에 더 민감하게 반응한다. 신경증적인(정서적으로 덜 안정

성격적 특성은 다양한 방법으로 뇌의 구조와 기능에 나타난다. (본문을 참조하라.)

보다 높은 성실성은 머리카락에서 측정되는 스트레스 호르몬인 코르티솔의 더 낮은 수준과 관련이 있다.

낮은 신경증과 높은 성실성은 낮은 혈압과 관련이 있다. 한편 낮은 심박수는 사이코패스의 표식일 수 있다.

더 높은 개방성과 성실성은 신체에 만성적인 염증의 표시가 더 적은 것과 관련이 있다.

더 높은 신경증은 건강에 좋지 않은 장내 세균과 더 관련이 있다.

• 성격 특성 점수는 단순히 추상적인 것이 아니다. 그것은 피부 아래까지 영향을 미치고, 내장의 미생물에서 뇌 활동의 패턴에 이르기까지 생리학의 많은 측면과 연관되어 있다. 쌍방향 관계이기 때문에 건강한 식이요법, 충분한 수면, 규칙적인 운동 등 신체 건강을 유지하는 것도 신경증 완화, 높은 성실성, 친화성, 개방성 등 성격의 이점과 관련이 있다.

된) 사람은 단지 더 많은 감정의 변화를 경험하는 것만이 아니라 그들은 감정을 조절하는 대뇌 피질의 표면적과 주름잡힘이 더 적다.[10] 모험적인 성격 특성을 가진 사람-더 유연하고 양심적이고 성실한 사람과 같은-의 뇌의 앞부분은 더 많이 수초화 되어 있는데, 신경세포를 둘러싼 이런 절연체는 신경세포들이 효과적으로 소통하도록 도와준다.[11] 성격 특성은 심지어 당신의 위장에 있는 마이크로바이옴과도 연관되어 있는데, 신경증적인 사람이 보다 더 해로운 장내 세균을 가진 것으로 알려져 있다.[12]

그래서 성격은 진실로 생물학적 토대를 가진 개념이다. 하지만 앤서니 조슈아, 타이거 우즈, 그리고 다른 사람의 이야기가 암시하듯이 성격은 석고처럼 굳어 있는 것이 아니다. 이런 비유는 19세기 미국의 위대한 심리학자 윌리엄 제임스가 선호했던 것이다. 그는 『심리학의 원리Principles of Psychology』에서 인간이 서른이 되면 성격이 석고처럼 굳어서 변화를 위한 능력은 끝난다고 말하였다.

사실 서른 살 이상의 나이에 오히려 변화를 위한 능력이 더 분명해진다는 견해도 있다. 인지능력, 즉 지능과 기억력 같은 것들에 대한 유전적 영향은 삶을 통해서 점차 증가하는 반면, 성격에 대한 유전적 영향력은 줄어든다. 새로운 직업, 관계, 해외 이주와 같이 흔적을 남기는 삶의 사건들과 경험들을 조망

하는 능력은 현저하게 커진다.[13]

인간은 적응할 수 있도록 진화해 왔다. 현재의 성격 특성은 당신이 처한 상황에서 가장 잘 살아남고 성공하기 위해 결정한 행동적이고 감정적인 전략이라고 할 수 있다. 당신은 자신의 유전적 특징으로 인해서 타인과 다른 전략을 선택할 가능성이 높지만, 그렇다고 해서 삶의 태도와 인간관계를 하나의 접근방식에만 국한할 필요도 없고, 현재의 존재방식에 고착될 필요도 없다.

나이가 들수록 성격이 더 안정되는 경향을 보이는 것은 사실이지만, 이것은 변화를 위한 능력이 손상되었기 때문은 아니다. 대부분의 사람은 성인이 되면 삶의 틀에 안착하면서 점차 주변 환경의 변화가 줄어들기 때문이다.

넓게 멀리서 보면, 우리들 대부분이 삶을 통해서 변화하는 것은 명백하다. 전형적인 패턴을 따른다면 당신은 나이가 들수록 더 친근해지고, 더 절제하고, 덜 불안해질 것이다. 때로는 당신이 인생에서 취했던 커다란 선택들-선택한 직업들, 중요한 인간관계들-은 더 심대한 영향을 미쳤을 것이다. 또한 졸업, 육아, 이혼, 사별, 질병, 실업과 같은 주요 사건들의 영향이 누적된다. 2016년에 발표된 최장 기간의 성격 연구에서 14세에 참가한 사람의 성격을 77세에 다시 비교한 결과, 그 둘 사이에 상관관계를 찾지 못했다.[14] 또 다른 연구에서 50년에 걸쳐 거의 2천 명의 사람을 추적하였다. 그 결과 의미 있는 변화의 증거를 볼 수 있었다. 성격은 유연하게 변화하는 것이며 사람의 성격 특성은 나이를 먹어가면서 전형적으로 성숙해진다는 것이다.[15]

　물론 당신은 단기적으로 그때 기분에 따라서, 같이 있는 사람(예를 들면 상관이나 할머니와 함께 있는 것과 친한 친구와 함께 있을 때를 비교해 보라)에 따라서, 또는 무엇을 마셨는가에 따라서 행동에 특징적인 변화를 보인다(심리학자들은 이것을 "상태 변화"라고 부른다). 테니스 스타 라파엘 나달의 코트 안과 코트 밖에서의 성격이, 마치 슈퍼맨과 클라크 켄트같이 얼마나 다를지 생각해 보라. 그의 어머니는 "그가 테니스 코트에서 얼마나 용감한지, 그러나 테니스 코트를 벗어나면 얼마나 두려워하는지 놀라지 않을 수 없다"라고 말한다.[16]

　성격이 안정적이면서도 변화한다는 모순적 메시지는 흑백처럼 분명한 것을 원하는 많은 사람에게 당혹감을 안겨 준다. 데이비스 소재 캘리포니아 대학 성격심리학자인 사이민 바지르Simine Vazire는 이런 역설적인 면을 깔끔하게 포착했다. 그녀는 NPR에 공개편지를 썼는데, 그 편지는 내가 앞서 언급했던 팟캐스트 에피소드-지금은 매력적이고 친절한 성격이지만 유죄판결을 받은 강간범 댄이 출연한 것-에 대한 응답이었다. 이 에피소드는 "성격 신화"라고 불리는데, 이런 표현이 암시하는 바는 성격은 유연하게 변화하기 때문에 성격이라는 개념은 그렇게 쓸모 있지 않다는 것이다. 그러나 이것은 너무 멀리 나아간 것이다. 바지르가 설명한 바와 같이 "성격에는 유지해야 할 것도 많고, 변화할 수 있는 것도 많은 법이다."[17]

성격이
왜 중요한가?

당신의 성격은 학교와 직장에서의 성공 가능성에서부터 정신적·육체적 건강과 인간관계, 심지어 수명에 이르기까지 당신의 삶에 강력한 영향을 끼친다. 지능지수보다 아이들의 근성과 자제력이 어떻게 그들의 학업 성적에 더 중요한지 생각해 보라.[18] 사실, 2017년의 한 논쟁적인 연구에 따르면, 아이들의 자기조절력-성실하고 양심적인 성격을 유지하는 핵심적인 구성성분-은 수십 년 동안 지속적으로 영향을 미치는 것으로 밝혀졌다.[19]

이것을 보여주기 위해 연구원들은 뉴질랜드 더니든 Dunedin에서 1972~1973년에 태어난 940명의 삶을 오늘날까지 도표로 작성했고, 그중 전체 격리집단의 약 20%가 비만, 범죄, 흡연, 가정 파탄으로 사회에 상당한 영향을 미친다는 것을 발견했다. 결정적으로 어린 시절 자기 조절력이 낮은 사람이 여기에 속할 가능성이 더 크다.

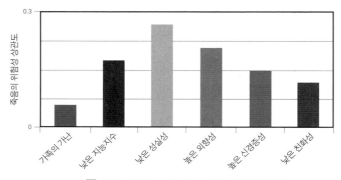

사망률과 연관된 성격 특성들

죽음의 위험성 상관도

0.3

0

가족의 가난　낮은 지능지수　낮은 성실성　높은 외향성　높은 신경증성　낮은 친화성

특성의 예측력 대 지능지수와 가족의 사회경제적 상태

• 수천 명의 지원자를 대상으로 한 수십 가지 연구의 데이터를 기반으로 한 이 그래프에서 보듯이 성격 특성의 중요성은 특성 점수가 미래의 사망 위험(치명성)과 얼마나 밀접한 관련이 있는지를 통해 입증된다. 출처: Brent W. Roberts, Nathan R. Kuncel, Rebecca Shiner, Avshalom Caspi, and Lewis R. Goldberg, "The Power of Personality: The Comparative Validity of Personality Traits, Socioeconomic Status, and Cognitive Ability for Predicting Important Life Outcomes," Perspectives on Psychological Science 2, no. 4 (2007): 313–345.

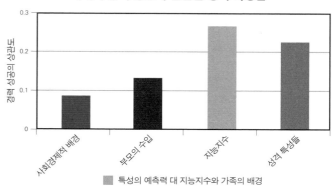

미래의 경력 성공과 관련된 성격 특성들

경력 성공의 상관도

0.3

0.2

0.1

0

사회경제적 배경　부모의 수입　지능지수　성격 특성들

특성의 예측력 대 지능지수와 가족의 배경

- 성격 특성은 가족 및 부모의 배경과 관련된 요소보다 미래의 직업적 성공과 관련이 있고, 이는 지능만큼의 관련성을 갖는다. 출처: dozens of studies, collated by Roberts et al., "The Power of Personality: The Comparative Validity of Personality Traits, Socioeconomic Status, and Cognitive Ability for Predicting Important Life Outcomes," Perspectives on Psychological Science 2, no. 4 (2007): 313–345.

미국의 2만 6천 명이 조금 넘는 사람을 대상으로 한 또 다른 연구에서 가족의 사회적 지위와는 무관하게 고등학교 당시의 개인 성격 특성이 수명과 관련이 있다는 것을 발견했는데, 심지어 70대의 나이에서도 이런 현상이 발견되었다. 즉 더 충동적인 사람이 일찍 사망할 가능성이 높고, 자기조절력이 높은 사람이 더 오래 살 가능성이 높았다.[20] 이와 유사한 연구는 만약 당신이 오래 살기를 원한다면 성실한 성격을 갖는 것이 사회경제적 지위나 교육 수준만큼이나 중요한 요소라는 것을 보여준다.[21]

행복의 관점에서 최근의 추정치는 신경증적 성향(부정적 감정, 스트레스, 염려의 경향)이 조금 줄어드는 것의 금전적 가치를 연간 314,000달러의 추가 수입에 해당하는 것으로 보았다.[22] 이것을 다른 관점에서 볼 수 있는 또 다른 방법은 3년 동안 10,000명 이상의 사람을 추적한 호주의 연구 결과를 고려하는 것이다. 그 결과를 보면 행복이라는 측면에서 덜 신경증적이고 더 외향적인 성격 특성이 질병과 사별 같은 주요 삶

의 사건들보다 두 배 정도 영향을 미쳤다.[23]

　　또한 더 외향적이고 덜 신경증적인 사람이 물질적인 성공에 더 행복해하는 경향이 있다. 스웨덴에서 30세에서 75세 사이의 5천 명 이상을 대상으로 한 연구에서 그들의 성격 특성과 현재 수입 사이의 연관성이 가족의 경제적 배경과 소득 사이의 연관성만큼이나 강하다는 것을 발견했다.[24] 그리고 사람들이 자신의 삶에서 이룩한 것에 대해 얼마나 만족했는가라는 점에서 성격(더 외향적이고, 정서적으로 더 안정적인)이 그들의 가족 배경보다 훨씬 더 강한 요소로 작용하였다.

　　성격의 또 다른 중요한 측면은 개방성이다. 현대의 많은 고용주들이 요구하는 바와 같이, 새로운 기술을 혁신하고 배우는 노동자의 능력은 높은 수준의 개방적 성격 특성을 갖는 것에 기초한다. 당신의 성격은 심지어 당신의 직업이 로봇에 의해 점령될 가능성을 낮출 수 있다![25] 연구자들이 50년 이상 35만 명의 경력을 추적했을 때, 십 대였을 때 더 높은 수준의 외향성과 성실성을 보였던 사람이 쉽게 자동화되는 직업을 가질 가능성이 적다는 것을 발견했다.

　　그러므로 성격은 정말로 엄청난 영향을 미친다. 하지만 당신의 성격 특성이 평생에 걸쳐서 어느 정도 안정을 보여주고, 특히 그것을 바꾸려는 의식적인 시도를 하지 않는다고 해도 성격은 고정된 것이 아니고 운명도 아니라는 것을 기억하길 바란다. 사실 당신의 성격을 어떻게 바꾸느냐 하는 것은 미래의 행복을 위해 엄청나게 중요하다. 어쩌면 부와 결혼 같은 다른 명백한 요소들보다도 더 중요할 수도 있다.

변화 사례

당신의 성격 특성이 당신을 현재의 모습으로 만들었고 미래의 삶을 형성할 것이다. 그러므로 성격 특성이 어느 정도 끊임없이 변화하고 삶에 의해 쉽게 형성된다는 생각은 당신을 다소 불편하게 할지도 모른다. 그러나 이것은 강력한 사실이다. 우리의 성격이 삶의 여러 단계와 상황에 따라서 변화하는 방식에 스스로 친숙해짐으로써 우리는 변화를 위한 자신의 능력을 예측하고 이용할 수 있다. 더구나 우리는 수동적인 관찰자가 되어서 자신에게 영향을 미치는 사건들을 마냥 기다릴 필요가 없다. 새롭고 고무적인 연구에 따르면, 올바른 태도, 충분한 헌신, 적절한 기술만 있으면 우리는 말 그대로 자신의 성격을 의지대로 바꾸고 자신이 원하는 사람이 될 수 있다. 이 책은 당신이 어떻게 이것을 할 수 있는지를 이해하는 데 도움을 줄 것이다. 외부적인 측면에서는 스스로를 올바른 상황에 놓이게 하고, 누구와 시간을 보낼지를 신중하게 고르고, 새로운 취미와 의미 있는 프로젝트를 시작하는 것이며, 내부적인 측면에서는 정신적·육체적 운동을 통해서 자신의 생각 습관과 감정 습관을 바꾸는 것이다. 결국 당신의 성격은 스스로의 사고, 동기, 감정, 습관에서 생겨난다. 이런 점들을 들여다보라. 그러면 당신은 당신 자신과 당신의 삶을 변화시킬 수 있을 것이다.

당신의 성격을 새롭게 형성하기 전에 현재 자신의 삶에서 우선순위가 무엇인지 깊이 생각해 볼 필요가 있다. 의도적인 성격 변화도 자신의 정체성과 진정성의 중요성을 염두에 두고 신중하게 수행해야 할 목표이다. 즉, 당신의 현재 모습보다 최대한 당신이 원하는 성격처럼 행동할 때 진정성을 느낀다는 것이다.

자신을 아는 것

지금 당신은 어떤 성격의 소유자인가? 당신은 스스로가 누리는 것 또는 당신의 친구와 가족의 평판을 바탕으로 자신의 성격에 대해 대략적인 생각을 갖고 있을 것이다. 예를 들어 당신이 파티를 좋아하고 새로운 사람을 만나는 것을 좋아한다면 아마도 자신을 외향적인 사람으로 볼 것이다.

사실 우리의 일상에서 이루어지는 습관적인 행동들은 자신의 성격 특징을 잘 드러낸다. 최근 한 연구는 오리건에서 800명에 가까운 자원봉사자들의 성격을 프로파일링하였고,

4년 후 그들이 지난 해에 400개의 일상 활동을 얼마나 자주 했는지 평가하도록 했다.[26]

그 결과 중 일부는 명백했다. 예를 들어 외향적인 사람은 파티에 더 많이 가고 개방적인 사람은 오페라에 더 많이 갔다. 하지만 다른 결과는 더 놀라웠다. 당신은 뜨거운 욕조에서 뒹굴고, 집안을 장식하고, 선탠을 즐기는가? 이것은 당신이 외향적인 사람이라는 것을 암시한다(그 연구에서, 외향적인 사람이 특히 이런 활동에 더 많이 참여했다고 말할 가능성이 높다).

만약 당신이 다림질하고, 아이들과 놀고, 씻고, 심지어 샤워할 때나 차 안에서 노래하는 데 많은 시간을 보낸다면, 당신은 친화성(아마도 당신은 자신을 포함해서 모든 사람을 행복하게 하려고 노력할 것이다)에서 높은 점수를 받을 가능성이 있다. 만약 당신이 욕설을 하지 않고, 시계를 차고,[27] 머리를 빗고 구두를 닦는다면,[28] (좀 더 현대적인 용어로 표현하면, 당신의 스마트폰 앱들이 항상 업데이트가 되어 있다면) 또한 "밤 올빼미" 또는 저녁형 인간이 아닌 아침형 인간이라면, 당신은 아마도 매우 성실하고 양심적인 성격의 소유자일 것이다.[29] 한편 만약 당신이 벌거벗고 집 안을 자주 빈둥빈둥 돌아다닌다면 이것은 분명히 당신이 개방적인 마음의 소유자라는 것을 보여주는 신호이다!

레몬주스 인성 검사

만약 당신이 더 과학적인 것을 원한다면, 당신의 성격을 발견할 더 복잡하고 실제적인 방법들도 있다. 외향성과 내향성의 레몬주스 테스트는 수십 년 전 성격 심리학의 선구자 중 한 명인 한스 아이젠크Hans Eysenk에 의해 소개되었다. 이 테스트를 위해서는 농축된 레몬주스, 면봉, 실 한 조각이 필요하다. (끈적거리는 걸 원치 않는다면 다음 두 단락을 건너뛰시오. 아마도 당신이 매우 성실한 성향의 소유자라는 신호일 것이다!)

먼저, 면봉의 중앙에 실을 묶는다. 이제 면봉의 한쪽 끝을 혀에 대고 20초 동안 잡고 있는다. 다음, 면봉의 다른 쪽 끝에 레몬주스를 몇 방울 떨어뜨린 후, 20초 동안 주스가 있는 쪽에 혀를 대고 있는다. 마지막으로, 실로 면봉을 잡고 주스 있는 쪽이 아래로 내려가 있는지 본다. 만약 그렇다면 당신은 적어도 생리적인 수준에서 내성적이라는 것을 암시한다. 내성적인 사람은 외향적인 사람보다 자극과 고통에 더 강하게 반응하는 것으로 알려져 있다. 따라서 큰 소음과 너무 높은 흥분을 피하는 경향이 있다. 이 민감성은 레몬주스에도 적용된다. 내성적인 사람은 침을 많이 흘려 면봉의 끝부분이 더욱 무거워지는 것이다. 반면에 외향적인 사람은 신체적으로 민감하지 않다.

그래서 그들은 주스에 반응해 침을 많이 흘리지 않고 면봉은 균형을 유지한다.

레몬주스 테스트는 재미있고 우리의 일상 습관에 대해 생각할 때 다소 유익하지만, 당신의 전체 성격을 더 정확하고 완전하게 이해하기 위해서 꼭 필요한 것은 심리학 연구에 사용된 것과 같은 소위 빅5 성격 특성Big Five personality traits 각각에 대한 상세한 설문지를 보는 것이다.

빅5 성격 퀴즈 풀어 보기

아래의 30개 서술문은 2017년 콜비 칼리지Colby College의 심리학자 크리스토퍼 소토Christopher Soto와 올리버 존Oliver John이 개발한 빅5 목록-2의 축약된 버전이다.[30] 이 책을 다 읽고 난 후 이 퀴즈를 다시 풀어 보면, 당신이 현재의 성격과 이 책을 읽는 동안 얼마나 그리고 어떤 방식으로 성격이 변화했는지 잘 알게 될 것이다.

다음 각 30개 항목에 대해 1부터 5까지 자신의 상태와 일치하는 정도를 표시한다(1 = "강하게 반대", 2 = "조금 반대", 3 = "중립적/의견 없음", 4 = "조금 동의", 5 = "강하게 동의"). 최대한 솔직하게 한다. 점수를 조작하려고 하면 결국 왜곡된 결과를 보게 될 것이다.

성격 특성 측정

1. 수다스러운 경향이 있다.　　　　　　　　　　1 2 3 4 5

2. 인정도 많고 마음도 부드럽다.　　　　　　　　1 2 3 4 5

3. 계획대로 하는 경향이 있다.　　　　　　　　　1 2 3 4 5

4. 걱정이 많다.　　　　　　　　　　　　　　　　1 2 3 4 5

5. 예술, 음악, 문학에 끌린다.　　　　　　　　　1 2 3 4 5

6. 지배적이고 리더 역할을 한다.　　　　　　　　1 2 3 4 5

7. 다른 사람에게 무례하게 구는 일은 드물다.　　1 2 3 4 5

8. 작업을 시작하는 데 능숙하다.　　　　　　　　1 2 3 4 5

9. 우울하고 침체되는 경향이 있다.　　　　　　　1 2 3 4 5

10. 추상적인 아이디어에 관심이 많다.　　　　　1 2 3 4 5

11. 에너지가 넘친다.　　　　　　　　　　　　　1 2 3 4 5

12. 사람에 대해 가장 좋은 면을 생각한다.　　　1 2 3 4 5

13. 항상 신뢰받을 수 있다.　　　　　　　　　　1 2 3 4 5

14. 감정적으로 불안정하고 쉽게 화가 난다.　　　1 2 3 4 5

15. 독창적이고, 새로운 아이디어를 생각해 낸다.　1 2 3 4 5

16. 외향적이고 사교적이다.　　　　　　　　　　1 2 3 4 5

17. 냉담하고 무관심하지 않다.　　　　　　　　　1 2 3 4 5

18. 깔끔하게 정리한다.　　　　　　　　　　　　1 2 3 4 5

19. 극도로 예민하고 스트레스를 잘 다루지 못한다.　1 2 3 4 5

20. 많은 예술적 흥미를 가지고 있다.　　　　　　1 2 3 4 5

21. 책임지는 것을 선호한다.　　　　　　　1　2　3　4　5

22. 존중받고 남을 존중한다.　　　　　　　1　2　3　4　5

23. 임무를 마칠 때까지 끈질기게 일한다.　　1　2　3　4　5

24. 스스로 불안정하고 편치 않다.　　　　　1　2　3　4　5

25. 복잡하고 깊게 생각한다.　　　　　　　1　2　3　4　5

26. 다른 사람보다 활동적이다.　　　　　　1　2　3　4　5

27. 다른 사람의 흠을 찾지 않는다.　　　　　1　2　3　4　5

28. 일을 잘 처리하는 편이다.　　　　　　　1　2　3　4　5

29. 변덕스럽고 쉽게 감정적이 된다.　　　　1　2　3　4　5

30. 창조성이 많다.　　　　　　　　　　　1　2　3　4　5

　자, 당신의 결과는 어떻게 나왔는가? 순서대로 외향적 성향부터 시작한다.

외향적 성향,
록 스타 특성[31]

외향적 성향의 점수를 찾으려면 1, 6, 11, 16, 21 및 26번 항목에 대해 자신에게 부여한 점수를 합산하라. 당신의 총 합계는 6(외톨이, 극단적으로 예민한 내향성)에서 30(아주 열성적이고 아드레날린 중독인 외향성) 사이의 어느 정도일 것이다. 우리들 대부분은 이 극단 사이에서 어느 정도 점수를 얻게 될 것이다.

만약 당신이 외향성이 강한 사람이라면 아마도 많은 친구들과 매우 친밀할 뿐만 아니라, 판매나 주식 거래, 리더십과 지위 획득과 같은 위험과 보상을 수반하는 직업들에 끌리게 될 것이다. 당신은 대부분의 내성적인 사람보다 낙천적이고 더 행복할 것이다. 당신은 한두 잔의 술을 좋아할 가능성이 있다. 사실 연구원들이 술을 마시며 어울리는 낯선 사람의 그룹을 연구했을 때 외향적인 사람은 특히 술이 그들의 기분을 북돋아 주었고, 술을 마시는 것이 새로운 지인들과 더 가깝게 느끼도록 도와줬다고 말할 가능성이 높다는 것을 발견했다.[32] 요약하자면, 외향성이 강한 사람은 빨리빨리 살다 젊은 나이에 죽는 경향을 보이고, 내향적인 사람보다 마약을 더 많이 하고 섹스를 더 많이 하며 평균적으로 더 젊은 나이에 죽는다. 성격심리학자 댄 맥아담스Dan McAdams가 외향적인 성격을 '역대 록스타'라고 부르는 이유가 여기에 있다.[33]

만약 당신이 내향적인 사람이라면 (당신은 외향성에서 매우 낮은 점수를 받았을 것이다) 성격의 그림은 기본적으로 반대이다. 당신은 스릴 대신 차분함을 추구하는 사람이다. 꼭 사교적이지 않다는 것은 아니지만 파티의 격렬한 웅성거림(왁자지껄함)은 당신에게 그다지 매력적이지 않다. 사실 당신은 그들의 파티가 혼란스럽다고 생각할 것이다. 뇌 영상 연구는 당신 같은 내향적인 사람이 뇌세포의 수준에서 자극에 더 민감하게 반응한다는 것을 보여주는데 이것은 아마도 왜 당신이 외향적인 사람과는 대조적으로 지나치게 많은 흥분을 추구하는 것에 주의하는지를 설명해 준다.

신경증적 성향,
당신은 얼마나 안정적인가?

전체적인 신경증적 성향의 점수("부정적 정서" 또는 "감정 불안정"이라고도 알려져 있다)를 찾으려면 4, 9, 14, 19, 24 및 29번 항목에 대한 점수를 합산하라. 당신은 6(차가운 얼음이 흐르는 사람과 같다)에서 30(우디 앨런의 성격처럼 아마도 너무 예민해서 밖에 나가 뭔가를 할 시도를 못할 것이다) 사이의 점수를 얻게 될 것이다.

　만약 외향적 성향이 삶의 좋은 것에 대한 민감성에 관한 것이라면, 신경증적 성향이란 잘못될 수 있는 모든 것에 대한 민감성이다. 만약 당신이 매우 높은 점수를 받았다면 기분이 언짢고, 수줍어하고, 스트레스를 받기 쉽고, 변덕스러우며, 두려움과 수치심, 죄책감과 같은 불쾌한 감정을 느끼는 데 많은 시간을 보낼 가능성이 있다. 신경증적 경향에서 높은 점수를 받은 사람은 우울증이나 불안 등의 정신적 건강 상태와 신체적 질환에 평균보다 더 취약하다. 이런 것은 신경세포 수준에서 나타난다. 예를 들면 신경증적 성향인 사람의 뇌는 불쾌한 이미지와 단어에 특히 민감하다.[34] 사실 감정적인 고통 속에서 미덕을 찾는 데에는 시적이고 철학적인 이유가 있을 수 있지만, 실제적인 관점에서는 이 특성에 대해 낮은 점수를 받는 편이 더 낫다는 것을 부인하기 어렵다.[35]

만약 당신이 신경증적 성향에서 낮은 점수를 받을 만큼 운이 좋다면, 당신을 화나게 하는 데는 꽤 많은 것이 필요할 것이다. 그리고 당신은 기분이 우울하거나 긴장했을 때조차도 그것을 빨리 극복할 것이다.

친화적 성향,
당신은 얼마나 친근한가?

당신의 친화적 성향 측정은 2, 7, 12, 17, 22, 27번 항목의 점수를 합산한다. 당신은 6점(이에 대해 말하기는 쉽지 않다. 이것이 당신의 점수라면 자신을 솔직하게 평가한 것에 대해서는 놀랍지만 사실 당신은 그렇게 멋진 사람은 아니다!)에서 최대 30점(상냥한 당신은 천사이다!) 사이 어딘가에 위치할 것이다.

높은 점수를 받은 사람은 따뜻하고 친절하며, 다른 사람에게서 가장 좋은 면을 본다(그리고 다른 사람에게서 제일 좋은 면을 이끌어 낸다). 그들은 온화하고, 낯선 사람과 외부인을 환영하고, 공감하며, 다른 사람의 관점을 잘 받아들인다. 이러한 특성은 그들의 뇌에서도 나타난다. 예를 들어 그들은 다른 사람의 관점에서 사물을 보는 것과 관련된 뇌 영역에 있어 구조적 차이를 가지고 있고,[36] 부정적인 감정을 억제하는 것과 관련된 영역에서 더 많은 활동을 보여준다.[37] 간단히 말해서, 이런 사람은 당신이 친구로서 갖고 싶어 하는 부류이다. 그들이 인기가 많고 호감을 주는 것은 당연한 일이다.

최근의 연구는 친화적 성향에 대한 높은 점수와 낮은 점수의 차이를 그래픽으로 보여준다.[38] 연구원들은 참가자들에게 마실 술을 주었고, 그들 각각을 파트너로 짝을 지어서 전기 충격을 주고받게 하였다. (이것은 부분적으로 속임수였다. 참가자의 파트너는 허구였고, 충격은 사전에 프로그래밍되어 있었다.) 친화적 성향에서 낮은 점수를 받은 참가자들은 보다 더 공격적이었다. 그들이 취했을 때 파트너가 가벼운 충격으로 자극을 주면 그들은 특히 보복성으로 맹렬히 공격하면서 격렬한 전기 충격으로 응수하였다. 그러나 보다 더 친화적 성향을 지닌 참가자들은 훨씬 덜 격렬하였고, 심지어 술로 인해서 절제할 수 없을 때에도 애써 참는 식으로 자극에 반응하는 경향을 보였다.

경험에 대한 개방적 성향,
얼마나 사려 깊고 창의적인가?

이 성격 특성의 관련 항목은 5, 10, 15, 20, 25 및 30번이다. 다시 말하지만 총점은 낮은 점수 6점(이 점수를 받은 사람은 여권이 없고 매일 아침 같은 시리얼을 먹을 것으로 추측된다)에서 높은 점수 30점까지이다. 물론 30점을 받은 사람은 아침에 오페라를 들으면서 멋진 식사를 하는 사람일 것이다. 이런 성격 특성에서 낮은 점수를 받는 "마음이 닫힌" 사람이 보기에는 높은 점수를 받은 사람이 몽환적이고, 고상하며, 가식적으로 보이고, 지나치게 자신의 개성을 광고하는 데 열심인 것처럼 보일 수 있다.[39] 개방적인 성향을 지닌 사람에게는 이런 성격 특성에서 낮은 점수를 받은 사람이 편협하고 지루하며 야만적으로(또는 교양 없이) 보일 수 있다.

근본적으로 이 특성은 새롭고 낯선 경험을 하고 싶은 의욕 그리고 아름다움과 미학에 얼마나 민감한지에 대한 것이다. 이것은 기본적인 생리학적 수준에서 나타난다. 예를 들면 이런 성격 특성에 대한 높은 점수를 받은 사람은 그들이 아름다운 음악이나 예술이라고 생각하는 것에 반응하여 전율을 경험할 가능성이 더 높다.[40] 그리고 이런 특성은 심지어 당신을 치매의 폐해로부터 보호해 줄 것이다. 그것은 마치 지적

다양성이 더 넓은 삶이 인지적 쇠퇴를 완충해 주는 일종의 인지적 예비력 또는 예비 용량을 구축하는 것과 같다.[41]

개방적 성향은 지능과 관련이 있지만, 지능과 일치하지는 않는다. 이런 성향은 또한 우리의 태도, 예를 들어 정치와 종교에 대한 태도에서도 드러난다. 여기에서 높은 점수를 받은 사람은 조직적인 기성 종교보다는 좀 더 자유롭고 영적인 것에 끌리는 경향이 있다. 이와는 대조적으로 낮은 점수를 받은 사람은 더 전통적이고 보수적이며, 사물을 흑과 백처럼 더 이원론적으로 본다. 개방적 성향을 보이는 개인들은 도덕적으로 그렇게 우월하지는 않지만(아마도 외부인에 대한 편견이 적다는 점만 제외한다면), 그들은 대개 도덕적 가치에 대해 더 많이 질문하고, 자신의 생각을 바꾸거나 심지어 정확한 답이 없는 많은 질문조차도 받아들일 준비가 더 잘 되어 있다.

성실한 성향,
당신은 투지와 결단력을 가지고 있는가?

빅5 성격 특성의 다섯 번째이자 마지막 성격 특성의 점수를 계산하는 방법은 다음과 같다. 3, 8, 13, 18, 23, 28번 항목을 찾아서 점수를 넣고 합산해야 한다. 가장 낮은 점수는 6점(만약 당신이 이 점수를 받았다면 당신의 평소 성향을 볼 때, 테스트에서 여기까지 올 수 있을 만큼 충분히 오랫동안 집중을 했다는 것이 매우 인상적이기 때문에 아주 영광스러운 일이다)이며 가장 높은 점수는 30점(당신이 이 점수를 받았다면 아마도 나머지 가족은 자고 있는 이른 시간에 일어나서 무엇인가 추가적인 공부를 하고 있을 것이다)이다.

성실한 성향의 양 극단에서 볼 수 있는 최고와 최저 점수는 이솝 우화에 나오는 개미와 베짱이와 약간 비슷하다. 성실하고 양심적인 개미는 다음 겨울에 배고프지 않겠다는 장기적인 목표를 가지고 있다. 여기서 결정적으로 중요한 것은 개미가 이 목표를 성취하기 위해 여름 내내 음식을 축적할 수 있는 동기와 자제력을 가지고 있다는 점이다. 이와는 대조적으로 베짱이는 겨울을 미리 계획할 수 있는 자기 수양이나 동기가 결여된 채로 여름의 쾌락주의적 유혹에 굴복한다.

아주 사소한 수준에서 당신이 매우 성실하고 양심적이라면 아마도 시간을 잘 지키고, 단정하고, 주변이 잘 정돈되어 있을 것이다. 더욱 의미가 있는 것은 다른 어떤 특성보다도 성실한 성향은 학업적 성공, 직업적 성공, 만족,[42] 지속적인 인간관계, 법률 저촉 행위의 회피, 건강한 장수와 같은 중요한 삶의 결과와 연관되어 있다는 점이다. 이런 사실은 별로 놀랄 만한 일은 아닌데, 그 이유는 매우 성실하고 양심적인 사람이 흡연, 과식, 과속, 위험한 섹스, 혼외정사와 같은 종종 해로운 유혹에 저항하고, 학업과 일에 집중하고, 규칙을 따르고, 충성심을 유지하며, 자기 통제력과 끈기를 가지고 있기 때문이다.

퀴즈를 통해 얻은 점수를 바탕으로 현재 자신이 어떤 사람인지 자세히 알아보도록 하자. 만약 당신이 대부분의 보통 사람과 같다면 당신은 만족하는 측면과 변화시키고 싶은 측면들이 있을 것이다. 이제 공식적 성격 프로필에 대해 알게 되었으니 몇 가지 분명한 질문이 떠오를 것이다. 다음 장은 이런 질문에 대해 당신이 답을 할 수 있도록 도와줄 것이다. 즉 당신의 성격에 영향을 미치는 첫 번째 요소는 무엇인가? 당신의 부모, 형제자매, 친구들은 당신의 성격 형성에 어떤 영향을 미쳤을까? 물론 오늘날의 당신 성격은 세상을 발밑에 둔 초롱초롱한 18세의 밝은 눈을 가졌던 때와는 상당히 다르게 느껴질지도 모른다. 인생의 우여곡절이 당신에게 어떤 흔적을 남겼으며, 당신은 미래에 어떤 변화를 기대할 수 있을까?

성격 변화를 위한 실행 가능한 10가지 단계

신경증적 성향 줄이기

화가 나거나 신경질이 날 때 감정이 어떤지 적어보고 감정에 이름을 붙여라. 연구에 따르면, 이렇게 하는 것은 진정 효과도 있고 감정의 강도도 감소시킨다고 한다.

감사 일지를 쓰라. 매일 감사하게 생각하는 세 가지 일을 메모하라. 감사는 긍정적인 기분을 증가시키고 스트레스를 풀어준다.

외향적 성향 늘리기

이번 주에 친구를 초대해서 한잔하기로 약속하라. 외로움과 사회적 고립은 내향성을 증가시키고, 이것을 극복하는 일부의 방법은 사회 활동을 계획하는 것이다. 어디서부터 시작해야 할지 모르겠다면, 프림Frim과 같은 우정 앱을 통해 지역에서 같은 생각을 가진 사람을 찾아보라.

이번 주 낯선 사람에게 인사하는 도전을 해보라. 충분히 자신감이 느껴진다면 잡담을 조금 시도해 보라. 연구에 의하면 낯선 사람과 대화하는 것은 생각보다 즐겁고 좋은 인상을 준다고 한다.

성실한 성향 늘리기

밤에 잠들기 전에 다음날 할 것을 적어두라. 이렇게 하면 체계적으로 일하는 데 도움이 될 뿐만 아니라, 최근 연구에서는

미뤄둔 일과 이번 주에 하기로 되어 있는 일을 다시 솔직하게 살펴보라. 어디서 시작해야 할지 모르겠다면 다음과 같이

미진한 일을 마무리함으로써
불면을 줄이는 데 도움이 된다고
한다.

자문하라. 즉 이 일을 끝내기
위해 해야 할 바로 다음 행동은
무엇인가?

친화적 성향 늘리기

친구, 친척, 동료에게 감사
편지를 보낸다. 최근 한 연구에
따르면 감사 메모를 받는 사람은
기대한 것보다 훨씬 더 많은
도움을 받는다고 한다.

직장 동료(또는 이웃사람)를
칭찬하라. 이런 예의 바른 행동은
친절함으로 퍼져나간다.

개방적 성향 늘리기

TV에서 자막 있는 드라마를
보기 시작하라. 그러면 다른
문화에 노출되어 사고가 넓어질
것이다.

독서 모임에 가입하라. 특히
소설을 읽게 되면 다른 사람의
관점을 고려하는 능력이 커질
것이다.

2장

고난과
시련

안토니오 베리오Antonio Verrio의 그림 〈더 베리오The Verrio〉에는 1673년 영국 왕립 수학 학교의 창립이 그려져 있다. 그 그림은 수백 년 동안 크라이스트 병원 기숙학교의 동굴 식당에 걸려 있었다. 약 86피트의 길이로 3개의 패널로 나누어져 있으며 세계에서 가장 큰 그림 중 하나이다. 많은 세대에 걸쳐 직원들과 학생들은 그 그림을 보고 경탄을 금치 못하였다.

어떤 학생은 다른 학생보다 이 거대한 그림에 더 큰 충격을 받는다. 1990년대에 내가 그 학교에 다녔을 때 조금 떠들썩

한 친구 중 한 명인 조지(본명이 아님)는 버터 조각을 칼로 자른 다음 곧바로 버터 덩어리를 〈더 베리오〉를 향해 던졌는데, 단지 장난삼아 한 것처럼 보였다. 응고된 물방울이 잠시 캔버스에 남아 있다가 조용히 식당 바닥에 떨어졌고, 그림에는 기름 자국이 묻었다.

당시 버터를 던진 조지는 중징계를 받았으나 12개월도 채 지나지 않아 우리의 새 기숙사 조교(질서 유지를 돕기 위해 기숙사 사감이 선택한 학생)로 임명되었다. 친구들과 나는 천사는 아니었지만, 새 기숙사 조교보다 터무니없는 행동을 하지 않는 것은 확실했다. 우리가 그의 임명에 놀랐다고 말하는 것은 절제된 표현이다. 내가 이 이야기를 하는 이유는 조지가 조교로 임명되어 씁쓸했기 때문이 아니라, 학교 선생님들이 알았든 몰랐든 간에 성격 변화에 대한 통찰력을 가진 행동이었기 때문이다.

성격이 삶을 통해 어떻게 변하는지 보여주는 주요 이론 중 하나는 사회적 투자 이론으로 알려져 있다. 결혼을 하든, 새로운 일을 시작하든, 기숙사 조교가 되든 맡은 역할이 성격을 형성할 수 있다. 특히 그 역할이 새로운 행동의 특정 패턴에 대해 지속적으로 보상을 준다면 더욱 그렇다.

약간 건방진 놈이었던 내 룸메이트 조지가 기숙사 조교의 책임을 지게 한 것은 현명한 조치였다. 추가적인 책임, 잘할 것이라는 믿음, 의무 이행을 위한 절제력이 함께 결합하여 그의 성실한 성향을 북돋아 주었다(실제로 현재 조지는 교사로서 충실하게 일하고 있다!).

　이 장에서는 성격이 전 생애를 통해서 변화되어 가는 여러 방식을 개괄해 볼 것이다. 결혼이나 출산 같은 사회적 역할뿐만 아니라 이혼이나 실직과 같은 고난과 시련을 통해서도 성격은 변화한다. 나는 우리가 일반적으로 성숙해 가면서 노년이 될 때까지 삶의 여러 단계를 통해 평균적으로 어떻게 변화해 가는지를 보여주고자 한다. 이런 변화를 알게 되면 그것을 예상할 수 있고, 그중에서 긍정적인 것을 활용하고, 부정적인 것을 피할 수 있다.

　당신은 빈 서판blank slate이 아니다. 당신이 한 일이나 당신에게 일어난 일만이 당신의 성격을 설명해주는 것은 아니다. 당신의 성격은 자신이 행한 것과 유전자의 혼합으로 만들어진다. 사실 성격 차이의 30~50%는 부모로부터 물려받은 유전자에서 비롯되고, 나머지는 경험의 차이에서 비롯된다.

　이 두 가지의 영향력은 전적으로 동떨어져 있지 않다. 유전자 덕에 당신이 가지고 태어난 특성은 공장의 초기 설계도와 약간 닮아 있다. 그리고 이것은 당신이 마주하게 될 상황을 결정하기도 한다. 예를 들어 만약 당신이 유전적으로 외향적 성향이라면 사회적 상황에서 더 많은 시간을 보낼 가능성이 있다는 것은 이치에 어긋나지 않는다(그리고 이것은 당신을 더 외향적으로 만들 가능성도 있다). 유전적으로 개방적인 성향이 있다면, 새로운 아이디어와 관점을 더 많이 읽고 발견할 것이며 이것은 다시 당신을 더 개방적인 사람으로 만들 것이다. 친화적 성향이 강한 사람들은 스스로를 기분 좋은 상황에 두는 경향이 있고, 논쟁을 부드럽고 편하게 하는 데 능숙해서 사람들에게 훨씬 친근하고 편하게 다가간다. 이런 식으로 성격에 대한 약간의 유전적 영향조차도 경험의 종류에 영향을 미쳐서 그 결과는 눈덩이처럼 불어날 수 있다.

성인의 삶을 통해 성격이 발달하는 방식을 자세히 살펴보기 전에, 어린 시절부터 가지고 있던 성격의 종류를 되짚어 보자. 구체적으로 어떤 요인들이 과거의 당신에게 영향을 미쳤는가? 그리고 어릴 때의 당신과 성인이 된 당신 사이에는 어떤 연관성이 있는가?

당신의 기원 이야기

앞의 장에서 나왔던 성격 퀴즈 점수를 바탕으로 현재 자신의 성격 프로필의 자세한 모습을 알 수 있다. 즉, 사람의 삶을 관통하는 연속적인 실마리는 항상 존재하기 마련이다. 심지어 당신이 아기였을 때의 행동 방식도 현재의 당신 성격 모습에 어떤 실마리를 주었을지도 모른다.

　유아는 성격이 완전히 형성되지도, 완전히 성숙된 성격을 가지고 있지도 않다. 대신 심리학자들은 유아의 "기질"에 대해 언급하는데, 이런 기질은 세 가지 성향에 따라서 정의된다. "의도적 통제"는 유아가 얼마나 집중을 잘하고 산만함을 견딜 수 있는가를 의미한다. 예를 들어 하나의 장난감이나 물건에서 다른 장난감이나 물건 사이를 충동적으로 돌아다니기보다는 한 가지 놀이에 지속적으로 도전하는 것이다(성인의 성실한 성향의 초기 형태). 그리고 "부정적 정서"가 있는데, 이것은 본질적으로 아기가 얼마나 많이 울고, 겁을 먹고, 좌절하는지를 나타낸다(이것은 분명히 성인의 신경증적 성향의 전조가 된다). 그리고 마지막으로, "정열성"이 있다. 이것은 노력, 사교성, 에너지 수준과 관련이 있고 외향적 성향의 아기 버전이다.

　어린 시절의 기질은 운명적으로 정해진 것은 아니지만, 당신의 성격을 형성하는 어떤 것들은 이미 보이기 시작했는지도 모른다. 최근 러시아의 한 연구는 생후 몇 달 안 된 유아의 기질과 그 유아들이 8세가 되었을 때 지닌 성격 사이의 연관성을 부모가 평가하도록 하였다.[1] 연구자들은 몇 가지 두드러진 일관성을 발견하였다. 예를 들면 더 많은 에너지를 가지고 더 많이 웃는 유아는 정서적으로 더 안정된 8세로 성장했다. 이와 유사하게 집중력이 더 좋은 유아는 자신의 침실을 깔끔하게 정돈하고 제시간에 학교에 도착하는 어린이가 되었다. 그러나 모든 것이 잘 맞아떨어진 것은 아니다. 즉 웃음이 많고 더 활발한 유아가 어린이가 되었을 때 외향적 성향에서 높은 점수를 받은 것은 아니었다.

어린이의 성격을 늦게 측정할수록 아이가 성인이 되었을 때와의 상관관계가 더 강하게 나타나는 경향을 보였다. 연구자들이 1,266명(모두 1972년 또는 1973년에 뉴질랜드 더니든에서 출생한 사람들이다)의 성인 성격 프로파일을 그들이 3세였을 때의 행동 점수와 비교했을 때 뚜렷한 일관성을 발견하였다. 예를 들자면, "자신감 있는" 아이들은 외향적 성향을 아주 많이 지닌 사람이 되었고, 부끄러움을 타는 아이들은 외향적 성향을 가장 덜 지닌 성인이 되었다.[2]

확실히 고정된 것은 아니지만, 행동·사고·세상과 연관된 초기 습관은 또한 광범위한 결과를 낳는다. 당신은 심리학자 월터 미셸Walter Mischel의 상징적인 "마시멜로 테스트" 실험에 대해 들어본 적이 있을 것이다. 그는 어린아이들에게 자신이 방을 나가고 난 다음 15분 동안 그들 앞에 놓아둔 맛있어 보이는 마시멜로를 먹지 말라는 도전을 부여하였다. 만약 그가 돌아올 때까지 달콤한 것을 먹지 않고 참는다면 마시멜로 두 개를 먹어 치울 수 있는 기회를 얻게 될 것이다. 미셸의 실험에서 강한 자제력을 보였던 아이들은 이후의 삶에서 더 건강해졌고 학교, 직업, 인간관계에서 더 나은 성적을 거두는 경향을 보였다. 이와 유사하게 룩셈부르크의 연구원들은 수백 명의 사람이 11세였을 때 선생님으로부터 받은 성실하고 양심적인 성향의 등급을 비교한 결과, 높은 점수를 받을수록 40년 후에 지위, 급여, 직업 만족도 면에서 더 나았다는 점을 발견하였다.[3]

　　이제 당신의 어린 시절 경험들, 즉 부모, 형제자매, 친구들이 어떻게 당신 인생 초기의 성격에 영향을 미쳤는지 살펴보기로 하자.

부모

시인 필립 라킨Philip Larkin은 "그들이 널 망쳤어, 네 엄마와 아빠"라고 썼다.[4] 이것은 가혹한 평가이다. 사실(학대의 사례들을 제외하고) 놀랍게도 현대 심리학은 아이들에 대한 부모의 영향을 그다지 대단치 않은 것으로 간주한다. 내가 "놀랍다"라고 말하는 이유는 부모가 어떤 식으로 아이를 키워야 하고, 또 어떤 식으로 키우지 말아야 하는지 말해주는 것을 중심으로 형성된 거대한 조언 산업 때문이다. 그러나 발달 심리학자인 앨리슨 고프닉Alison Gopnik의 비유를 빌리자면, 우리는 육아를 동물의 집중 훈련처럼 생각하지 말고(때로는 그렇게 느껴지지만), 식물을 부드럽게 보살피는 정원사와 유사하게 생각해야 한다. 부모는 "많은 종류의 꽃이 꽃을 피울 수 있는 풍부하고 안정적이고 안전한 환경을 제공한다."[5]

당신의 부모에 대해 생각해 보라. 그들은 당신이 하는 모든 것을 어느 정도까지 통제하려고 했는가? 그들이 당신의 사생활을 어느 정도 침해하였는가? 그들은 감정적으로 차가워 보였는가? 그들이 당신을 칭찬하지 않았는가? 만약 당신이 위의 네 가지 질문에 모두 그렇다고 대답했다면 이것은 당신의 부모가 통제적이고 냉정하다는 것을 의미할 것이다.[6] 다시 한 번 생각해 보자. 부모가 당신에게 애정을 쏟았는가? 그들이 당신과 대화를 많이 했는가? 그들이 당신을 격려했지만 일정한 정도의 경계를 정하고, 때로는 당신이 원하는 것을 하지 못하게 했는가? 만약 당신의 부모가 그렇다면 권위적인 스타일로 보이고, 이것은 일반적으로 아이에게 더 유익한 것으로 간주된다.

연구에 따르면, 더 권위 있는 부모의 자녀들은 자신의 감정을 더 잘 조절하는 경향이 있고(아마도 그들은 미셸의 마시멜로 테스트를 잘 받을 것이다), 학교 공부에 더 뛰어나고, 일반적으로 더 잘 행동한다. 예를 들면 그들은 학교에서 말썽을 부릴 가능성이 더 적다.[7] 성격적인 면에서는 이것을 낮은 신경증적 성향 그리고 높은 성실한 성향 및 개방적 성향으로 생각할 수 있다. 성인들에게 부모가 자신을 어떻게 키웠는지에 대한 기억을 묻는 연구를 보면 이와 비슷한 결과를 볼 수 있다. 부모가 냉정하고 지배적이었다고 말하는 불우한 사람은 신경증적 성향에서는 더 높은 점수를 받고, 성실한 성향에서는 더 낮은 점수를 받는 경향을 보인다.[8]

육아 스타일은 근성의 발달과도 관련되는데, 이 근성이라는 것은 인생의 극적인 성공의 비밀이라는 주장 때문에 지난 몇 년 동안 관심을 끌었던 개념이다. 근성은 진정으로 성실하고 양심적인 성향의 하위 요소이다. 이것은 열정·끈기와 관련성을 갖는다. 다른 말로 하면, 하나 이상의 특정 목표에 대한 집중적인 관심을 갖는 것, 그리고 그런 목표를 달성하기 위한 의지력과 헌신을 보이는 것이다. 펜실베이니아 대학의 심리학자 앤절라 더크워스 Angela Duckworth는 그녀의 결정판인『그릿 Grit』(2016)에서 그녀가 자녀들을 매우 지지하면서도 그들이 성취하도록 밀어붙여서(그녀는 이것을 "현명한 육아"라고 부른다) 근성을 갖는 성인이 되도록 하는 것이 바로 부모라고 주장한다.[9]

부모가 당신의 성격을 어떻게 형성했는지 생각할 때 명심해야 할 또 다른 흥미로운 개념은 우리 중 일부는 다른 사람보다 이러한 부모의 영향에 훨씬 더 민감하게 반응할 수 있다는 점이다. 소아과 전문의 W. 토머스 보이스 W. Thomas Boyce와 심리학자 브루스 엘리스 Bruce Ellis는 그들이 2005년에 발표한 획기적인 논문에서 "난초 어린이 orchid children"라는 아름다운 용어를 만들었다. 이런 어린이들은 가혹한 양육에 취약해 바로 시들어 버릴 수 있지만, 조심스럽고 주의 깊게 양육될 때는 화려하게 꽃을 피운다.[10] 반면에 이 두 학자는 "민들레 어린이 dandelion children"라는 개념도 만들었는데, 이런 어린이들은 덜 예민하여 육아 환경에 상관없이 강한 면역력을 가지고 있다.

매우 민감한 어린이 지수Highly Sensitive Child Scale를 기반으로 한 다음의 서술들을 점검해 보라. 당신이 이런 서술에 동의하는 것이 많으면 많을수록 당신은 난초일 가능성이 높다.[11]

- 나는 한꺼번에 많은 일이 일어나는 것이 불쾌하다.
- 나는 고상한 취향을 좋아한다.
- 나는 내 환경에서 작은 것들이 변했을 때 그것을 알아차린다.
- 나는 시끄러운 소리를 좋아하지 않는다.
- 누군가가 나를 관찰할 때 초조해진다. 이런 경우 나는 보통 때보다 잘하지 못한다.

만약 당신이 난초 기질이 있지만 당신의 부모가 권위주의적 스타일이나 더 나쁜 쪽으로 기울어져 있다고 생각한다면, 나는 당신을 동정할 것이다. 그리고 올바른 환경에서는 제대로 번성하고 꽃을 피울 수 있다는 생각이 당신에게 동기부여가 되었으면 한다. 한 명의 성인으로서 당신이 처한 상황과 문화에 더 많은 통제력을 가지면서 잠재력을 발휘할 기회를 얻기 바란다.

형제자매

성격에 관한 또 다른 일반적인 생각은 당신의 성격이 가족 출생 순위의 영향을 받는다는 것이다. 심리학자이자 이 주제에 대한 책의 저자인 케빈 레만Kevin Leman은 다음과 같이 썼다. "당신이 확신할 수 있는 한 가지는 어떤 가정에서든지 첫째와 둘째는 다르게 성장할 것이라는 점이다."[12] 첫째는 부모가 다소 예민해져 있지만 집중적인 관심을 받고(왜냐하면 첫째 아이이기 때문이다), 그래서 첫째는 성실한 성향을 보이게 되고, 이와는 대조적으로 그 이후에 태어난 아이들은 관심에서 보다 자유롭고, 부모의 관심을 더 끌려고 하는 아이로 희화화된다는 것이 일반적인 생각이다.

이런 주장은 직관적으로 설득력이 있으며 일화적 증거에 의해 뒷받침된다. 전 미국 대통령들 사이에서 조지 W. 부시, 지미 카터, 린든 존슨, 해리 트루먼을 포함한 44명의 대통령 중 24명이 장남이라는 점을 생각해 보자. 더 최근에는 빌 클린턴이 장남이고 버락 오바마도 장남으로 자랐다(그에게는 이복형이 있었지만 같이 살지는 않았다). 그 외 유럽 정상 앙겔라 메르켈과 에마뉘엘 마크롱이 모두 첫째이다. 우주 비행사들 중에서 최초 23명의 우주 비행사들 중 21명이 첫째이다.[13] 사업 분야에서도 유명한 CEO 몇 명을 거명하면 셰릴 샌드버그, 마리사 메이어, 제프 베이조스, 일론 머스크, 리처드 브랜슨 등이 모두 첫째라는 점에서 비슷하다.

그럼에도 불구하고 2015년에 발표된 두 개의 결정적인 연구에 의해 첫째의 성격에 대한 생각은 상당히 훼손되었다. 이 조사들은 이전의 어떤 연구들보다 더 치밀하게 고안되었다. 대부분의 이전 연구는 형제자매의 상호 간의 성격 평가에 의존해 왔으나 이는 그다지 신뢰할 만한 방법은 아니었다. 그런데 새로운 연구들은 그 연구 범위가 넓었다. 한 연구는 20,000명 이상의 사람으로부터 성격 특성과 출생 순서의 자료를 수집하였다.[14] 또 다른 연구는 거의 40만 명의 대상자를 상대로 하였다.[15] 새로운 연구들은 기존의 일화적인 증거가 오해를 불러일으켰고 또한 출생 순서가 성격과 거의 무시해도 될 정도의 연관성을 가지고 있다는 것을 발견했다. 미국의 성격 전문가 로디카 데미안Rodica Damian과 브렌트 로버츠Brent Roberts는 논평에서 "결론은 피할 수 없다"라고 하면서 "출생 순서는 성격 발달에 중요한 요소가 아니다"라고 썼다.[16]

출생 순서는 성격 발달과 유의미한 관련성이 없지만, 출생 간격, 즉 형제간 터울은 유의미할 수 있다. 최근 영국의 한 연구는 1970년에 태어난 4천 명 이상의 사람을 대상으로 42년에 걸친 반복된 성격 검사를 시행하였는데, 이들 모두 손위 형제가 한 명 있었다.[17] 이 연구는 형제간의 나이 차이가 클수록 남자 또는 여자 동생의 성격이 내성적이고, 정서적으로 불안정할 가능성이 높다는 것을 보여주었다.

마스트리히트 대학의 연구원들은 왜 출생 간격이 이런 영향을 미치는지를 추측하면서 형제자매의 나이 차이가 적은 것이 함께 놀고 경쟁할 수 있고, 부모로부터 공동의 관심과 가르침을 받을 가능성이 더 높기 때문에 유익하다고 주장하였다(이런 연구와 일치하는 다른 연구에서는 많은 형제가 있는 미취학 아동들이 다른 사람의 입장에서 사물을 생각하는 능력을 측정하는 마인드 테스트 이론에서 더 잘 수행하는 경향을 보인다고 보고하는데, 이것은 친화적인 성격의 핵심적인 요소이다). 마스트리히트 연구원들은 심지어 정부가 나서서 형제간의 나이 차이를 줄이게 해야 한다는 데까지 나아갔다. 예를 들면 육아 휴직과 관련된 인센티브를 통해 아동의 적응력 있는 성격을 북돋우는 방법이다. 그러나 최근 연구에 의해 출생 순서가 성격에 영향을 미친다는 기존 통념이 틀렸다고 밝혀졌다 해도 출생 간격에 대한 새로운 조사 결과는 더 많은 증거가 수집될 때까지 신중하게 처리하는 것이 현명하다.

형제가 전혀 없다면 어떻게 해야 하나? "외동아이"에 대한 부정적인 고정관념은 널리 퍼져 있다. 왜냐하면 그들은 부모의 모든 관심을 받으면서 그 관심을 공유할 필요가 없기 때문에 버릇없고 이기적이 된다고 보기 때문이다. 물론 이것은 지나치게 포괄적인 일반화이다. 그러나 나 자신도 외동이긴 하지만 적어도 중국에서의 연구에 따르면, 약간의 진실성이 있는 것 같다. 중국 정부는 오랫동안 과잉 인구를 통제하기 위한 방법으로 한 자녀 정책을 시행하고 있다[중국은 2021년 7월 산아제한 정책을 사실상 폐지하였다. ―옮긴이]. 중국의 한 자녀 정책 시행 바로 전 또는 그 이후에 태어난 사람의 성격 특성과 행동 성향을 비교한 한 연구에서 후자의 경우, 즉 한 자녀 정책 이후에 태어난 사람이 "더 신뢰성이 없고, 덜 진실하고, 더 모험을 싫어하고, 덜 경쟁적이고, 더 비관적이고, 덜 성실한 것"으로 드러났다.[18]

또 다른 연구에서 중국 연구자들은 성인 자원자들의 뇌를 스캔하였는데, 그들 중 일부는 한 자녀만으로 태어난 사람이었고 다른 일부는 형제가 있는 사람이었다. 그리고 이들 자원자들은 성격 검사와 창의성 검사를 완성하였다. 외동인 사람은 형제가 있는 자원자보다 친화성 성향 척도에서 더 낮은 점수를 보였다(그들은 자신을 덜 친화적이고, 덜 공감적이고, 덜 이타적이라고 기술하였다). 이것은 자신을 다른 사람과의 관계 속에서 이해하는 데 관여하는 전두엽의 일부 회백질이 작은 것과 연관되는 듯이 보인다.

덧붙이자면, 한 자녀가 창의성 과제에서는 다른 사람보다 더 좋은 성적을 냈다. 이 과제는 판지 상자 사용과 연관된 것이었다. 아마도 한 아이로서 혼자서 노는 시간은 따뜻하고 사회성 있는 성격을 형성하는 데는 별로 좋지 않지만, 보다 더 창의적인 마음을 형성하는 데는 도움이 되는 것으로 보인다(이것은 나의 개인적 경험과 일치한다. 나는 장난감을 가지고 게임을 세밀하게 구성하면서 시간을 보내곤 하였다).

친구들

대중심리학은 양육방법과 출생 순서의 강력한 영향에 대해 큰 화제를 불러일으켰지만, 아마도 당신의 성격에 가장 큰 영향을 미친 것은 어릴 적 우정일 것이다. 실제로 양육이 성격에 미치는 영향이 별로 크지 않다는 것을 밝혀낸 쌍둥이 및 입양 연구를 다시 보면, 환경적 영향(즉, 비유전적 영향)에서 가장 중요한 것은 형제자매와 공유하는 경험보다는 우리 각자가 지닌 독특한 경험이라는 것을 알게 된다.

어릴 적 우정의 영향을 시험하기 위해 미시간 주립대학의 연구원들은 최근 10월부터 5월까지 여러 차례 관찰자들을 교실에 보냈다.[19] 관찰자들은 기질과 놀이 친구들의 측면에서 학령기 전의 두 그룹, 즉 3세 그룹과 4세 그룹에 대해 등급을 매

겄다. 관찰 결과, 놀랍고 흥미로운 발견을 할 수 있었다. 즉 아이들은 자신들과 자주 노는 친구들의 성향을 습득하였는데, 특히 친구들의 긍정적인 정서와 계획 세우기와 충동조절을 습득해서 밖으로 표현하였다(때로는 보여주지 못하는 경우도 있었다). 예를 들면 행복하고 품행이 바른 친구와 놀면서 많은 시간을 보낸 아이를 몇 달 후에 다시 관찰했을 때 더 많은 행복감과 좋은 행동을 보일 가능성이 더 높았다. 이는 성격이 딱딱한 석고같지 않고, 유연성을 지닌 가변적인 것이라는 생각과 일치하며, 대부분의 아이들이 연구 과정에서 중간 정도의 성격 변화를 보인 점도 눈에 띄었다. 연구자들은 "성격 발달의 역동성은 빠르면 3~5세부터 나타난다"라고 말했다.

또래가 우리의 성격에 미치는 중요한 영향력은 청소년기까지 지속된다. 반사회적이고 힘든 행동의 초기 징후를 보이는 위험에 처한 십 대들을 돕기 위한 정책적 개입을 조사한 가장 큰 규모의 연구들 가운데 하나는 부모의 행동 또는 선생의 도움을 받기 위한 노력보다 더 중요한 것이 그들이 어울리는 친구라는 것을 발견했다. 즉 친화적이고 성실하며 양심적인 친구들과 어울리는 것이 조직적인 개입의 효과를 보장하는 열쇠였다.[20] 성인 초기에도 20대들이 자기 친구들의 성격 특성을 획득하는 경향이 있다는 연구 결과가 있다. 예를 들면 매우 외향적 성향의 친구를 사귀는 것은 자신의 외향적 성향을 증가시킬 것이다.[21]

자신의 우정을 돌이켜 보라. 당신의 가장 친한 친구는 반항아였는가 아니면 열심히 일하는 사람이었는가? 당신은 위험을 감수하고, 실험하고, 규칙을 어기는 일에 감탄하는 무리 속에 있었는가? 아니면 야심차고 자제력을 가진 친구 그룹의 한 명이었나? 물론 어느 정도 당신의 성격이 친구들에게도 영향을 미쳤을 것이다. 그러나 우정을 형성하는 데는 행운과 편리성이라는 커다란 요소도 있다(1950년대의 고전적 심리 연구는 근접성이 중요한 역할을 한다는 것을 보여주었다. 즉 당신은 두 블록 떨어진 곳에 사는 아이들보다 옆집에 사는 아이들과 친구가 될 가능성이 더 높았을 것이다). 이러한 어릴 적 친구 관계를 회상하는 것이 현재의 당신 성격을 이해하는 데 도움이 될 수 있다. 당신 친구들의 일부가 갖는 성격 특성이 당신에게 영향을 미쳤을 가능성이 높다.

시련과 고난

어린 시절의 본성이 어른의 성격에 완벽하게 부합하지 않는 한 가지 중요한 이유는 청소년기의 작은 문제, 즉 청소년이 자신을 발견하는 시기이며 또한 성격이 전형적으로 가장 큰 변화를 보일 시기인 사춘기를 극복해야 하기 때문이다.

대부분의 십 대들이 자제력, 사교성, 개방성 등에서 일시적인 감소를 보이는 경향이 있다는 점에서 실제로 성격은 사춘기 초기에 잠시 퇴보한다는 증거가 있다(대부분의 부모들은 분명히 이것을 증명한다). 말하자면 친구들과 모험심으로 밖으로 나가기보다는 엉망인 방에서 홀로 음악 듣기를 좋아하는 변덕스러운 젊은 십 대의 진부함에는 일말의 진실이 있다. 또 남자아이는 아니지만, 여자아이의 경우 정서적 불안정이 일시적으로 증폭된다. 심리학자들은 아직 이러한 성별 차이의 이유를 밝히고 있지 못하지만, 초기 청소년기가 여자아이들에게 정서적으로 더 힘든 시기일 수도 있고 또는 여자아이들이 부모나 다른 인간관계에서 자신들이 원하는 지지를 얻는 것이 남자아이보다 더 어렵기 때문일 수도 있다.

성별이 어떠하든 사춘기 후반과 성년 초기에 접어들면 성격은 대체로 다시 성숙하기 시작한다. 평균적으로 이 나이의 사람은 감정적으로 유연성을 보이기 시작하고, 자제력과 자기 조절력이 더 커진다. 그리고 당신이 성인이 된 후에도 성격은 지속적으로 성숙해 간다는 것을 알 것이다. 이러한 평생에 걸친 변화를 조사하기 위해 심리학자들은 인생의 각 단계마다 평균적인 성격 프로파일을 비교하였다. 최근의 연구들 중 인상적인 부분은 10세에서 65세 사이의 백만 명 이상의 자원자들의 성격을 비교한 것이다.[22] 그들은 또한 수년 또는 심지어 수십 년에 걸쳐 같은 사람의 성격을 반복적으로 측정하는 많은 연구를 수행해 왔다.

　그들이 취한 연구방식이 어떻든지 연구원들은 일반적으로 같은 사실을 알아냈다. 나이가 들수록 덜 불안해지고 덜 우울해지고 더 친근해지고 더 공감하게 된다는 것이다. 그러나 부정적인 면에서는 덜 외향적이고 덜 사교적이며 덜 개방적이 된다. 한편 자기 수양과 조직 내의 사회적 기술은 성인의 전반기를 거치면서 증가하고 중년에 절정에 달한 다음 다시 쇠퇴하는 경향을 보이는데, 이것은 부분적으로는 소위 돌체 비타 효과라고 불리는 것, 즉 노년에 책임과 걱정을 덜게 되는 것에 기인할 것이다.

　성격 과학의 전문 용어에서는 나이가 들수록 정서적 안정성과 친화성의 증가를 기대할 수 있지만, 외향적 성향과 개방적 성향은 떨어질 수 있다(성실한 성향이 먼저 상승했다가 하락하는 것이 일반적이다). 이런 전형적인 패턴은 성격 발달과 관련하여 명심할 가치가 있다. 1장의 당신이 선택한 성격 점수를 뒤돌아보고 바꾸기를 원하는 성격 특성에 대해 다시 생각해 보자.

　예를 들어 당신이 감정적으로 안정되고, 더 성실하고, 더 양심적이기를 원하는 젊은 여성이고, 당신이 대부분의 사람과 다르지 않다면, 좋은 소식은(즉 당신의 성격 특성을 변화시키기 위한 의식적인 단계를 밟지 않고) 당신이 중년이 되면서 자연스럽게 변화할 것임을 알게 된다는 사실이다. 만약 당신이 자신을 변화시키기 위해 의도적으로 노력한다면(예를 들면 이 책의 후반부에 있는 조언들을 사용한다면) 최고의 무기를 갖는 셈이 된다. 이와는 반대로 만약 당신이 시니어이고 스스로 열린 마음을 자랑스럽게 여긴다면, 향후 당신의 삶의 단계에서 이러한 특성이 쇠퇴하는 전형적인 경향을 아는 것이 유용할 수도 있다.

이것들이 당신의 일생에 걸쳐 기대할 수 있는 광범위하고 평생 지속되는 성격 특성의 변화이다. 그렇다면 이혼, 결혼, 실업, 사별과 같은 좀 더 구체적인 사건이 성격에 미치는 영향은 어떤가?

인생에서 이혼만큼 격렬한 사건은 드물다. 몇 년 동안 "우리"로 생각하고 살다가 혼자가 되는 이혼은 자아 정체성의 급격한 변화를 강요한다. 엘리자베스 배럿 브라우닝Elizabeth Barrett Browning은 남편 로버트 브라우닝에게 다음과 같이 말했다고 한다. "나는 당신이라는 사람을 사랑하였을 뿐만 아니라 당신과 함께 있을 때의 나를 위해서도 당신을 사랑한다." 심리학자들이 이혼을 성격에 심대한 자국을 남길 수 있는 인생의 주요한 사건 중 하나라는 것을 발견한 것은 별로 놀라운 일이 아니다. 이전 본드 걸이자 슈퍼모델이었던 모니카 벨루치와 그녀의 남편인 프랑스인 배우 뱅상 카셀에게 일어난 일을 예로 들어보자. 그들은 브래드 피트와 안젤리나 졸리의 유럽

판이자 진정한 슈퍼커플이었다. 그러나 아내와 남편 그리고 두 자녀와 함께 결혼 생활 14년, 최소 8편의 영화에 공동 출연한 것을 포함하여 18년 동안 함께한 후 2013년에 결별을 발표했다.

그 여파는 유명하지 않은 여타의 커플들과 똑같이 벨루치와 카셀을 강타했다. 벨루치는 이 결별로 인해 "더 체계적이고, 더 탄탄한" 사람이 되었고, 성격적인 면에서 더 성실하고 더 양심적이며, 덜 신경질적인 사람이 되었다고 말한다. 2017년 인터뷰에서 그녀는 "이전의 나는 단지 감정적일 뿐이었다"고 말했다.[23] "이것은 50대에 발견하는 나의 새로운 부분이다." 한편, 카셀은 벨루치와 함께 살았던 파리에서 리우데자네이루로 이사했다. "사람은 인생의 후반부에도 자신을 계속해서 재창조할 수 있는 가능성을 가지고 있다"라고 그는 말했다.[24]

이혼이 성격에 미치는 영향에 대한 연구는 엇갈린 결과를 보여준다. 미국에서 시행한 한 연구는 6년에서 9년 사이에 걸쳐 2,000명 이상의 미국 남성과 여성의 성격을 두 차례에 걸쳐서 테스트하였다.[25] 이 시기에 이혼을 겪은 여성들은 이혼을 해방의 경험이라고 생각했기 때문인지 외향적 성향과 개방적 성향의 증가를 보이는 경향이 있었다(이것이 이혼 후 성격 변화에 대한 벨루치의 묘사와는 일치하지 않지만, 이혼 후 그녀는 "살아 있는 것 같았다" 그리고 "아주 활기에 넘쳤다"라고 말한 것으로 기록되어 있다).[26] 이와는 대조적으로 이혼을 겪은 남성들은 그들이 감정적으로 더 불안정해지고, 성실하고 양심적인 성향이 줄었다는 것을 암시하는 성격의 변화를 보여주었다. 이것은 결혼 관계가 남자들에게 이혼 후에는 없을 지원과 구조를 제공했던 것으로 보인다.

다른 연구에서는 또 다른 패턴을 보여주었다. 예를 들어 500명의 남성과 여성을 대상으로 한 독일의 한 연구는 남녀 모두에게 이혼이 외향적 성향의 감소로 이어지는 경향이 있다는 것을 발견했다. 아마도 결혼이 깨질 때 몇몇 사람은 결혼 생활 당시 사귀었던 친구들을 잃는 경향이 있기 때문으로 보인다. 그러나 14,000명 이상의 독일인이 참여한 또 다른 연구는 이혼이 남성들의 개방적 성향을 증가시켰다고 보고하고 있는데, 이것은 뱅상 카셀이 이혼 후 브라질로 가서 새로운 일을 할 기회를 얻었다는 믿음과 비슷하게 보인다.[27]

이혼에 대한 연구는 주요한 삶의 사건이 미치는 영향을 파악하기 위해 성격 변화의 과학을 어떻게 이용할 수 있는지를 보여준다. 남성과 여성이 이혼 후 더 내성적 성향을 보인다는 독일의 연구가 그 좋은 예이다. 만약 당신이 이혼(또는 다른 심각한 인간관계의 단절)을 겪거나 혹은 지금 시련을 겪고 있다고 하더라도 하나의 사실을 깨달으면 유익하다. 즉 어려운 시기라도 내향적으로 대처하는 것보다 외향적으로 대처하는 것이 더 낫다는 사실이다.

　다른 연구들은 이혼이나 다른 이유로 인해 외로움을 느끼는 것이 성격에 얼마나 역효과를 가져올 수 있는지 보여준다. 덧붙여 이번에 12,000명 이상의 여성과 남성을 대상으로 한 또다른 독일 연구 결과에 따르면, 처음에 자신을 외롭게 묘사했던 사람은 이후 외향적 성향과 친화적 성향의 감소를 보여주고 있다는 것을 발견했다.[28]

　외로움의 심리적 영향에 대한 다른 연구를 보면, 외로움은 사회적 무시나 거절에 매우 민감하게 만드는 경향이 있기 때문에 이런 연구 결과는 그리 놀라운 일이 아니다. 이것은 아마도 진화 과정상의 후유증일 것이다. 세상에 혼자 있는 것이 위험하다는 것을 알게 된 우리의 선조들에게는 다소 편집적인 성향이 도움이 되었을 것이다. 그러나 이것의 부작용은 외로운 사람이 자신에게 등을 돌리거나 화난 얼굴과 같은 거절의 징후를 더 빠르게 포착한다는 점이다. 그들의 뇌는 "외로움"과 "홀로"와 같은 부정적인 사회적 단어에 고도로 맞춰져 있기 때문이다.[29]

　당신의 성격에 훨씬 더 큰 영향을 미칠 수 있는 삶의 주요한 경험은 실직이다. 당신이 다른 이들과 비슷하다면 직업은 정체성의 중요한 부분을 제공하고 삶의 중요한 틀을 형성할 것이다. 만약 당신이 직장을 잃는 불운을 경험한다면(이미 당신에게 이런 일이 일어났을지도 모른다) 시간이 남아돌 것이고, 모임에서 지인들이 하는 "그래, 앞으로 무엇을 할 거야?"라는 피할 수 없는 질문에 답을 할 수 없을 것이다. 이 모든 것은 당신의 성격적 특성의 기초인 사고, 느낌, 행동에 큰 변화를 가져올 수 있다.

실직이 당신의 성격에 미치는 정확한 영향은 실업이 얼마나 지속되느냐에 따라 달라질 수 있다. 크리스토퍼 보이스가 이끄는 심리학자 팀은 4년 간격으로 성격 검사를 마친 수천 명의 독일 사람을 연구함으로써 이런 점을 증명했다.[30] 이 기간 동안 연구의 자원자 중 210명이 일자리를 잃고 실업자로 남아 있었고, 251명이 일자리를 잃었지만 1년 안에 신규 취업을 했다.

결과는 남성과 여성에 따라 달랐다. 새로 직장을 잃은 남성들은 친구들과 가족에게 적응하고 좋은 인상을 주기 위해 노력하면서, 처음에는 친화력이 상승했다. 그러나 수년간 실업 상태가 유지되면 그들은 타격을 받을 것이고, 결국 취업 중인 남자들보다 친화적인 성향이 줄어든다. 실업자들은 또한 수년에 걸쳐 성실한 성향이 점차로 감소한다. 우리는 이것이 의욕이 없고, 집중을 잘 못하고, 더 게을러지고, 시간도 잘 지키지 않고, 외모에 자신감도 없어 하는 등 다양한 형태로 나타날 것이라고 상상할 수 있다. 이와는 대조적으로 해고된 여성들은 친화적인 성향이 초기에는 떨어지고 또한 성실한 성향이 곤두박질쳤지만, 이후 실업이 계속되어 가면서 그런 성향은 다시 회복되었다. 연구원들은 그 이유를 여성들이 전통적으로 여성의 성역할과 관련해 힘든 일에 대한 보상을 받을 수 있는 새로운 방법을 찾고 자신의 시간을 구조화할 수 있기 때문이라고 생각하였다.

긍정적인 측면에서 보면, 연구가 끝나기 전에 재취업한 연구 참가자들과 계속 직장에 있었던 사람을 비교했을 때는 성격에 있어서 어떤 차이도 보이지 않았다. 이것은 재취업한 사람이 실업의 부작용에서 회복되었음을 시사한다.

걱정스러운 것은 만성적 실업이 남성의 성격을 역기능적으로 변화시켰다는 점이다. 이것은 외로움이 외향적 성향을 감소시키는 것과 비슷하다. 높은 친화력과 성실한 성향이 새로운 직업을 구할 가능성을 높이지만, 연구 결과가 보여주는 바와 같이 남성들은 실업 상태가 오래될수록 친화적 성향과 성실한 성향의 점수가 낮아진다. 걱정스러운 악순환이 일어나는 것이다.

다행스럽게도 인생의 경험과 기회는 확실히 우리를 긍정적인 방향으로 변화시켜 줄 수 있다(반항적인 친구가 기숙사 조교가 된 후 잘된 경우를 되돌아본다). 오스카상 후보에 오른 배우 톰 하디는 이 사실을 다른 배우들보다 더 잘 알고 있다. 십 대부터 시작된 알코올 중독과 마약 중독에 빠졌던 이 반항아는 2003년 26세의 나이로 런던의 소호 시궁창에서 자신의 토사와 피로 뒤덮인 채 폭음으로 인한 혼수상태에서 깨어났다. 그러나 그는 이후 새로운 인생을 개척했고 할리우드에서 가장 열심히 일하고 존경받는 배우 중 한 명이 되었다. 이 때문에 그는 자신의 일에 대한 경의를 표하게 해준 기회를 신뢰한다. 그는 "연기는 제가 할 수 있는 일이었고, 연기를 잘한다는 것을 알았기 때문에 연기하는 데 시간과 노력을 투자하고 싶었습니다. 요즘, 저는 운 좋게 생계를 위해서 일하고 있으며 그 일을 사랑하고 매일 배웁니다"라고 말한다.[31]

하디의 경험은 직장과 직업이 성격에 미치는 긍정적 영향에 대한 연구와 일치하는데, 이것은 실직으로 인한 나쁜 영향과는 반대된다. 젊은이들이 첫 직장을 다니기 시작할 때, 그들의 성실한 성향은 일을 시작하기 전보다 확실히 증가한다.[32] 이에 대한 심리학적 설명은 직업이 우리가 생각하고 느끼고 행동하는 방식을 바꾸라고 요구하고 시간이 지남에 따라 직업의 요구를 충족시키기 위해 우리가 변화하게 된다는 것이다. 대부분의 직업은 질서 잡힘, 자제력, 충동조절을 요구한다. 이런 특징은 성실한 성향을 구성하고, 또한 프로젝트를 제때 완성하고 동료와 고객과의 원활한 관계를 증진시키는 데 도움을 준다. 승진 또한 첫 번째 일자리와 비슷한 효과를 가질 수 있다는 것을 연구 결과는 보여준다. 아마도 자신이 해야 하는 역할의 요구가 늘어남에 따라 적응력이 확장되고 이것은 성실한 경향과 개방적 경향을 더욱 증진시키는 것으로 보인다.[33]

우리 삶의 또 다른 큰 사건은 파트너와 함께 사는 것 또는 결혼하는 것이다. 이성 커플이 함께 이사해서 같이 살게 되면 남성이 이후 더 성실한 경향을 보이는 것은 일관된 연구 결과이다. 이것은 아마도 깔끔함과 청결함에 대한 파트너의 기대에 부응하기 위한 시도로 보인다(여성들은 평균적으로 성실한 성향에서 더 높은 점수를 받는다).[34]

결혼의 영향은 어떤가? 결혼한 부부들의 저녁 파티에 둘러싸인 경험이 있는 독신자라면 결혼은 사람의 성격을 뒤틀어서 자기만족을 자아내게 하는 것이 아닌가 하는 의문이 들 것이다(영화 〈브리짓 존스의 일기〉에서 포착된 것처럼, 브리짓은 독신생활에 대해 걱정하는 척하는 잘난 체하는 부부들에게 둘러싸여 있다). 심리학자들이 질문에 대한 만족스러운 답을 내놓은 것은 아니지만, 연구원들이 4년이라는 기간에 걸쳐 거의 15,000명의 성격 변화를 조사한 독일의 또 다른 연구 결과에 따르면, 결혼한 피험자들은 외향적 성향과 개방적 성향의 감소를 보였다. 이것은 결혼이 사람들을 적어도 이전보다 조금 더 지루하게 만든다는 구체적인 증거일 것이다.[35]

또한 결혼이 특정한 성격 특성의 기술, 특히 자제력과 용서하는 능력을 위한 일종의 "훈련의 장"이 될 수 있다는 증거가 있다. 결혼 후에는 아마도 논쟁의 위험을 감수하기보다는 차라리 참으면서 혀를 깨물어야 하는 시간을 갖게 되거나, 또는 배우자가 설거지를 하지 않거나 이웃과 시시덕거리는 것을 참아야 한다. 네덜란드의 심리학자들은 거의 200쌍의 신혼부부들에게 결혼 후 바로 설문지를 작성해 달라고 요청했고, 그 후 4년 동안 매년 다시 설문지에 응하도록 하였다.[36] 이 결혼한 피험자들은 두 가지 성격 특성 모두에서 상당한 향상을 보였다. 사실 그들이 자기 통제에서 보여준 성격 특성의 증가는 자기 훈련의 향상을 위해 특별히 고안된 훈련 프로그램에 참여하는 사람이 훈련 후 보인 것과 비슷했다.

물론 성격이 결혼에 미치는 영향은 배우자의 성격과 행동 및 부부 관계의 궤적에 따라 다를 것이다. 540여 명의 네덜란드 어머니들을 대상으로 한 또 다른 연구는 6년에 걸쳐 그들의 성격을 반복적으로 측정한 결과, 그들의 파트너(그리고/또는 그들의 자녀들)로부터 매일 더 많은 사랑과 지지를 경험한 피험자들은 시간이 흐르면서 친화적 성향과 개방적 성향의 증가와 신경증적 성향의 감소를 나타내었다.[37] 이것은 당신이 처한 상황에 따라 성격이 어떻게 진화하고 적응해 가는지를 보여주는 또 다른 예이다.

그러나 불행히도 인생의 행복한 사건이 반드시 당신의 성격에 긍정적인 영향을 끼치지는 않는다. 내가 경험한 가장 즐거운 순간은 2014년 4월의 어느 화창한 날이었다. 그날은 바로 나의 쌍둥이가 태어난 날이다. 두 작은 괴물(소녀와 소년)이 내게 말할 수 없는 자부심과 행복을 주었고 최선을 다해 돌보려는 노력이 내 삶의 의미를 재구성하였다. 이것은 나에게 전에는 없었던 분명한 목적과 방향을 제시해 주었다. 그러나 그 4월 이후 나의 인생은 회오리바람과도 같았다. 이제 우리 아이들이 태어나기 전의 삶을 돌이켜보며 아내와 내가 아이가 없는 시간 동안 도대체 무엇을 했는지 궁금해하는 것은 우스운 일이 되었다. 자유에 대한 끊임없는 요구, 걱정, 책임에 대한 부담, 이것들 모두 나에게는 도전이다.

아마도 이러한 도전들, 특히 좋은 엄마나 아빠라는 이상에 부응하기 위해 노력하는 스트레스가 왜 부모의 자격이라는 것이 성격에 부정적인 영향, 특히 자존감에 영향을 미칠 수 있는지(신경증적 성격 특성의 측면)를 부분적으로 설명해 준다. 예를 들면 노르웨이의 최근 연구에서 8만 5천 명 이상의 엄마들을 대상으로 임신 중에 설문지를 작성하고, 출산 후 3년 동안 여러 차례에 걸쳐 설문 조사를 실시하였다.[38] 예상한 것과 같이, 대부분의 여성들은 출산 후 처음 6개월 동안 분주했고, 이 기간 동안 자존감이 증가하였다. 하지만 그 다음 2년 6개월 동안 그들의 자존감은 점점 낮아졌다. 좋은 소식은 이것이 영구적인 상황은 아닌 것 같다는 것이다. 산모들 중 일부는 이 설문 조사에 두 번 이상 참여했고, 한 번의 출산 이후 다시 연구에 돌아올 때 즈음해서 시행한 설문조사에서는 그들의 자존감

수준이 대개 보통으로 돌아와 있었다.

하지만 수천 명의 피험자들을 대상으로 한 다른 연구들에서도 부모가 되는 것이 성실한 성향과 외향적 성향의 저하를 포함해서 성격에 부정적인 영향을 미치는 것과 연관되어 있다는 것을 보여준다.[39] 외향적 성향에 미치는 영향은 분명히 일리가 있다. 당신이 잠을 못 자고 끊임없이 아이에게 매여 있을 때 즐거운 시간을 가지거나 사교적이 되기는 어렵다. 그러나 성실한 성향에 부정적인 영향을 미친다는 연구 결과는 다소 수수께끼이다. 아이를 양육하는 것이 주는 거대한 의무감은 취업과 승진에서 볼 수 있는 것처럼 성실한 성향을 강화할 것이라고 생각할 수도 있다. 한 가지 그럴듯한 설명은 아이들에 대한 책임이 너무나 압도적이고 혼란스럽다는 것이다.

마지막으로 사별의 불가피하고 파괴적인 영향은 어떤가? 《가디언》에서 출판된 매우 감동적인 자서전에서 엠마 도슨은 서른두 살밖에 되지 않은 여동생을 잃은 후 겪은 슬픔을, "당신의 영혼에 부딪히는 거대한 화물 열차"[40]와 흡사하다고 묘사한다. 그녀는 "누군가가 당신이 가진 모든 것, 즉 내장, 심장, 산소, 전 존재를 빨아들인 것 같은 느낌"이라고 기록하고, 고립(친구들과의 대화 회피), 불안(자신의 죽음에 대한 생각), 죄책감(여동생을 보호하지 못한 것), 분노(예를 들면 세 살배기 아이가 죽은 여동생의 물건을 던진 것에 대한 짜증으로 촉발된 분노)

를 자세히 쓰고 있다.

성격 특성 측면에서 사별의 영향에 대한 체계적 연구는 의외로 거의 없다. 수행된 몇 안 되는 연구들 중 일부는 대조군들과 비교하여 유족들에게 표준적인 변화의 패턴을 발견하지 못했다. 아마도 사별의 영향은 성격에 대한 일관된 영향이 없을 정도로 아주 다양하고 복잡하기 때문일 것이다. 상실에 따라 증가한 신경증적 성향에 대한 증거를 보고한 연구도 있다. 이 연구 결과는 엠마 도슨이 묘사한, 증가된 불안과 분노를 반영한다.[41] 최근에 독일의 연구원들은 수십 년 동안 같은 그룹의 사람을 추적하여 배우자를 잃은 것과 관련된 일련의 성격 변화를 밝혀냈다.[42] 예를 들면 상실 이전에 피험자들은 외향적 성향-아마 배우자를 돌보고 의료진과의 협력을 위한 노력 때문에 생긴 것일 수도 있다-의 증가를 보였으나, 상실 이후에는 외향적 성향이 감소하였다. 아니나 다를까, 피험자들은 점점 신경증적 성향이 증가했지만 그 후 몇 년 동안 점차적으로 정서적 안정을 되찾았다. 이런 결과는 성격과 경험 사이의 동적 상호작용의 또 다른 명확한 실례이다.

삶이 완전히
무작위적인 것은 아니다

인생의 사건과 성격 사이의 역동성이 전적으로 한 가지 방향으로 가는 것만은 아니다. 당신의 경험이 당신의 성격 특성을 형성하기도 하지만, 당신의 성격 특성 또한 당신이 지향하는 삶의 종류에 영향을 미친다. 스위스 연구원들은 최근 수백 명의 피험자들의 성격을 평가하고, 30년 동안 여섯 번 인터뷰하였다.[43] 그리고 그들은 특정한 성격의 프로파일을 가진 사람(특히 정서적으로 더 불안정하고, 덜 성실하고, 덜 양심적인 사람)이 연구 기간 동안 우울과 불안을 더 많이 경험할 뿐만 아니라 또한 관계 단절과 실직 사태를 겪게 될 가능성이 더 높다고 보고하였다. 우리가 위에서 본 바와 같은 부정적인 경험들은 피드백하며 성격을 형성하는 듯하다.

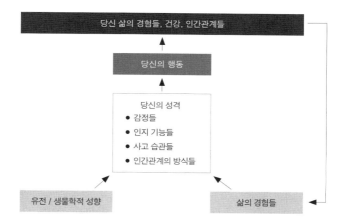

• 성격은 삶을 규정하기도 하고, 삶에 의해 규정되기도 한다. 행동, 습관, 일상생활을 변화시킴으로써 당신의 성향을 변화시키고 삶에 영향을 미칠 수 있다.

모든 성격 유형 중에서 친화적 성향의 소유자가 자신의 경험을 형성하는 데 가장 능숙한 사람으로 보인다. 이것은 왜 그들이 항상 기분이 좋아 보이는지 설명하는 데 도움이 된다. 연구진은 최근 심리학 연구실에서 이런 사실을 확인하였다. 즉 피험자들에게 긍정적인 또는 부정적인 사진(귀여운 아기 사진이나 두개골 사진과 같은)을 보여주고 여기에 소요되는 시간을 측정하거나, 제빵이나 해부 실습에 대한 강의를 듣거나, 또는 공포영화나 코미디를 보는 것과 같은 활동을 얼마나 즐겁게 받아들이는지 그 정도를 측정하였다.[44] 친화적 성향을 지닌 사람이 다른 사람과 비교했을 때 긍정적인 상황과 경험에 노출되는 것을 선호하는 일관된 패턴을 보였다.

그러므로 당신의 성격 특성은 당신의 경험 종류에 분명히 영향을 줄 것이다. 또한 당신이 경험하는 방식에도 영향을 미친다. 결혼의 예를 생각해 보자. 수십 년의 연구에 따르면, 신혼부부는 결혼 초기에 행복의 일시적인 급증을 보이지만 점차로 새로운 생활 방식에 적응함에 따라 곧 다시 기준점으로 되돌아간다. 하지만 최근의 연구는 이것이 모든 사람에게 맞는 것은 아니라는 것을 보여준다. 우리는 종종 어떤 사람을 두고 "결혼하기 좋은" 남성이나 여성이라고 말한다(어떤 사람은 독신 생활을 하는 데 더 적합해 보인다). 이러한 견해와 일치하는 2016년에 발표된 한 연구는 일부 사람에게 결혼은 지속적인 행복 증대로 이어진다는 것을 발견했다. 구체적으로 더 성실하고 내성적인 여성들과 더 외향적인 남성들은 결혼 후 삶의 만족도가 지속적으로 증가하는 것을 보여주었다. 아마도 그 이유는 새로운 결혼 생활의 스타일이 이런 성격 유형에 잘 맞았기 때문이라고 생각되지만, 이것은 향후 연구로 검증될 필요가 있다.[45]

이 장에서 나는 당신의 성격이 어떻게 지속적으로 변화해 가고 경험들에 의해 어떻게 다시 형성되었는지 생생하게 보여주고자 하였다. 다음 장에서는 인생에서 흔히 일어나는 일, 즉 뇌손상과 정신적·육체적 질병이 성격 특성에 강력한 영향을 미치는 것에 초점을 맞출 것이다. 부상과 질병은 특히 극적이고 영구적인 성격 변화를 일으키기 때문에 그 영향을 자세히 고려하는 것은 중요하다.

그러나 다음 장으로 넘어가기 전에 잠시 멈추어 큰 그림, 즉 당신의 삶에 대한 이야기와 그것이 지금까지 자신을 어떻게 형성해 왔는지를 다시 한 번 되새겨 보자.

연습,
당신의 인생 이야기는 무엇인가?

삶의 사건들이 우리를 어떻게 변화시킬 수 있는지에 대한 연구에서 교훈을 찾아내기 어려운 이유는 어떤 연구도 실제적으로 복잡하고 다양한 삶을 포착할 수 없기 때문이다. 주요한 삶의 경험들과 함께 미세하지만 지속적인 영향을 미치는 많은 일들이 있다. 그리고 주요한 영향을 주는 큰 사건은 고립된 채로 단독으로 영향을 미치는 것이 아니라 이전에 일어났던 모든 상황의 맥락 안에서 영향을 미친다. 과거는 프롤로그이다. 심오한 사건들이 당신 삶의 각 부분들을 장식할 수도 있지만 오늘날의 당신을 형성한 힘을 진정으로 이해하기 위해서는 인생 전체의 모든 이야기를 숙고할 필요가 있다. 심리학자 타샤 유리크는 『자기통찰Insight』(2017)에서 "개별적인 인생의 사건들이 별"이라면 "우리의 인생 이야기는 별자리의 모임"이라고 말한다.[46]

여기 당신의 인생 이야기를 성찰하기 위해 할 수 있는 글쓰기 연습이 있다.[47] 이것은 당신의 성격에 대한 멋진 사실들과 그것이 어떤 과정을 겪으면서 형성되었는지 밝혀준다. 1장 마지막에 나온 성격 퀴즈는 일련의 성격 특성 점수로 당신의 성격을 파악하였지만, 자신의 삶을 성찰하고 자신의 이야기를 풀어내는 것은 노스웨스턴 대학 심리학 교수인 댄 P. 맥아담스가 말하는 "이야기 정체성narrative identity"을 실감나게 해줄 것이다.[48]

먼저 당신의 삶을 되돌아보고, 높은 점수를 줄 수 있는

"절정경험peak experience"이면서 주목할 만한 사건 두 가지, 낮은 점수의 사건(또는 "최고의 경험") 두 가지를 생각해 내라. 전환점이 된 사건(인생의 갈림길이 된 결정, 만남과 같은 정서적 경험 또는 사건들), 두 가지 핵심적인 초기 경험 두 가지, 마지막으로 의미심장한 기억 두 가지를 생각하라. 각 항목에 대해 시간을 들여서 한두 문장을 작성해 본다. 누가, 무엇을, 어디서, 언제 그 사건이 일어났는지, 그 당시 무엇을 느꼈는지, 왜 이 에피소드나 장면을 선택했는지에 대해 써본다.

일단 다 쓰고 나면 당신이 서술한 것을 다시 읽어보고 어떤 중요한 주제가 있는지 살펴본다. 예를 들면 조화롭게 잘 지내고자 하는 욕망, 개선하고자 하는 끊임없는 노력, 새로운 인간관계를 맺고자 하는 열망, 지속적으로 개선하려는 욕망, 새로운 관계를 형성하려는 갈망, 좋은 일들이 나쁘게 변화한 느낌["오염 시퀀스contamination sequences"라고 부른다] 또는 그 반대, 즉 노력이 기회로 변화하는 느낌[또한 "구원 시퀀스 redemption sequences"라고 한다] 등이다.

당신의 이야기가 복잡하고 모순된다는 것은 좋은 징후이다. 왜냐하면 세련되고 정직한 설명이기 때문이고, 이것은 간단히 말하면 자신에 대한 자각이 더 잘되어 있다는 의미이다. 모순은 당신의 성격 특성과는 적어도 피상적으로는 상충하는 것으로 보인다. 예를 들면 만약 당신의 인생에서 중요한 주제가 다른 사람을 돕는 것이라면, 이것이 당신이 내향적인 사람이라도 다른 사람과 왜 그렇게 많은 시간을 보내는지를 설명해 줄지도 모른다. 유리크는 『자기통찰』에서 "[당신 자신의 이야기가 갖는] 복잡함, 뉘앙스, 모순을 포용하게 되면 아름답게 뒤섞여 있는 내면적 현실을 평가하는 데 도움이 된다"라고 말한다.

연구 결과에서 일반적으로 구원 시퀀스로 채워진 사람이 더 행복한 반면, 오염 시퀀스가 많은 사람이 더 우울한 경향(신경증적 성향에서 더 높은 점수)을 보이는 것은 그렇게 놀랄 만한 일은 아니다. 동일한 종류의 사건이 반대로 기억될 수도 있다. 예를 들면 학교에서 괴롭힘을 당하는 것은 순전히 불행과 트라우마의 시간(즉 오염 시퀀스)으로 기억될 수 있지만, 그것은 또한 개인적인 회복력을 증가시키고, 궁극적으로는 더 의미 있는 우정을 발견하는 사건(구원 시퀀스)으로 기억될 수도 있다.

많은 우여곡절과 다양한 관점들이 존재하는 당신의 복잡한 이야기는 개방성을 보여주는 지표이며, 관계 형성에 대한 빈번한 언급은 친화적 성향이 높다는 징후이다. 당신이 이야기하는 방식은 자신의 "이야기 정체성"이고 이것은 성격의 또 다른 측면이자 성격 특성에서 상위개념이다. 기억해야 할 중요한 것은 성격 특성과 마찬가지로 이야기 정체성은 시간의 흐름과 함께 안정화되는 경향을 보이지만, 돌처럼 딱딱하게 굳어 있는 것은 아니라는 점이다.

만약 당신이 일 년 동안 이런 연습을 반복한다면, 당신의 마음이 과거와는 다른 주요 사건들에 흔들리는 것을 발견할지도 모른다. 그리고 만약 당신이 이런 사건들 중 하나로 다시 돌아간다면, 그것에 대해 다른 시각으로 쓸지도 모른다. 실제로 만약 어떤 사건에 대한 당신의 서술이 어두운 이야기와 슬픈 결말로 가득 찼다면, 다음번에는 당신이 경험했던 것 중 일부를 의도적으로 재구성하는 것을 목표로 할 수도 있을 것이다.

좌절을 배움의 기회로 보고 과거의 고난을 힘의 원천으로 보게 될지도 모른다. 이것이 바로 이야기 치료라고 알려진 것의 목표이다. 왜냐하면 우리가 과거 이야기들에 대해 어떻게 생각하는지가 오늘날 우리의 성격과 앞으로 일어날 사건들의 전개에 영향을 줄 수 있기 때문이다. 사람들이 더 긍정적으로 자신의 이야기를 할 때 행복감이 지속적으로 증가하는 것으로 나타났다.[49] "우리가 말해야 하는 가장 중요한 이야기는 바로 우리 자신의 삶"이라고 맥아담스는 말한다.[50]

성격 변화를 위한 실행 가능한 10가지 단계

신경증적 성향 줄이기

몇 분 정도 시간을 할애하여 도전적인 경험이 어떻게 더 나은 삶을 만들었는지를 써본다. 당신의 인생에서 그런 구원적인 경험이 유연성을 증가시켜 준 것에 초점을 맞춘다.

파트너, 친구, 동료와 포옹하는 시간을 가져라(물론 팬데믹에서는 적절한 예방 조치를 취하고 동의를 구한다). 애정 어린 손길은 정서적으로 힘이 있다. 최근의 연구는 더 많은 성관계를 가진 사람이 행복한 주된 이유는 서로 더 껴안기 때문이라고 한다.

외향적 성향 늘리기

1924년 대중 연설 기술을 장려하기 위해 설립된 클럽인 토스트 마스터Toastmasters의 지역 지부에 가입하는 것을 고려해 보라. 연설 컨설턴트인 존 보우는 이 단체를 수줍은 사람을 위한 익명의 알코올 중독자 모임에 비유한다.

이번 주에 동료 중 한 명에게 커피를 마시거나 비공식 전화 채팅이나 줌Zoom콜을 하고 싶은지 물어볼 계획을 짜라. 연구에 따르면, 내성적인 사람이 외향적이고 사교적인 행동을 하면 자신들이 생각하는 것보다 더 많은 경험을 즐긴다고 한다.

성실한 성향 늘리기

친구와 체육관을 정기적으로 방문하기로 약속하라. 당신은 친구를 실망시키지 않기 위해 약속을 지키려고 할 것이다. 또한

와인이나 쿠키와 같은 유혹을 멀리 두고, 건강에 더 좋은 선택을 즉시 할 수 있게 하라. 의지력에 대한 연구에 의하면,

만약 당신이 좋아하는 누군가와 함께 시간을 보낸다면, 체육관 경험을 더 즐길 수 있을 것이다. 부수적으로 만약 당신이 행동을 바꾸기 위해 만든 서약서에 가까운 친구나 친척과 공동서명한다면, 약속을 지킬 가능성이 크다. 아끼는 누군가에게 책임감을 느끼는 것은 우리의 결단력을 더 높여준다.

자기 수양을 더 많이 하는 사람이 애초에 유혹을 피하는 데 더 능숙하다.

친화적 성향 늘리기

누군가 당신을 짜증나게 할 때, 상황이 어떻게 그 사람의 행동에 나쁜 영향을 미쳤는지 잠시 생각해 보라. 우리는 자신을 판단할 때 이런 식으로 상황을 고려하는 데 매우 능숙하지만 다른 사람에게는 훨씬 덜 관대한 경향이 있다.

몇 분 동안 당신과 함께 살거나 일하는 사람 중, 당신이 존경하는 사람의 특성을 적어보라.

개방적 성향 늘리기

자연 다큐멘터리를 보라 – BBC의 〈플래닛 어스〉 같은 것이 효과를 발휘할 것이다. 당신이 경험하는 경외감은 겸손함과 열린 마음을 키워줄 것이다.

레스토랑에 갈 계획이 있다면 새로운 곳에 가보라.

3장

병리학적
변화

2011년 2월 19일 밤 런던의 풀럼에서 앨리스 워렌더가 의식을 되찾았을 때, 그녀는 자전거에서 떨어졌는지 아니면 그냥 넘어졌는지를 전혀 알 수 없었다. 신문 보도에 따르면, 사건이 일어날 당시 구급대원이 근처에 있었던 것은 행운이었다.[1] 그들은 앨리스를 발견하고 병원에 데려갔다. 케임브리지 공작부인의 대학 친구이자 디지털 사업주인 당시 28세였던 앨리스의 뇌에 혈전이 있는 것이 CT촬영을 통해 드러났다. 다음날 그녀는 혈전을 제거하기 위해 5시간 넘게 수술을 받았다.

앨리스의 이야기는 그렇게 특별한 것이 아니다. 매년 영국에서는 수십만 명의 사람이 뇌손상을 입고 병원에 입원하고 있으며, 미국에는 연간 수백만 명에 이른다. 최악의 경우 뇌손상은 사망, 혼수, 마비, 언어 상실 그리고 다른 장애로 이어질 수 있다. 앨리스는 두통, 기억력 장애, 극도의 무기력증 등 가벼운 뇌손상에서 흔히 볼 수 있는 많은 합병증을 동반하였지만, 다행히 이후 몇 달 동안의 힘든 재활은 매우 성공적이었다.

하지만 내가 그녀의 이야기를 하는 이유는 앨리스가 사고 후에 겪은 또 다른 심각한 후유증으로 뇌손상을 겪은 후 그녀의 성격이 극적으로 변화했기 때문이다. 이런 성격 변화는 뇌손상을 입은 생존자들에게는 흔하게 일어나는 일이다.[2] 뇌손상으로 인해서 성격 변화가 일어날 수밖에 없다는 생각은 신체적인 차원에서 우리의 성격 특성이 부분적으로 뇌 신경망 기능에 뿌리를 두고 있다는 점을 고려하면 그리 놀라운 일이 아니다. 만약 부상이나 질병이 신경 네트워크의 작동이나 신경 세포들 사이의 미묘한 균형을 변화시킨다면 우리의 사고 습관, 행동, 인간관계의 방식에 대한 변화는 불가피하다.

당신이나 당신이 아는 누군가가 어떤 종류의 부상이나 질병을 겪는다면 성격 변화가 일어날 가능성이 매우 높다. 이것은 이미 앞 장에서 논의한, 인생의 고난·시련과 함께하는 "병리적 변화"가 우리의 성격을 형성하는 또 다른 핵심 부분임을 의미한다.

이번 장에서는 뇌손상, 치매, 정신 질환을 겪은 다음 심각한 성격 변화를 경험한 사람의 이야기를 함께 나누고 어떻게, 왜 이런 일이 일어나는지에 대한 최신 연구 결과를 살펴보고자 한다.

게이지는 "더 이상 게이지가 아니었다"

뇌손상이 성격에 미치는 영향이라는 관점에서 보면 의학 및 심리학의 역사는 많은 점에서 부정적 측면에 강조점을 두어왔다. 실제로 아마도 가장 유명한 신경학적 사례 연구(피니어스 게이지Phineas Gage의 사례)는 이러한 극적이고 파괴적인 효과의 전형적인 예로서 흔히 보고되고 있다.

게이지는 양심적인 철도 노동자로서 1848년 미국 중부 버몬트주의 러틀랜드와 벌링턴 철도에서 일어난 사고로 인해 3피트 반 길이의 쇠막대가 그의 전두엽을 뚫고 지나가서 반대쪽으로 튕겨 날아갔다. 전두엽은 의사결정과 충동조절 같은 성격과 관련된 많은 기능에 매우 중요한 것으로 잘 알려져 있다. 이런 점을 고려하면 게이지를 처음 진료한 의사 중 한 명인 존 할로John Harlow가 "그의 정신이 급격하게 변해서 친구들과 지인들이 '더 이상 게이지가 아니다'라고 분명하게 말했다"라고 쓴 것은 별로 놀랄 일이 아니다. 특히 할로는 한때 "균형이 잘 잡혀 있고… 빈틈없고, 똑똑한" 게이지가 이제는 "제 멋대로이고… 불손하고", "인내심이 없고", 그리고 "말도 안 되는 고집과 변덕을 부리고" 있다고 하였다.[3]

최근 역사학자들은 게이지의 의학적 회복에 대한 이야기를 수정하였다. 즉 이제 그들은 게이지가 이전에 생각하였던 것보다는 훨씬 더 완벽하게 회복된 것으로 믿고 있다. 그럼에도 불구하고 할로가 제시한 성격 변화의 서술은 뇌의 앞부분에 손상을 입게 되면 나타나는 '전두엽 증후군'과 일치한다. 이때 보이는 성격 변화가 동일하게 나타나는 것은 아니지만, 네 가지 뚜렷한 변화 패턴이 나타날 수 있다(정확히 손상된 신경 회로에 따라 증상이 달라진다).[4]

- 판단력과 문제 해결 능력의 손상
- 감정 통제의 상실(짜증스럽고 참을성 없음을 포함해서) 및 사회적 행동의 장애, 예를 들면 공격성, 둔감 또는 부적절함
- 감정의 둔마, 무감각 및 사회적 은둔
- 대처능력의 상실에 대한 과도한 걱정과 염려

이런 것들은 개별적으로 나타나기보다는 전적으로 겹쳐서 나타난다. 전두엽 증후군이 있는 대부분의 환자들은 계획, 사회적인 부적절함, 불안, 무관심이 다양한 강도로 나타난다. 성격 특성으로 볼 때 이는 신경증적 성향의 증가와 성실한 성

향의 감소로 해석될 수 있다.

일상생활에서 이러한 변화는 극적으로 보이기도 하지만 역설적으로 흔하게 볼 수 있다. 예를 들면 신경심리학자인 폴 브룩스가 묘사한 한 중년 남성은 어느 날 자신의 삶이 실패라고 생각하고 해변으로 여행을 떠나 약간의 절도행각을 벌이고, 펜더 스트라토캐스터 전기기타를 사들였으며, 결국은 아내와 직장을 떠나 해변 휴양지로 이주하여 술집 종업원이 되었다.[5] 이 이야기는 이 남자가 발작을 일으켜 뇌 스캔으로 그의 전두엽에 거대한 종양이 발견되기 전까지는 중년의 위기라는 특징을 모두 가지고 있었다. 브룩스가 말한 바와 같이 이 종양은 "그의 성격을 서서히 변화시키고" 있었던 것이다.

연구에 따르면, 마치 전혀 다른 도덕적 나침반을 가지고 있는 것처럼 행동하기 시작하는 것이 친척과 친구들에게 가장 고통스러울 수 있는 변화라고 한다. 성격의 다른 측면보다 도덕적인 능력은 한 사람의 진정한 자아에 핵심으로 간주된다.[6]

놀랍게도 최근에 뇌손상이 때로는 유익한 성격 변화를 야기할 수 있다는 인식이 늘고 있다. 이것이 앨리스 워렌더, 즉 이 장의 첫머리에 소개한 여성이 경험했던 것이다. 그녀는《데일리 메일》에서 "나는 더 좋은 사람이 된 것 같아요. … 나는 더 인내심이 많고, 감정적으로 더 개방적이 되었고, 이전에 없던 침착함이 생겼어요."라고 말했다.[7] 성격 특성 면에서 그녀는 친

화적 성향이 증가했고 신경증적 성향의 감소를 보였다.[8]

신경학적 손상에 따른 환영할 만한 성격 변화의 요소들은 2014년 넷플릭스 다큐멘터리 〈마이 뷰티풀 브레인My Beautiful Brain〉의 스타이자 공동 감독인 로제 소더랜드의 이야기에서도 드러난다. 2011년 34세 때 다큐멘터리 제작자인 소더랜드에게 자신도 몰랐던 뇌의 선천성 기형이 발견되었고 이로 인해 뇌졸중을 겪었다. 그녀는 혼자 살고 있었기 때문에 큰 혼란에 빠졌고, 말을 할 수 없었고, 의식이 왔다 갔다 하였다. 그녀는 인근 호텔의 공중화장실에서 쓰러진 채 발견된 후에야 응급 치료를 받았다.

소더랜드는 뇌수술과 수년간의 힘든 재활을 거쳐 기본적인 인지 기능을 많이 회복하였고 행복한 삶을 살 수 있게 되었다. 비록 뇌졸중 발병 전과 비교해서 "본질"은 변하지 않았다고 말하지만, 그녀의 성격은 분명히 다른 방식으로 변화되었다. 그녀는 자신이 이전보다 훨씬 더 감정적으로 예민해진 것에 대해 적응해야만 했다. 그러나 다른 면에서 보면 그녀는 미적으로 깨어났다(동시에 신경증적 성향과 개방적 성향이 놀랄 정도로 증가되었다).

"경험의 모든 측면에서 나는 강렬해졌어요"라고 소더랜드는《타임스》에서 말하였다. "소리는 훨씬 더 커지고 이미지는 훨씬 밝으며 감정은 훨씬 더 강렬하고, 그래서 행복할 때는 황홀할 지경이지만, 슬플 때는 거의 처참할 지경이 되어서 어쩔 줄을 모릅니다. 마치 격렬한 폭풍처럼 기복이 심합니다."[9]

불쾌하게 들리겠지만, 소더랜드는 적응하는 방법을 찾았고, 이제는 자신이 묘사하는 단순한 "수도승 같은 삶"을 살고 있다.[10] 그녀는 《타임스》에 "저는 새로운 두뇌로 사는 삶이 더 좋아요. 감사하게 생각해요. 모든 것을 다 할 수 없어서 집중해야 할 것이 무엇인지 파악하기 위해 삶을 단순화하고, 삶의 가치를 재평가할 수밖에 없었던 상황에 대해서요"라고 말하였다.

머리에 일격을 당하거나 뇌출혈로 인해 일종의 유익한 성격 변화가 생기는 것은 마치 할리우드 영화처럼 별로 설득력이 없어 보인다(1980년대 컬트 고전 로맨스 코미디 영화 〈오버보드Overboard〉에서는 버릇없는 사교계 명사인 골디 혼이 요트 사고로 머리를 다친 후 자상하고 동정심 많은 사람이 된다). 그러나 아이오와 대학의 심리학자들은 최근에 뇌손상 이후 긍정적 성격 변화에 대한 첫 번째 체계적인 조사를 실시하였다.[11] 그들은 뇌손상을 당했던 97명의 환자들 중 22명이 긍정적인 성격 변화를 보였다고 보고하였다.[12] 예를 들면 환자 번호 3534인 70세의 여성은 종양이 제거되는 동안 전두엽 손상을 입었는데, 남편은 결혼 생활 58년 동안 그녀를 "고집스럽고", 짜증내고, 투덜거리는 사람으로 묘사하였지만 수술 후 "더 행복하고, 더 외향적이고, 더 수다스러운" 사람으로 변했다고 말했다. 또 다른 환자 30대 남성은 동맥류 수술을 받은 다음 성미 급하고 "생기 없는" 성격에서 재미있고, "수용적이고, 태평스러운" 성격으로 변하였다.

뇌손상을 입은 이들의 대부분은 이후 부정적인 성격 변화를 경험하지만, 소수집단에서 긍정적인 성격 변화를 보이는 이유는 무엇인가? 간단히 답할 수는 없지만, 정확한 손상 패턴과 그 사람의 손상 전 성격 특성이 상호작용할 가능성이 높아 보인다. 위에서 설명한 "전두엽 증후군"의 전형적인 특징인 무감동과 탈억제 등은 이전에 매우 위축되고 내성적인 성격이었던 몇몇 사람에게 평온함과 사교성이라는 유익한 효과를 줄 수도 있다.

이 연구 결과는 의사결정을 하고 다른 사람의 관점을 취하는 데 관여하는 뇌의 가장 앞부분에 변화가 일어날 때 성격의 긍정적 변화가 일어날 가능성이 더 높다는 것을 또한 시사한다. 그 의미는 뇌손상이 재회로화로 이어지고, 이것이 유익한 심리적 변화로 귀착될 수 있다는 것을 함축한다. (우연하게도 이 부위는 극도로 심각한 우울증이나 강박 장애를 치료하기 위해 신경외과에서 의도적으로 절제하는 뇌의 부위와 동일하다.)

이런 환자들의 이야기는 우리에게 더 깊은 교훈을 상기시킨다. 즉 성격은 생리적 기반을 가지고 있고, 이것은 단순히 추상적인 개념이 아니라 상당 부분 뇌의 회로에 기인한다는 것이다. 게다가 그 물리적 기반은 점토보다 플라스틱에 훨씬 더 가깝다. 대개 그러한 변화는 미세하지만 작은 변화조차도 시간이 지남에 따라 축적될 수 있다. 당신이 새롭고 건설적인 습관을 형성하면 당신은 의도적으로 새로운 신경망을 형성하기 시작했다고 볼 수 있다. 이와는 대조적으로 뇌손상 생존자의 경우, 그 변화는 무작위적이고, 갑작스럽고, 극적일 수 있다. 주사위는 던져졌고, 그것이 성격에 미치는 영향은 보통 부정적이지만 행운의 소수에게는 환영할 만한 것이다.

"그는 우리가 알던 사람이 아니야"

사랑받는 배우이자 코미디언인 로빈 윌리엄스는 쇼 비즈니스에서 가장 모순되는 성격 중 하나를 가지고 있었다. 공개 무대 위에서 그는 아주 열정적이고 자유분방한 외향적 성향의 소유자였다. 그러나 2001년 제임스 립튼과의 인터뷰에서 자신이 한가할 때는 내성적이고 조용하며, "속으로 파고드는" 성격이라고 인정하였다.[13] 그의 성격이 독특하다는 것을 인정하더라도 그와 가장 가까운 사람들은 2012년부터(수전 슈나이더와 세 번째 결혼을 하고 1년 후, 2014년 자살로 사망하기 2년 전) 그의 성격이 변화하고 있다는 것을 알아차리기 시작하였다.

윌리엄스는 과거 우울증과 음주 문제로 투병 생활을 하였으나 5년 동안 술을 마시지 않았고 정신과 약물에서 해방된 2012년에 만성적인 불안의 징후를 보이기 시작했다. "그는 다른 공연자들과 이야기를 나누는 그린 룸에서 보내는 시간이 줄어들었습니다. 그는 두려움을 떨쳐버리는 데 큰 어려움을 겪고 있었습니다"라고 아내 수전 슈나이더 윌리엄스는 회상하였다.[14]

그때부터 그의 불안은 점점 더 심해졌다. 다음 해 가을 주말 동안 수전은 "그의 두려움과 불안감이 얼마나 놀라운 수준까지 치솟았는지"에 대해 묘사했다. 그녀는 "이미 수년 동안 남편 곁에 있어 왔기 때문에 두려움과 걱정에 대한 그의 정상적인 반응을 알고 있었고, 이후 일어난 일은 그의 성격과는 분명 동떨어진 것이었습니다"라고 덧붙였다.[15]

비슷한 시기에 윌리엄스의 친구인 코미디언 릭 오버튼은 무언가 잘못되었다고 우려하기 시작했다. 그들은 그해 로스앤젤레스에서 여전히 함께 즉흥 공연을 하였다. 그 당시 오버튼은 윌리엄스가 무대에서 얼마나 잘했는지를 회상하면서도 저녁이 되면 친구의 "눈빛이 어두워지는" 모습을 보았다. 오버튼은 "나는 그 무게를 상상할 수도 없고, 꿈도 꿀 수 없다"고 말하였다.[16]

윌리엄스의 성격 변화는 그가 사망한 해인 2014년에 더욱 악화되었다. 마지막 영화 출연작인 〈박물관의 밤, 무덤의 비밀〉 촬영장에서 그는 공포에 휩싸였다. 그의 메이크업 아티스트인 체리 민스Cheri Minns는 그 후에 그가 이렇게 말했다고 회상하였다. "이제 방법을 모르겠어. 어떻게 웃겨야 할지 모르겠다고." 그는 아내에게 "자신의 뇌를 다시 부팅시키길 원한다"라고 말했다.[17]

다음 달 윌리엄스는 파킨슨병을 진단받았다. 이 병은 주로 거동이 불편한 진행성 신경병이다. 하지만 그의 아내에 따르면, 이것이 그가 경험하고 있는 모든 변화들을 충분히 설명할 수 있을지 또는 왜 "그의 뇌가 통제 불능 상태에 있는지"를 설명할 수 있을지에 대해 회의적이었다.[18]

8월에 윌리엄스는 아들 잭과 며느리를 방문했다. 그의 전기 작가인 데이브 이츠코프에 따르면, 그는 "자신의 통금 시간을 넘긴 채 외박한 온순한 십 대처럼 나타났다"고 한다. 다른 말로 하면, 그의 평소 성격과는 전혀 달랐다. 한때는 엄청난 쇼맨이었던 그 사람은 예전 자신의 그림자가 되어 있었다. 그러고 나서 2014년 8월 11일 스스로 목숨을 끊었다. 이츠코프의 말을 인용하자면, "슬픔의 그림자가 지구를 드리웠다." 오버튼은 "그당시 로빈은 로빈이 아니었습니다. 그는 우리가 알던 사람이 아니었어요. 그 부분은 닫혀버렸죠"라고 회상하였다.

로빈 윌리엄스의 심각한 성격 변화에 대한 명확한 이유가 밝혀진 것은 사후 부검 때였다. 그는 광범위 루이 소체 치매("광범위"라는 것은 뇌 전체에 퍼져 있다는 것을 의미한다)를 앓고 있었다. 이 병은 뇌세포의 기능을 방해하는 단백질 덩어리의 소견에 기초하여 부검으로만 결정적으로 진단될 수 있는 비교적 드문 형태의 치매이다. 파킨슨병이 특징적인 성격 변화와 관련이 있다는 몇몇 증거도 있다. 이 경우는 특히 신경증적 성향이 증가하고 외향적 성향이 줄어든다.[19] 루이 소체 치매의 경우 그 성격 변화는 훨씬 더 극적이고, 윌리엄스가 죽기 전 몇 년 동안 그와 가까운 사람들의 비극적인 묘사와 일치한다.

　머리 부상이나 내부 출혈, 뇌종양으로 인한 신경학적 손상이 성격 변화를 일으킬 수 있는 것처럼, 로빈 윌리엄스의 이야기는 신경퇴행성 질환이 어떻게 성격 변화를 야기하는지에 대한 비극적인 증거이다. 수전 슈나이더 윌리엄스는《신경학Neurology》저널의 기고문에서 '내 남편의 뇌 안에 테러리스트가 숨어 있다'라는 제목하에 "남편은 신경세포의 뒤틀린 구조에 갇혀 있었고, 내가 무슨 짓을 해도 그를 끌어낼 수 없었다"라고 썼다.[20]

　미국에서는 150만 명 정도가 루이 소체 치매로 고통받고 있지만, 다행스럽게도 그 빈도는 상대적으로 낮다. 성격 변화를 일으킬 수도 있는 훨씬 더 흔한 치매의 또 다른 형태는 알츠하이머병이다. 이 병은 거의 600만 명의 미국인들에게 영향을 미치고 있다. 알츠하이머병은 기억력 문제와 가장 분명하게 관련되어 있지만, 환자의 친척과 보호자들은 이 병에 걸리면 신경증적 성향이 현저하게 증가하고 성실한 성향은 감소한다고 보고한다.[21] (비록 알츠하이머병의 영향을 별로 받지 않는 예술과 음악 취향과 같은 고립된 분야에서 다소 위안을 받는다고 하여도, 이런 변화는 치매 환자들과 일부 친척들에게는 분명 고통스럽다.)

다른 연구에서 알츠하이머 환자와 비슷한 나이와 배경을 가진 건강한 피험자들을 비교하였다.[22] 연구자들은 알츠하이머에 걸린 사람이 일반적으로 신경증적 성향이 훨씬 더 높은 수준이고 개방적 성향, 친화적 성향, 성실한 성향에서 낮은 점수를 보인다고 보고하였다. (비교 연구에서 이런 차이의 일부는 질병 이전에 존재했을 수도 있다. 개방적 성향과 성실한 성향이 낮으면 치매 발병의 위험성이 높은 것과 분명히 연관성이 있다.)

알츠하이머병에서 볼 수 있는 성격 변화는 적어도 부분적으로는 그 병과 연관된 뇌 영역의 세포 상실이 원인이다. 예를 들면 귀 근처의 헤마와, 관자놀이 근처의 배외 전전두엽 피질의 낮은 뇌 용적은 높은 신경증적 성향과 관련이 있는 것으로 나타났다.[23] 알츠하이머병은 바로 이 영역의 세포 사망을 야기한다.[24]

정확히 언제 알츠하이머병이 성격 변화를 야기하는가의 문제는 전문가들 사이에서 큰 논쟁거리이다. 일부 사람은 이러한 성격 변화가 초기에 질병을 감지하고 치료 대책을 마련하는 데 사용될 수 있다고 믿기 때문이다. 회의적인 사람은 성격 변화가 질병이 발병하기 전까지는 나타나지 않는다는 연구 결과를 거론하지만, 성격 검사 옹호자들은 치매 진단 전에 성격 변화가 일어난다는 것을 보여주는 또 다른 연구, 특히 신경증적 성향의 증가를 언급한다.[25]

이런 회의적인 시각에 단념하지 않고 2016년 캘거리 대학의 자히누르 이스마일과 그의 동료들은 34개 항목의 체크리스트를 제안했는데, 이 항목들은 이 병의 "은밀한 증상"이라고《뉴욕 타임스》에 말했다.[26] 아래에 그 몇 가지 예를 실어두었다. 이 체크리스트는 의사나 환자의 가까운 친척이 작성한다. 그리고 6개월 이상 지속되는 변화의 징후가 더 많을수록 체크리스트의 작성자들이 "경증의 행동 장애"라고 부르는 것, 즉 본질적으로 일종의 병리적 성격 변화를 보이고 있을 가능성이 높다. 아래 체크리스트의 각 영역들을 주요 성격 특성과 관련해서 괄호 안에 표시해 두었다.

관심, 동기 및 추진력의 변화(경험에 대한 개방적 성향과 외향적 성향의 감소)

- 친구, 가족, 또는 가정 활동에 흥미를 잃었는가?

- 평소 흥미를 끌었을 주제에 호기심이 부족한가?

- 덜 자발적이고 덜 활동적이 되었는가 – 예를 들면, 대화를 시작하거나 유지할 가능성이 적은가?

기분 변화나 불안 증상 (증가된 신경증적 성향)

- 슬퍼하거나 또는 기운이 없어 보이는가? 울음을 터뜨리는가?

- 즐거움을 덜 경험하게 되었는가?

- 일상적인 일(예: 행사, 방문 등)에 대한 불안감이나 걱정이 더 커졌는가?

**행동, 충동, 구강 섭취 및/또는 보상 추구 행동을 제어하고
일시적인 만족을 참아내는 능력의 변화(성실한 성향의 감소)**

- 상황을 고려하지 않고 행동하는 식으로 충동적으로 변했는가?

- 운전 시 새롭게 나타나는 무모함이나 판단 부족(예: 과속, 불규칙한
  운전, 갑작스러운 차선 변경 등)이 있는가?

- 최근에 흡연, 술, 약물 섭취, 도박, 또는 도둑질 등의 문제가 생긴
  적이 있는가?

**사회적 규범 준수와 사회적 예의, 고마움, 기술, 공감의 새로운
문제들(성실한 성향과 친화적 성향의 감소)**

- 자신의 말이나 행동이 다른 사람에게 어떤 영향을 미치는지에 대한
  관심이 낮아졌는가?

- 다른 사람의 감정에 무감각해졌는가?

- 공과 사에서 무엇을 말해야 할지 또는 어떻게 행동해야 하는지에
  대해 사회적 판단이 결여된 것 같은가?

    다른 형태의 치매는 뚜렷한 성격 변화와 연관성이 있다. 예를 들면 전두엽과 측두엽의 뇌세포 손실에 의해 발생하는 전두측두엽 치매는 전두엽 뇌손상의 정도만큼 충동적이고 사회적으로 부적절한 행동을 초래하는 경향을 보인다. 이와는 대조적으로 루이 소체 치매(로빈 윌리엄스를 괴롭힌 질병)는 "증가된 수동성"과 연관이 있다.[27]

- 감정적 반응의 상실
- 취미에 대한 관심 상실
- 무관심 증가
- 목적 없는 과잉 활동(매우 활동적이지만 어떤 목표를 향하지는 않음)

위의 체크리스트와 설명을 훑어보고 자신이 그러한 변화를 몇 번 경험했거나 가까운 사람이 그러한 변화를 겪을 것이 걱정된다면, 의사에게 진찰을 받는 것이 현명하다. 그러나 당황하지 마라. 앞서 언급했듯이 치매의 형태를 파악하는 성격 변화 접근법은 여전히 논란거리이다. 그 이유는 치매 이후에 나타나는 성격 변화보다 치매에 선행해서 성격 변화가 나타나는지에 대한 논쟁이 있을 뿐만 아니라, 일부 전문가들은 그러한 체크리스트가 잘못된 과잉 진단과 과도한 불안으로 이어질 수 있다고 우려하기 때문이다.

앞 장에서 설명했듯이, 어느 정도 유사한 성격 변화는 실직에서 이혼에 이르기까지 일상적인 여러 이유로 인해 야기될 수 있다. 그래서 알츠하이머 치매나 루이 소체 치매를 조기에 발견하기 위한 방법으로 성격 변화를 고려하는 것은 이론적으로는 좋은 생각처럼 들릴 수 있지만 실제로는 문제가 있다.

"분명히 그녀가 아니었어"

초창기 화려하고 눈길을 끄는 핸드백으로 유명했던 미국의 기업가이자 디자이너인 케이트 스페이드는 자신의 이름과 창의적인 천재성을 라이프스타일 브랜드 전체에 빌려주었다. 문구류에서 패션에 이르기까지 그녀의 제품 분위기는 활기차고, 재미있고, 달콤한 그녀의 개성을 반영한다. 미셸 오바마와 니콜 키드먼을 포함한 수백만 명의 여성들이 행복하고 복고적인 매력에 끌렸다. 그러나 스페이드는 자신과 가장 가까운 사람 이외는 모르게 내면의 악마와 싸우는 데 인생의 많은 시간을 보냈다. 2018년 6월 5일 55세의 나이에 증상은 너무 심해졌고, 그녀는 맨해튼 아파트에서 목을 매 자살했다.

그 후 며칠이 지난 뒤, 그녀의 남편이자 사업 파트너인 앤디 스페이드가 공개 성명을 발표했다. 그는 사람들에게 "분명히 그녀가 아니었다"라고 하면서 그녀가 우울증과 불안증을 겪어왔다고 설명하였다.[28] 한때 패션은 "착용자의 개성을 반영하는 것이어야지 그 반대는 아니라는 것"을 강조했던 이 재능 있는 디자이너는 우울증에 가려진 자신의 다채로운 성격의 비극에 굴복하고 말았다.

케이트 스페이드 같은 이야기는 비극적이지만 흔하다. 2016년 1천만 명 이상의 미국인이 심각한 우울증을 적어도 한 번 경험했고,[29] 거의 5만 명이 스스로 목숨을 끊었다.[30] 사람들이 우울과 불안에 대한 자신의 경험을 쓸 때 이러한 고통이 성격에 미치는 부정적인 영향은 흔한 주제이다.

당신의 성격은 생각 습관과 인간관계에서 비롯된다. 즉 당신의 에너지와 마음을 빼앗아가는 임상적 우울과 불안에 떨고 있는 그 모습이 바로 자신이다. 이것은 부정적이고 두려운 생각, 혐오를 낳는다. 그러므로 정신 질환이 외향적 성향을 감소시키고, 신경증적 성향을 증가시키는 결과를 낳는 것은 불가피하다. 호주의 코미디언 패트릭 말버러Patrick Marlborough는 자신의 우울증에 대해《바이스Vice》에 기고하면서 다음과 같이 간결하게 표현했다. "마음이 괴롭고 하루하루 아무 활동도 없이 절망적인 생각을 반복하고 있다면, 친구의 공연에 가거나, 커피 한 잔 마시기, 문자에 대한 답을 하는 것조차 어려울 수 있다."[31]

이러한 환자의 주관적 설명은 우울증에 걸리기 전과 후의 특성을 측정한 오랜 연구에 의해 뒷받침된다. 이는 신경증적 성향이 높은 사람이 불안증과 우울증에 더 취약하다는 것, 그리고 이런 정신 건강 문제가 다시 신경증적 성향을 증가시킨다는 것도 확인시켜 주었다. 예를 들면 수천 명의 피험자들이 참여한 네덜란드의 한 연구에서 임상적 우울증과 불안증을 조사한 결과 둘 다 신경증적 성향을 증가시켰고, 특히 우울증은 외향적 성향과 성실한 성향의 저하로 이어졌다.[32]

또한 "조울병"이라고 불리는 정신 질환도 있는데, 이는 우울증의 에너지 저하뿐만 아니라 에너지의 증가, 흥분, 산만 또는 짜증의 "조증" 상태도 포함한다. 울증과 조증을 겪는 조울증 환자는 마치 급진적인 성격의 변화를 겪은 것처럼 보인다. 조증 상태에서는 갑자기 과도하게 에너지를 뿜는 극도의 외향적 성향의 소유자–말하자면 최고의 개방적 성향을 지닌 자칭 예언자–가 된 듯이 보이거나 또는 부적절하게 친화적 성향을 지닌 사람처럼 터무니없이 짧은 도화선을 지닌 사람으로 변하기도 한다.[33] "조증은 자신을 놀라운 사람이라고 생각하고 무엇이든지 할 수 있고, 어떤 사람과도 함께 있을 자격이 있다고 여기게 합니다"라고 2017년 캣이라는 이름을 가진 한 젊은 여성이 《가디언》에서 말했다. "조증의 나쁜 점은 통제력을 잃는 것입니다."[34]

예민한 성격으로 인해서 조울증의 발병 위험이 더 커지는 것은 단극성 우울증 및 불안증에서도 마찬가지이다. 그러나 일부 전문가들은 삶의 어떤 상황에서 조울증을 야기하는 특별한 "경조성 성격hypomanic personality" 같은 것이 있다고 주장해 왔다. 여기 1980년대에 마크 에크브라드 Mark Eckblad와 로렌 채프먼Loren Chapman에 의해 개발된 측정 도구가 있는데, 주로 이런 종류의 성격을 파악하기 위한 것이다.[35]

• 나는 종종 행복함과 짜증스러움을 동시에 느낀다.

- 너무 초조해서 가만히 앉아 있기가 힘들 때가 종종 있다.
- 나는 종종 너무 행복하고 활기차서 현기증이 난다.
- 친목회에서 나는 보통 "파티의 주인공"이다.
- 내가 정치인이 되어 선거 유세에 나서면 정말 즐거울 것이다.
- 강렬한 창조적 자극을 받는 짧은 기간 동안 대부분 최선을 다한다.
- 나는 가끔 인생에서 진정으로 해야 할 일을 하기 전까지는 아무 일도 일어나지 않을 거라고 느낀다.

경조성 성격을 가진 사람은 이런 종류의 진술에 동의하는 경향이 있다. 처음 세 가지 항목은 흥분성이 높고 무한한 에너지를 갖는 등 경조성 기분을 측정하기 위한 것이다. 네 번째와 다섯 번째 항목은 웅장함과 자신을 어떤 모임의 "생명과 영혼"으로 생각하는 것과 관련이 있다. 그리고 마지막 두 가지 항목은 매우 창의적으로 느끼는 것과 관련이 있다.

이 설문지로 조울증 발병 위험을 예측할 수 있다는 생각은 논쟁의 여지가 있다. 왜냐하면 일부 심리학자들이 이것을 평생의 성격 스타일을 측정하는 것일 뿐만 아니라 조증 증상을 측정하는 것이라고 보기 때문이다. 그들은 설문지가 조울증 증상을 실제로 잘 파악한다면 조울증 발병 위험을 예측하는 것은 놀라운 일이 아니라고 말한다.[36] 단극성 우울증과 조울성 우울증 둘 다와 관련된 또 다른 논란은 이러한 정신 질환이 일단 증상이 완화되면 성격에 미치는 영향이 사라지는지 아니면 그 영향이 더 오래 지속되는지-"흉터 가설"로 알려진 아이디어-이다.

지금까지의 연구 결과는 엇갈린다. 대부분의 연구에서 단극성 우울증 질환-증가된 신경증적 성향과 내성적 성향을 포함해서- 동안 성격 변화가 발견되었지만 질병이 회복되면 병전의 수준으로 돌아간다고 보고하는데, 소수의 연구 결과에서는 해로운 변화의 징후가 지속적으로 나타난다고 보고한다.[37] 예를 들면 핀란드의 수백 명의 정신과 환자들을 대상으로 5년 동안 연구한 결과, 우울증이 누적되면 신경증적 성향, 특히 "해로운 회피"(이런 것을 가진 사람은 "비관적이고, 억제적이고, 금방 피곤해한다"고 한다)의 지속적 증가로 이어진다고 보고한다.[38] 조울증을 앓은 사람을 대상으로 한 다른 연구는 단극성 우울증을 앓은 사람보다 충동성, 공격성, 적대감에서 더 높은 점수를 받는 경향이 있다는 것을 발견하였다. 그리고 신경증적 성향과 개방적 성향에서는 건강한 사람보다 더 높은 점수를 받는 경향이 있지만 친화적 성향, 성실한 성향, 외향적 성향에서는 더 낮은 점수를 받는 경향이 있다는 것을 발견하였다. 이것 또한 흉터의 결과로 보인다(그러나 병전에 이런 성격적 차이가 이미 존재하였을 가능성도 있다).[39]

성격에 흉터를 남긴다는 식의 우울증에 대한 생각은 불쾌하게 들리지만, 핀란드 연구원들은 진화의 의미에서 이러한 결과가 유리할 수 있다고 말했다. 만약 불리한 상황이 우울증을 초래한다면 그것은 틀림없이 보다 정신을 바짝 차리고 잘 무장된 성격 스타일을 발전시켜 생존 가능성을 높일 수 있다는 것이다. 문제는 좀 더 방어적이고 정신을 바짝 차리는 성격 스타일로 바꾸는 것이 힘든 시기에 살았던 우리 조상들에게는 유리했을 수도 있지만, 그것이 현대 생활, 특히 대담하고 사교적인 행동에 보상을 주는 경향이 있는 세계에서는 그렇게 유용하지만은 않다는 점이다. 슬프게도 우울증의 흉터 효과가 현실이라면-그리고 배심원은 여전히 평결을 논의 중이라는 것을 기억하자- 질병이 미치는 한 가지 영향은 재발의 위험성을 높임으로써 환자를 부정적인 악순환에 빠지게 한다는 것이다(신경증적 성향을 증가시켜 질병에 대한 취약성을 더욱 증가시킬 것이다).

좀 더 낙관적인 견지에서 보면, 항우울제, 항불안제 그리고 다양한 형태의 심리치료는 적어도 정신 질환의 해로운 성격적 영향의 일부를 되돌릴 수 있다. 특히 뇌 화학물질 세로토닌의 기능을 목표로 하는 항우울제 약물(일명 SSRI라고 불리는 선택적 세로토닌 재흡수 억제제)은 외향적 성향을 증가시키고 신경증적 성향을 감소시키는 것으로 나타났다. 예를 들면 1년 동안 우울증 환자를 추적한 한 연구에서 항우울제인 파록세틴을 복용한 사람은 위약 대조군에 비해 외향적 성향을 3.5배 증가시키고, 신경증적 성향을 6.8배 감소시키는 효과를 보였다.[40] 이것을 더욱 심층적으로 분석한 결과에 의하면, 적어도 이런 성격 특성의 변화 중 일부는 우울증 증상이 감소한 결과라기보다는 약물이 성격의 생물학적 기초를 직접적으로 변화시켰기 때문이라고 한다.

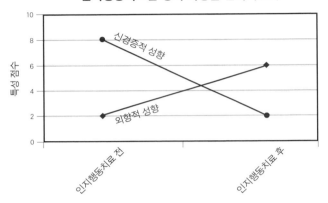

인지행동치료는 성격 특성을 변화시킨다

- 인지행동치료를 받고 있는 정신 건강 환자들과의 연구는 그 경험이 그들의 성격 특성, 특히 신경증적 성향과 외향적 성향을 바꾼다는 것을 보여주었다. 출처: Sabine Tjon Pian Gi, Jos Egger, Maarten Kaarsemaker, and Reinier Kreutzkamp, "Does Symptom Reduction After Cognitive Behavioural Therapy of Anxiety Disordered Patients Predict Personality Change?" Personality and Mental Health 4, no. 4 (2010): 237-245.

불안에 대해서도 비슷하게 말할 수 있다. 예를 들면 인지행동치료Cognitive Behavioral Therapy(CBT)-자신과 타인에 대해 생각하는 방식의 편견에 초점을 맞춘 심리치료의 한 형태-를 받은 불안증 환자들을 대상으로 한 연구에서는 그들이 신경증적 성향의 감소와 외향적 성향의 증가를 보여주었다(앞의 도표를 보라).[41] 이는 불안 증상의 완화에만 전적으로 기인하는 것은 아니고 치료가 성격에 직접적인 영향을 미친 것으로 보이고, 이것은 환자의 사고와 행동의 변화에 의한 것으로 여겨진다.

영국의 저널리스트이자 작가인 올리버 캄Oliver Kamm은 자신의 우울과 불안을 극복하기 위해 임상심리학자와 함께 일한 경험을 바탕으로 CBT의 이러한 효과를 설명했다. "그 치료는 프로이트가 아니라 소크라테스였다." 그는 다음과 같이 쓰고 있다. "치료 과정은 파괴적인 사고방식의 점검과 변화를 위한 대화의 과정이었다. 심리학자는 나의 우울증은 심각한 질병이지만 근본적으로는 수수께끼가 아니라고 설명하였다. 그것은 인지적 오류에서 비롯된 것이었다. 정신적인 붕괴를 초래했던 믿음을 파악하고 더 나은 믿음으로 대체함으로써 회복되고 재발을 방지할 수 있었다."[42]

정신 질환은 사람의 성격을 빼앗아 대담하고 외향적인 사람을 불안한 은둔자로 만들어 버릴 수 있지만, 다행히도 이러한 변화는 되돌릴 수 있고 적어도 일정한 기간 동안 적절한 지원과 치료를 통해서 손상된 성격을 치유할 수 있다.

트라우마는 개성을 분열시킬 수 있지만 긍정적인 변화를 이끌 수도 있다

타라는 십 대인 자신의 딸 케이트가 피임약을 복용하고 있다는 사실을 알게 된 날, 자녀의 순결을 상실하는 상황에 직면한 많은 다른 엄마들처럼 정서적 충격을 받았다. 대부분의 다른 엄마들과는 달리 이 강렬한 감정으로 인해서 타라는 급격한 성격 변화를 보였다. 타라는 갑자기 십 대 소녀의 정체성과 반항적인 성격과 관심사를 지닌, "T"라고 이름붙여진 인격으로 돌변하였다.

케이트가 집으로 돌아왔을 때 자신의 침실에서 유행하는 옷을 찾아 헤매고 있는 T를 발견했다. T는 십 대같이 으스대며 자신의 원래 정체성인 타라로부터 빼앗은 신용카드를 흔들면서 케이트에게 함께 쇼핑하러 가자고 제안했다. 케이트는 우리의 예상과 달리 놀라지 않았다. 그녀는 T를 어머니의 "변신자"들 중 하나로 인식했다−이것은 타라가 스트레스를 받으면 빠져드는 대안적 정체성 중 하나이다. 실제로 케이트는 T를 힘껏 껴안아 주었다. T는 엄마의 대체 인격 중 가장 인기가 많았다.

이 장면은 쇼타임 코미디 드라마 〈타라의 미국〉에 등장하는데, 이 드라마는 이전에 다중 인격 장애로 일컬어졌던 해리성 정체성 장애(DID)로 알려진 정신 질환의 정확한 묘사로 찬사를 받았다. 이 정신 질환은 정신과 진단의 역사에서 가장 논쟁적인 진단들 중의 하나이다. DID를 가진 사람은 종종 다른, 극적으로 다양한 성격과 정체성−또는 적어도 그렇게 보인다− 사이를 왔다 갔다 하는데, 때로는 다른 성격과 정체성의 경험에 대한 기억이 거의 없다고 주장하는 경우도 있다.

토니 콜레트가 연기한 타라 그레그슨의 허구적인 캐릭터와 그녀의 세 가지 변신(T 이외에, 그녀의 또 다른 변신은 깨끗한 삶을 사는 경건한 어머니의 전형인 앨리스와, 담배를 피우고 안경을 쓰는 마초 남성인 참전 용사 벅이다. 다른 변신들은 드라마 시리즈가 진행하는 동안 나타난다)은 어떤 사람에게는 억지처럼 들릴 수 있다. 하지만 드라마틱한 실제 사례들이 많이 있다.

DID는 로버트 루이스 스티븐슨의 『지킬 박사와 하이드 씨』를 연상시킨다. 실제로, "지킬 박사를 만나라…"는 DID로 진단된 은퇴한 정신과 의사가 등장하는 최근 의학 문헌의 사례 연구 제목이다. 그의 변신체 중 한 명은 문란한 19세 "루이스"였고, 또 다른 한 명은 휠체어를 타고 우울증이 있는 4세 "밥Bob"이었다.[43] S박사라고 불리던 그 정신과 의사가 혼외정사를 가졌을 때 그는 혼외정사에 대한 기억이 없다고 주장하며 루이스를 비난했고, 60대에 자살시도를 하였을 때는 밥의 탓을 했다.

분명히 DID는 바로 우리 자신의 자아 개념에 도전하는 특별한 상황이다. 이러한 신비하고 극적인 현상에 직면하여 전문가들이 이런 증상을 어떻게 해석할 것인가에 대해 의견을 달리하는 것은 별로 이상한 일이 아니다. 지배적인 견해는 주로 어린 시절에 겪는 극심한 정신적 외상에 대한 일종의 방어 장치

이며, 특히 아이가 자신을 사랑하고 아끼는 안전한 애착 대상인 어른을 갖지 못한 경우에 발생한다는 것이다. 그 이론에서는 또한 아이가 자신의 트라우마에서 벗어나고, 자신의 적대적 환경에 더 잘 대처하기 위한 방법으로써 하나 이상의 대안적 성격을 개발한다고 한다. 이것은 어른이 되어서도 지속되는 대응 전략이다. 멜라니 굿윈Melanie Goodwin(DID를 가지고 있고 DID 자선단체인 퍼스트 퍼스널 플루럴First Person Plural의 감독자)은 《모자이크Mosaic》에서 이렇게 말한다. "만약 당신이 어찌할 수 없는 불가능한 상황에 있다면, 당신은 살기 위해 자신을 해리시킵니다. 외상은 그때에 당신을 얼어붙게 할 수 있습니다. 그 트라우마가 수년간 지속되기 때문에 곳곳에서 수많은 작은 동결 현상이 일어나고 있을 겁니다."[44]

이런 설명과 궤를 같이하여 대부분의 DID 사례는 전형적으로 외상의 역사를 특징적으로 보여준다. 예를 들면 DID 환자인 정신과 의사 S는 어린아이였을 때 여러 달 동안 침대에 묶여 있었고 어린 동생은 죽었으며 어머니는 그에게 냉담하고 소원했다고 한다. 멜라니 굿윈은 3살 때부터 학대를 당했다. 그리고 지금까지 DID의 가장 유명한 사례 중 하나인 크리스 코스트너 시즈모어는 세 살 전에 어머니가 심하게 다치는 것을 목격했고, 도랑에서 물에 빠진 한 남자를 건지는 것, 그리고 제분소에서 한 남자가 반쯤 잘리는 것을 보았다. (그 변신체의 다른 성격들 이름은 이브 화이트와 이브 블랙이었고, 이 이야기는 〈이브의 세 얼굴 The Three Faces of Eve〉이라는 영화로 1957년에 제작되었다.) 이러한 전형적인 패턴을 가지고 타라 그레이슨이라는 가상 인물을 학대하고 강간하는 이야기가 텔레비전 시리즈로 방영되었다.

그럼에도 불구하고, 고인이 된 스콧 릴리언펠트 Scott Lilienfeld와 스티브 린 Steve Lynn과 같은 일부 임상 심리학자들은 DID를 가진 사람이 별개의 성격을 형성하고 있는 것에 대해서 회의적이다. 예를 들면 세심한 검사를 통해 DID를 가진 사람을 조사해 본 결과 실제로 그들이 다른 분신의 성격 경험에 대한 기억상실증을 가지고 있지 않고, 단지 그렇게 생각하고 있을 뿐이라고 지적한다. 이런 회의론자들은 DID 환자들이 (적어도 의식적으로는) 거짓을 꾸미고 있는 것이 아니라고 보고 감정과 의식에 대한 통찰의 어려움이 환자의 상태를 더 잘 설명한다고 생각한다. 다시 말하면, 이렇게 생각하는 것이 그들의 수면 문제, 정서적 어려움과 함께 일관된 자아의식을 형성하기 위한 치료에 도움이 된다는 것이다. 이런 사회인지적 설명에 의하면 일부-특히 고도로 암시를 잘 받거나, 환상에 자주 빠지는 경향을 보이며, 이상한 지각적 경험을 하고, 정서 변화가 심한 사람들-는 다중적이고 개별적인 성격들의 이야기에 의존하여 혼돈된 정신세계를 보여준다. 이런 다중적 성격 중 하나는 (적어도 어떤 사례에서는) 소설이나 그들의 치료자들이 주입한 생각을 통해서 만난 분열된 성격에 의해 형성되기도 한다.

문제를 더 복잡하게 만드는 것은 인생 초기의 외상이 "경계성 인격 장애" 또는 "정서적으로 불안정한 성격 장애"로 알려진 성격을 형성할 수도 있다는 점이다. DID처럼 이런 성격을 지닌 사람도 감정 변화, 관계의 어려움, 일관된 자아감을 형성하는 문제들을 보이지만 그들은 대개 자신이 분리된 성격을 가지고 있다고 믿지 않는다. (경계성 인격 장애를 가진 사람은 DID를 보일 확률이 훨씬 더 높다.)

긍정적인 성격 변화의 약속과 가능성에 대한 이 책의 중심 주제와 일치하는 희망적인 소식은 이러한 종류의 장애를 가진 사람을 도울 수 있는 방법에 큰 진전이 있다는 것이다. DID의 경우 치료사는 환자와 신뢰 관계를 만들고, 과거의 트라우마를 다루는 것을 도와주고, 감정을 더 잘 조절하는 기술을 가르치고, 마지막으로 서로 다른 분신의 성격을 조화시키고 통합하는 것을 목표로 한다. 이런 것들은 초기 연구가 시사하는 바와 같이 도움이 된다.[45] 경계성 인격 장애에 관한 한 치료될 수 없다는 비관적인 믿음이 오랫동안 있었다. 왜냐하면 환자들이 보이는 문제들은 성격과 밀접한 연관성을 지니고 있었고, 또한 성격은 돌에 새겨진 것처럼 영구적인 것으로 간주되었기 때문이다.

다행히도 오늘날 "변증법적 행동치료"dialectical behavior

therapy(DBT)와 이와 유사한 치료법들을 사용하여 경계성 성격을 가진 사람이 자신의 정신적·감정적 습관을 바꾸고(예를 들면 부정적인 감정을 더 잘 견디고 관리하는 법을 배움으로써), 새로운 사회적 기술을 습득하고, 더 건강하고 행복한 방향으로 자신의 성격 특성을 변화시키는 것이 가능하다고 널리 인식되고 있다.

DBT는 불교의 이론을 빌려서 경계성 성격을 가진 사람이 균형 잡힌 시각을 갖도록 하고, 자신들이 변화시킬 수 없는 조각난 부분들은 받아들이도록 치료한다. 그리고 사회적·감정적 기술을 개발하기 위해 치료사와의 1:1 세션과 집단 치료를 한다. 다른 접근 방식은 "정신화mentalization"인데, 이 치료에서는 보다 더 의미 있고 건강한 관계를 형성하는 것을 목표로 하여 자신과 다른 사람의 행동 뒤에 숨겨진 이유에 대한 통찰력을 향상시키도록 한다. 예를 들면 치료사는 환자가 자신의 행동을 더 잘 이해하도록 도와주고, 자신의 행동이 주변 사람에게 어떤 영향을 미치는지 알도록 하고, 다른 사람의 감정에 어떻게 적절하게 반응할 수 있는지를 도와준다.

따라서 트라우마는 당신의 성격에 해를 입힐 수 있지만, 충분한 헌신과 지지, 그리고 새로운 사회적 기법과 감정적 습관 및 기술을 배움으로써 통제력을 회복하고 지속적이고 유익한 성격 변화를 성취하는 것도 가능하다.

뇌손상이 때로는 유익한 성격의 변화를 일으킬 수 있는 것처럼 일부 사람에게는 충격적인 삶의 경험이 환영받을 만한 성격 변화를 촉발할 수 있다는 점을 배우는 것은 고무적인 일이다. 이런 과정을 심리학자들은 "외상 후 성장"이라고 부른다. 외상이 삶에 대한 재평가, 우선순위의 변화, 새로운 전망을 촉발할 수 있기 때문이다. 연구자들은 이제 암 환자에서 자연 재해의 생존자에 이르기까지 많은 그룹에서 외상 후에 긍정적인 변화를 보인 것들을 기록하고 있다.

외상 후 성장을 측정하기 위해 심리학자들은 일반적으로 5가지 영역의 변화를 보이는 척도를 사용한다. 이 척도는 미국 심리학자인 리처드 테데스키Richard Tedeschi와 로렌스 칼훈Lawrence Calhoun이 처음 개발하였다.[46]

- 다른 사람과의 관련성(다른 사람과 더 친밀감을 가지고 있는가? 아니면 지금 당신이 의지할 수 있는 멋진 사람들이 있다는 것을 알고 있는가?)

- 새로운 가능성(새로운 관심사를 개발했는가? 아니면 이전에는 없었던 새로운 기회를 인식하였는가?)

- 개인적 힘(더 강해졌다고 느끼는가? 삶이 던져주는 어려움에 더 잘 대처할 수 있는가?)

- 영적인 변화 요인(종교적 신앙이 더 돈독해졌는가?)

- 삶에 대한 감사(하루하루를 예전보다 더 소중하게 생각하는가?)

주요 성격 특성 측면에서 볼 때, 외상 후 성장이 개방적 성향, 친화적 성향, 성실한 성향의 증가와 신경증적 성향의 저하로 나타나는 것으로 볼 수 있지만, 지금까지 이러한 맥락에서 특성 변화 자체에 초점을 맞춘 연구는 거의 없다. (하나의 중요한 예외로는 폐암으로 사망한 환자 배우자의 성격 변화를 측정한 연구였다. 살아남은 배우자들은 그들의 상실에 적응하면서 더 외향적이고, 친화적이고, 성실하게 되었다.)[47]

나 역시 2014년 쌍둥이의 출산 예정일을 불과 2주 앞두고 뉴욕에 기반을 두고 고속 성장하는 기술 스타트업 회사의 고용주로부터 해고 통보를 받고, 정신적 외상 후 이것을 극복하여 성장해 가는 나만의 작은 경험을 했다. 이것은 자연재해나 자동차 사고는 아니지만, 당신의 쌍둥이가 세상에 태어나기 몇 주 전에 직장을 잃는다고 생각해 보라.

나는 변화를 위한 기회, 엄청난 임금 인상, 그리고 이전에 접해 본 적이 없는 놀라운 혜택(내가 가장 좋아한 것은 회사에서 대신 지불해 주는 스타벅스 카드였다)에 이끌려 한 달 전에 그들의 팀에 합류했고, 회사의 새 블로그를 운영하였다. 가볍게 움직인 것은 아니었지만, 나의 가까운 가족들은 그것이 절호의 기회라는 것에 동의하였다.

나는 새로 임명된 마케팅 부장에게 고용되어 디자이너들에게 조언과 영감을 주는, 심리학을 기반으로 한 기사들을 썼는

데, 이것은 나의 전공 분야였다. 불행히도 내가 시작한 지 얼마 되지 않아 창업자와 CEO가 다른 아이디어를 가지고 있다는 것이 분명해졌다(이런 혼란은 빠르게 성장하는 회사에서 매우 흔히 일어나는 일이다. 덧붙여 말하자면, 이 회사는 지금 대단한 성공을 거두고 있다). 해고 당시 회사 측에서 일정한 정도의 지불을 해주어서 타격이 어느 정도 줄어들었지만, 처음 해고 소식을 들었을 때 나는 완전히 공황 상태에 이를 정도로 공포에 사로잡혀 버렸다. 아내에게 그 소식을 전하는 것 자체가 트라우마였다.

그러나 몇 주가 지나가자 나는 나의 우선순위가 바뀌는 것을 느꼈다. 그 회사에 입사하기 이전의 일이 그렇게 흥분되는 일은 아니지만, 훨씬 더 안정적인 장점들이 있었다는 것을 알게 되었고, 그리고 결국 수개월 후 이전 일로 다시 돌아가게 되었다(여기에는 또 다른 이야기가 있다). 스타벅스 카드는 놓쳤지만 오래되고 안전한 직장의 가치를 깨달았고 나의 직업적 야망과 가족에 대한 급증하는 책임 사이의 새로운 균형 감각을 경험하였다(정리해고는 내가 육아 휴직 기간을 더 길게 가졌다는 것을 의미했다). 나는 그 모든 일에 겸손함을 느꼈지만, 왠지 더 현명하고 행복해진 듯하였다.

외상 후 성장의 개념은 고생 끝에 낙이 온다는 옛 격언에 과학적인 사실을 부여하는 셈이다. 만약 당신이 특히 힘든 시기를 겪고 있거나, 겪게 된다면 그 경험이 당신을 더 좋게 변화시킬 수도 있다는 생각으로 위안을 받을 수 있다. 심리학자 스콧 배리 카우프만Scott Barry Kaufman은 최근 트위터에 이렇게 썼다. "역경은 끔찍한 일이지만, 역경을 극복하는 것은 멋진 일이다. 우리가 더 많이 극복할수록, 우리는 더 유연해질 것이다."[48]

일부 심리학자들은 외상 후 성장이 실제 현상이라는 점에 회의감을 표명했다. 예를 들면 그들은 이것이 단순히 트라우마 생존자들이 더 나은 쪽으로 변화한 것이라기보다는 밝은 쪽을 바라보고자 하는 것이라고 말한다. 그러나 나는 이 개념에 한 조각 이상의 진실이 있다고 생각한다. 특히 우리가 이미 회복력이나 정서적 안정을 이룩하는 데 성공했다면 말이다. 예를 들면 최근의 메타 분석(기존의 연구 결과들을 종합해서 큰 그림을 보는 연구)은 외상 후 성장이 일부 어린이와 암에 걸린 젊은이들에게 실제적인 현상이라고 결론지었다.[49] 최근의 다른 연구에서도 평균적으로, 역경을 겪은 사람은 동정심이 많고(친화적 성향의 증가된 형태),[50] 더 많은 트라우마를 겪으며 살아온 사람은 자신들의 생각과 기억에 대해 평균보다 더 높은 정신적 통제력을 가지고 있는 것으로 나타났다.

나는 정신적·신체적 부상과 질병에서 생긴 성격 변화의 놀랍고 고무적인 예를 여러분들과 공유하였다. 이러한 이야기와 연구 결과들은 성격의 유약함과 가소성을 보여준다. 즉 사고, 스트레스, 병리적 현상에 취약한 생물학적 과정에 당신이 어떻게 의존하고 있는지를 보여준다. 긍정적인 면에서 때때로 이런 변화들은 더 나아지기 위한 것일 수도 있고, 또는 원하지 않는 경우라고 할지라도 올바른 치료, 도움, 지원을 통해 역전될 수도 있다(당신이나 당신이 아는 사람이 이 장에서 말한 질병에 걸려 있다면 전문적인 도움을 받기를 강력하게 권한다). 궁극적으로 병리학적 변화의 사례들은 당신의 성격이 현재 진행 중이라는 것을 보여준다-이것은 최종 결과가 아니라 지속적인 과정인 것이다.

성격 변화를 위한 실행 가능한 10가지 단계

신경증적 성향 줄이기

여러분이 고민하는 감정을 카드의 한쪽에 적어보라. 반대쪽에는 인생에서 가장 소중한 것을 적는다. 이제 두 가지가 어떻게 연결되어 있는지를 성찰하라. 그리고 (감정적 어려움을 없애기 위해) 카드를 찢어버리면, 가장 중요한 모든 것을 잃게 될 것이라고 생각해 보라. 수용과 헌신의 치료에서 얻은 교훈은 풍요롭고 의미 있는 삶이 많은 앱이 알아차림 명상과 이와 유사한 명상을 가르쳐 준다. 헤드스페이스Headspace[영국과 미국의 명상 전문 앱. ―옮긴이]도 그중 하나다. 일주일에 두세 번 명상에 전념하면 더 편안해지고, 신경증적 성향을 낮출 수 있게 도와준다.

반드시 아주 쉽거나 행복한
길만은 아니라는 것이다.

외향적 성향 늘리기

즉흥연기 수업, 합창단, 지역 축구팀과 같은 다른 사람과 접촉할 수 있는 그룹에 참여하라. 활동이 도전적이거나 단체 정신이 있는 경우, 이것은 다른 사람과의 유대 관계를 형성하는 데 도움이 된다. 심지어 매우 내성적인 사람조차도 그들이 예상했던 것보다 더 많이 사회적 접촉을 즐긴다.

여러분이 아끼는 자선단체에 자원하라. 이것은 중요한 가치를 추구하기 위해 다른 사람과 접촉하게 해준다. 부작용은 더 많은 사회적 접촉에 중독된다는 점이다.

성실한 성향 늘리기

다른 사람의 관심이 필요하면 나에게 관심을 보이는 사람이 있는 장소로 가도록 하라. 도서관이나 공동 작업 공간으로 가거나 또는 의도적으로 가장 부지런한 동료 옆에 앉아 있을 수도 있다. 연구에 의하면, 집중력이 높은 사람 옆에 있으면 자신의 행동에 영향을 받을 수 있다고 한다.

가능한 한 쉽게 약속을 이행할 수 있도록 실질적인 조치를 취하라. 만약 목표가 일주일에 한 번 이른 아침 운동 수업에 참석하는 것이라면 아침에 문밖으로 바로 걸어나갈 수 있도록 전날 밤에 체육복을 확실히 챙겨두어라. 목표를 너무 힘들게 설정하지 않을수록 목표를 성취하는 것이 더 쉬울 것이다.

친화적 성향 늘리기

일주일에 한 번 이상 친구 또는 친척에게 지지 문자를 보내라. 연구에 의하면, 이런 문자는 힘든 일에 대처하고 스트레스 수준을 낮추는 데 도움이 된다.

적어도 일주일에 한 번은 낯선 사람에게 친절을 베풀어라. 다른 사람에게 이로울 뿐만 아니라 친절을 규칙적으로 베푸는 것이 자신의 신체적·정신적 행복도 증가시킨다는 증거가 있다.

개방적 성향 늘리기

몇 달 동안 매주 "뷰티 로그beauty log"를 계속하라. 매 주말에 당신이 느꼈던 자연의 아름다움에 대해 몇 줄 적어라. 인위적인 아름다움에 대해서도 똑같이 하라. 그리고 마지막으로 아름답다고 느낀 인간의 행동에 대해서도 몇 줄 적어라.

어려운 결정에 직면했을 때 3인칭 시점으로 자신의 어려움을 설명하도록 노력하라(예를 들면, "그는 현재 직장에서 편안하고 행복했지만, 새로운 기회는 흥미진진하고 더 도전적이었다"). 일리이즘illeism이라고 알려진 이런 고대적인 수사법을 사용하면 더 개방적이 되고, 다른 사람의 관점에서 사물을 볼 수 있는 능력이 향상된다.

4장

식단, 황홀, 숙취

연설 시작 3분 반 만에 그의 뺨에 눈물이 주르륵 흘러내리기 시
작했다. 몇몇 사람에 의해 "미스터 스팍"이라는 별명이 붙은 그
남자는 울고 있었다. 그가 마음을 가라앉히기 위해 잠시 멈추자
방안은 조용해졌다. 그러자 박수가 터져 나왔다.

버락 오바마 대통령이 2012년 재선에 성공한 다음 날 시
카고에서 선거 참모들에게 감사를 표하고 있던 때였다.[1] 오바마
는 그들에게 말하였다. "앞으로 4년 동안 우리가 아무리 잘한다
고 해도 여러분이 몇 년간 앞으로 성취하게 될 것에 비하면 그

빛이 바랠 것입니다. 그것이 제 희망의 원천이었습니다."

전 세계의 해설자들이 "노 드라마 오바마"의 개방적인 느낌에 대해 언급하기 시작하면서 이 비디오는 순식간에 퍼져나갔다. 오바마에 대해 더 호감을 가지게 하는 다른 많은 예들이 있다. 이를테면 2015년 오바마 대통령은 조지프 바이든 2세[2] 부통령의 아들인 보 바이든에 대한 추도사를 할 때 눈물을 참았고, 2016년에는 총기 규제 관련 연설 도중 오바마 대통령이 눈물을 흘리자 인터넷이 다시 술렁거렸다. 사실 이전 몇 년 동안, 오바마는 이 문제를 논의할 때 감정을 억제하기 위해 노력했다.

오바마가 감정적이 된 예는 매우 많아서 그의 감정적 표현이 자극하는 표제를 읽는 것은 이상하게 보이기도 한다. 예를 들면 2015년 《뉴욕 타임스》에 "오바마는 심상치 않은 감정적 표현으로 긴장을 푼다"[3]는 기사도 있고, 2016년 《워싱턴 포스트》는 "오바마 대통령이 화요일 공개석상에서 울었다"는 한 줄의 냉혹한 머리글로 이런 감정적인 사건이 그 자체로 뉴스거리라도 되는 듯이 쓰고 있다.[4]

그러나 다른 의미에서 오바마의 감정에 대한 대중과 언론의 반응은 놀랄 일이 아니다. 왜냐하면 상대방에 대한 강하고 다소 단순한 인상(또는 캐리커처)을 만드는 것은 우리가 늘 하는 일이기 때문이다. 우리가 대통령에 대해 생각하든, 친구에 대해 생각하든, 우리가 아는 사람이 어울리지 않는 방식으로 행동할 때 언제나 충격을 받는다.

오바마가 적어도 대부분의 경우 냉정하고 감정조절을 잘 하는 성격임에는 의심할 여지가 없다. 2009년 케네스 월시 전 백악관 출입 기자 협회장이 말했듯이 "오바마는 멋진 고객이다. 그는 화를 내거나 우울하거나 좌절하거나 감정 조절에 실패하지 않는 것 같다."[5] 그리고《애틀랜틱》의 심층 분석 자료에서 제임스 팔로우스는 "상황이 몹시 잘 되어가고 있든지 아니면 몹시 나쁘게 되어 있든지 간에 오바마는 항상 똑같이 감정에 치우치지 않은 표정을 짓는다."[6]

빅5 성격 특성의 측면에서 보면, 오바마는 분명 내성적 성향이 강하고 심지어 정서적 안정성에서 더 강한 점수(낮은 신경증적 성향)를 받을 것이다. 그러면 그가 흘리는 눈물은 무엇인가? 어느 쪽이 진짜 오바마인가? 음, 둘 다이다. 오바마는 인간이며, 때때로 상황의 힘은 우리의 성격을 압도한다.

무엇이 당신의 행동을 설명하는가?
상황인가, 성격인가?

오바마의 행동에 나타난 명백한 모순은 20세기 후반까지 수십 년 동안 성격 심리학을 소모시켰던 논쟁을 깔끔하게 요약한다. 외적 상황이 아주 강력하기 때문에 성격은 무의미하다고 말하는 극단론자들이 있었다. 아마도 이들 상황론자들이 언급한 가장 악명 높은 예는 필립 짐바르도Philip Zimbardo가 1971년에 행한 스탠퍼드 교도소 실험이다. 이 실험은 교도관 역할을 한 피험자가 죄수 역할을 한 피험자들을 학대하여 중단되었다. 마치 그들의 평소 성격이 상황의 힘에 의해 점령당한 것 같았다.

이후 상황론자들의 주장은 더욱 미묘해졌다. 미국의 심리학자 월터 미셸과 그의 동료들은 사람이 사회적 맥락에 의해 영향을 받는 독특한 방식을 강조하는 행동을 설명하고자 하였다. 그들은 6주간의 여름 캠프에서 어린이들을 대상으로 한 연구에서, 어린이들이 누구와 함께 있느냐에 따라 행동이 어떻게 달라지는지 보여주었다. 이 연구의 결정적인 점은 함께 캠핑하는 사람이 누군지에 따라 각각의 아이들의 행동이 어떻게 달라지는지를 보는 것이었다.[7] 예를 들면 어떤 한 아이는 어른의 핀잔을 들을 때마다 또래보다 훨씬 더 화를 냈지만, 친구들의 따돌림에 대해서는 너무나 멋지게 대처하였다. 반면 그의 친구는 완전히 상반되는 반응을 보였다. 이런 사실이 함축하는 의미는 어떤 아이가 공격적이다 또는 느긋하다고 꼬리표를 붙이는 것은 잘못된 일이라는 것이다. 그렇게 꼬리표를 붙임으로써 이런 성격 특성이 이 아이들의 근본적 특성이 되어버린다.

이런 종류의 연구에 힘입어 일부 논평자들은 성격의 개념을 신화라고 선언하는 데까지 나아갔다. 그러나 내가 이 책의 첫

머리에서 주장했듯이, 성격-습관적인 사고, 감정, 행동의 모음들-은 실질적이고 매우 중요하다는 것에는 의심의 여지가 없으며, 임금의 액수에서 수명에 이르는 모든 종류의 삶의 결과를 예측할 수 있다. 오늘날 성격을 신화로 여기는 전문가는 거의 없다. 학문적 논쟁이 진행되어 가면서 두 가지, 즉 성격과 상황 모두 행동을 설명하는 데 거의 똑같이 중요하다고 의견의 일치를 보았다.[8]

당신은 친구와 가족 사이에서 상황과 성격이 이중으로 미치는 영향을 보게 될 것이다. 장기적으로 볼 때 당신의 외향적인 친구가 내성적인 당신의 사촌보다 더 외향적이고 즐거움을 추구하겠지만, 그렇다고 해서 수다스러운 친구가 외향적이고 매일 매 순간 웃는 것을 의미하지는 않는다.

심리학자들은 최근 수백 명의 대학생을 대상으로 두 명의 낯선 사람과 함께 한 그룹에서 일주일 간격을 두고 세 가지 다른 사회적 상황에 참여하는 것을 비디오로 찍어 일관성과 행동 적응성의 혼합을 보여주었다.[9] 첫째 주는 비정형 미팅이었고(학생들에게 "마음에 드는 것은 무엇이든 말할 수 있다"고 하였다), 둘째·셋째 주는 재정적인 인센티브가 있는 정형화된 작업, 즉 하나는 협동하는 것이고, 다른 하나는 경쟁적인 상황에 참여하는 것이었다. 매주 연구진은 학생들이 웃는 모습, 여유로워 보이는 모습, 무뚝뚝한 미소, 수다스러움, 짜증을 내는 모습 등 68가지 행동의 빈도를 집계하였다.

어떤 면에서 학생들의 행동은 당신이 예상하는 것처럼 상황에 따라 매우 다양하였다. 예를 들어 평균적으로 그들은 비공식적 미팅에서 자신에 대한 더 많은 정보를 제공하였다. 그러나 행동적인 면에서는 분명한 일관성도 보였다. 즉 어떤 상황에서 다른 사람보다 더 과묵한 모습을 보인 학생들은 다른 상황에서도 상대적으로 말이 없는 행동을 보였다. 미소처럼 자연스럽게 일어나는 행동은 성격 특성처럼 상황에 관계없이 일관성을 보였는데, 성격은 우리가 통제하기 어려운 행동에서 발휘되는 경향이 높기 때문이다.

이 최근의 발견들을 통해서 우리는 오바마 대통령의 성격을 이해할 수 있다. 그렇다, 그는 가끔 감정적이 되기도 하지만, 특히 여러 다양한 상황과 시간을 평균적으로 생각해 보면 대부분의 사람보다 덜 감정적이기도 하다. 그 이유는 오바마 대통령이 신경증적 성향과 외향적 성향에서 낮은 점수를 보이기 때문이다. 그러나 상황도 역시 중요하다. 비록 당신이 오바마 대통령처럼 감정적으로 침착하고 유연하다고 할지라도 자신의 성격에 맞지 않게 행동하게 하는 특정한 상황적 맥락이 있을 것이고, 특히 평소의 기질을 거스르는 "강력한 상황"이 있게 마련이다(예를 들면 떠들썩하고 힘든 선거 유세 기간 이후, 가장 가까운 지지자들 앞에서 연설을 해야 하는 경우).

좀 더 극단적인 예를 들자면, 누군가가 당신의 머리에 총을 겨누고 있다고 상상해 보자. 당신이 신경증적 성향이 높거나 낮거나 상관없이 분명히 두려움을 느낄 것이다(만약 당신이 매우 신경증적 성향이라면 아마도 더 강한 두려움을 느낄 것이고, 이 사건 이후 외상 후 스트레스를 겪는 데 더 취약할 것이다).

그러나 감사하게도 우리가 일상생활에서 마주치기 쉬운 도전적이고 힘든 상황은 머리에 총을 겨누는 것이 아니라 명확하게 정의되고 사회적으로 요구되는 직업적 역할이다. 예를 들어 결혼식에서 연설을 하거나, 검사 결과를 듣기 위해 의사를 방문하거나, 취업 면접을 보는 것이다.

스포츠계나 연예계에서 일하는 사람은 이런 측면에서 극적인 예를 제공한다. 테니스계의 스타인 라파엘 나달Rafael Nadal의 성격은 마치 두 명의 서로 다른 사람과 같다. 그는 코트에서는 슈퍼맨이지만 코트를 벗어나면 클라크 켄트이다. 많은 권투선수들도 이와 비슷한데, 특히 그들은 시합에 나가기 전에 훈련 장소에서 몇 달 동안 격리되기 때문이다. 예를 들어 뉴질랜드 출신의 전 세계 헤비급 챔피언 조셉 파커는 밖에서 파이를 먹고 기타를 연주하는 것을 즐기는 것(낮은 성실한 성향, 높은 외향적 성향과 높은 개방적 성향)과는 완전히 다르게, 훈련 장소에서는 엄격한 생활 방식과 지독한 다이어트(극도의 성실한 성향)를 보여준다.

일부 선수들은 경기장으로 걸어가는 순간 야기되는 갑작스러운 성격 변화에 대해 말한다. 공격적으로 빠른 볼링으로 유명한 호주의 크리켓 전설 데니스 릴리를 생각해 보자. 그는 경기장 밖에서는 친화적이고 외향적인 성향의 소유자이지만, 경기장에서는 적대적이고 위협적이었다. 그는《텔레그래프》와의 인터뷰에서 "경기장에서 그 선을 넘자마자 내 성격이 바뀌었다"라고 말하였다. "나에게 그것은 전쟁이었다. 호주 대 영국의 전쟁이었다. 상대방을 땅에 내던져 버리고 싶었다."[10] 또 다른 헤비급 권투 챔피언인 미국인 디온테이 와일더는 자신의 갑작스러운 성격 변화를 묘사했다. "진짜 싸울 때 나는 확 달라져 버린다. 난 더 이상 디온테이가 아니다. 그럴 때 나는 내 자신이 무섭다. 정말 끔찍하게 무섭다."[11]

때때로 영화의 배역을 하면서 그 배역의 성격이 잔존하는 경우도 있다. 예를 들면 배우 베네딕트 컴버배치는 영화〈셜록 홈즈〉촬영 후 오랜 시간 동안 개인적인 인간관계에서 더 퉁명스럽고 조급한 성격이 되었다고 말한다(낮은 친화력으로 전환).[12]

스포츠 스타, 가수, 배우만 성격 변화를 보이는 것이 아니다. 예를 들면 성격 연구를 전공으로 하는 브라이언 리틀Brian Little 교수는 자신이 강의를 할 때 일시적으로 외향적인 사람으로 변한다고 말한다. 이번에는 완전히 다른 성격 특성을 보이는 경우를 보자. 비즈니스와 행동주의의 세계에서 활약하는 플로렌스 오조는 '우리의 소녀들을 돌려달라'는 운동Bring Back Our Girls movement(2014년 보코하람에게 납치된 여학생들의 곤경을 알리기 위해 설립된 사회 운동)의 지도자 중 한 명이자 나이지리아의 여성들에게 힘을 실어주기 위한 목적으로 설립한 플로렌스 오조 재단Florence Ozor Foundation의 창립자이다. 타샤 유리크가 『자기 통찰』에서 묘사한 것처럼 오조는 내성적인 성향이 강한 사람이 지만 활동가로서 자신이 원하는 변화를 이루기 위해서는 외향적 인 사람처럼 행동해야 한다는 것을 일찍부터 배웠다. 오조는 "스 포트라이트가 두렵다고 해서 어떤 것에서 도망치지 않을 것이 다"라고 스스로에게 다짐했다.[13]

상황과 성격 특성 사이의 역동성을 이해하는 데 있어 가 장 중요한 점은 주어진 상황에서 이 두 가지가 모두 작동한다 는 것이다. 성격은 항상 장기간에 걸쳐서 스스로를 드러낸다 (그러나 성격은 시간이 지남에 따라서 서서히 지속적으로 변 화한다는 것을 상기하라).

이 장의 나머지 부분은 상황과 성격의 상호작용에 대한 것 이다. 즉 상황, 기분, 물질, 최고 기온, 다른 이의 다이어트, 숙취 가 한 순간 우리의 행동에 어떻게 영향을 미치는지, 이것이 우리 의 장기적 성격 특성과 어떻게 상호작용하는지 살펴볼 것이다.

불안정성 대 적응성

이 상황의 힘을 고려할 때 명심해야 할 것은, 일부 사람은 빅5

성격 특성에 따라서 단기적 변동성을 더 많이 보일 것이다. 특히 신경증적 성향의 점수가 높은 사람은 행동이 더 예측 불가능하고 변화무쌍한 반면, 외향적 성향인 사람은 더 일관성이 있을 수 있다. 여기서 중요한 차이는 불안정성과 적응성이다.

신경증적 성향인 사람의 행동은 종종 불안정하고 예측하기 어렵다. 왜냐하면 그들의 변덕스러운 내면의 감정과 기분에서 이러한 경향이 대부분 생겨나기 때문이다. 이와는 대조적으로 유연한 외향적 성향인 사람의 행동은 더 안정적이고 예측하기 쉽다. 왜냐하면 그들은 각기 다른 상황들에서도 비슷하게 행동하는 경향이 있기 때문이다. 그들의 행동이 바뀔 때는 사회적 상황의 요구에 적절히 적응하는 경우가 더 많다.

심리학자들이 최근 대학생들에게 5주 동안 모든 사회적 상호작용 동안 그들의 행동과 감정을 기록하기 위해 스마트폰을 사용하라고 요청했을 때 이런 결과가 나타났다.[14] 매우 신경증적 성향인 사람은 대인관계에서 아주 심할 정도로 예측하기 어려웠고, 이런 결과는 심지어 동일한 사회적 상황에서도 마찬가지였다(이것은 신경증적 성향의 사람이 왜 같이 살아가기 어렵고 인간관계의 단절이 더 잘 일어나는지 설명하는 데 도움을 준다). 동시에 신경증적 성향에서 높은 점수를 보이는 타입은 각기 다른 상황에서 적응력이 가장 낮았다. 즉 그들은 서로 다른 상황에 맞춰 일관성 있고 유리한 방식으로 자신의 사회적 행동을 조정할 수 있는 유연성을 가지고 있지 않은 것 같았다.

이와는 대조적으로 외향적 성향이면서 매우 친화적인 성향의 사람은 더 일관성이 있었다. 그들은 시간이 지남에 따라 평균적으로 더 행복하였고 더 친근해졌고 또한 사회적 맥락에 맞게 자신들의 행동을 적절히 조정하면서 상황에 더 잘 적응하였다. (친구와 함께 있을 때 항상 대화를 잘하고 재미있지만, 더 엄숙한 상황에서 연민과 염려를 보이는 기술을 가진 친화적이고 외향적 성향을 지닌 사람을 그려보라.)

현재의 친구

어떤 상황에서든 가장 중요한 측면 중 하나는 우리가 누구와 함께 있느냐는 것이다. 당신은 아마 함께 있을 때 자신의 성격에서 특히 강하거나 보통 잘 숨겨져 있는 면을 끄집어내는, 적어도 한 사람을 생각할 수 있을 것이다.

내가 자랄 때 그런 사람은 할머니였다. 물론 나는 대체로 잘 행동하는 편이었지만, 할머니 근처에 있으면 완전히 천사가 되었다. 내가 날개와 후광이 없다는 것이 놀라울 지경이었다. 할머니와 함께 있을 때 나는 실제 나이보다 몇 살 더 먹은 것처럼, 어리석게 굴거나 반항하지 않고 항상 도움이 되고 예의 바르게 행동하였다. 속이 메스꺼울 정도로 조숙했다. 나는 그녀가 요즘 시대에는 예의가 없다고 말하거나 TV에서 욕설을 하는 것에 대해 거부감을 나타낼 때마다 마치 내가 99세나 된 것처럼 현명하게 고개를 끄덕이곤 했다. 그것은 마치 자충수를 두는 것 같은 느낌이었다. 내가 점잔을 빼는 것을 그녀가 알고 있었다고 생각했고, 그것은 내가 살아가면서 부담감을 느끼게 하는 역할을 했다.

이것은 극단적인 예이지만, 우리 대부분은 자신이 처한 사회적 역할에 따라 행동을 적응하는 경향을 보인다. 어쩌면 독자 여러분은 마치 스포츠에 열중하는 상사 옆에서 형제처럼 행동하기 시작하거나, 못마땅해하는 남자친구의 어머니와 함께 있을 때 내성적 성향의 사람이 될 수도 있다. **성격personality**이라는 단어는 실제로 라틴어로 "가면mask"을 뜻하는 **페르소나 persona**에서 유래되었다. 심리학자들은 한동안 이러한 단기적 성격 변화를 연구해 왔고, 그 패턴 중 일부는 상당히 보편적인 것으로 보인다.

전형적인 한 연구는 수백 명의 사람이 부모, 친구, 직장 동료들과 함께 있을 때 그들의 성격 특성을 있는 그대로 평가하는 것이었다.[15] 예상대로 친구들과 있을 때 가장 외향적으로, 직장 동료들과 있을 때 가장 성실한 것으로, 그리고 부모와 있을 때 가장 신경증적으로(감정적으로 불안정하고 애처롭게) 스스로를 평가하였다. 외향적 성향은 사회적 맥락에 걸쳐서 가장 많은 변화를 보여주는 반면, 성실한 성향은 가장 적은 정도의 변화를 보여주었다.

또 다른 연구에서는 부모, 친구, 동료와 함께 있으면서 사회적 가면을 쓴 경험에 대해서 8명을 심층 인터뷰하였다. 그 결과 가장을 하는 것이 얼마나 힘든가를 보여주었다.[16] 예를 들면 헤지펀드 매니저인 35세의 메리는 직장에서 성실한 성향으로 보이려는 힘든 노력에 대해서 다음과 같이 말하였다. "그건 내가 하고 싶은 일이 아니지만, 러닝머신을 뛰고 있는 것 같았고 멈추면 떨어질 것 같았다." 한편 트루디는 가족과 함께 있을 때 자신의 성격이 거의 퇴행하는 것 같다고 말한다. "나의 성격은 과거 모습으로 돌아갑니다. 매우 불안정하고, 수줍어하며, 항상 칭찬받기를 기다리고 있습니다. 외향적 성향의 일부가 어느 정도 나오기는 하지만 너무 짓눌려 버려서 나는 더 위축되어 버립니다." 인터뷰의 핵심은 기분이 좋지 않거나 친구들과 같이 있고 싶지 않을 때 함께 하는 것이 피곤한 일이긴 하지만 회사 동료나 부모와 있는 것보다 친구와 있을 때 더 쉽게 "진짜 자신"이 된다는 것이었다.

연구에서 더 밝혀내기 어려운 점은 마치 내가 할머니와 같이 있을 때처럼 특정 개인이 어떻게 우리 자신의 성격에 특정한 영향을 미칠 수 있느냐는 것이다. 때로는 이것이 연구의 장점일 수도 있다. 나의 사회생활은 대학에서 활기를 띠게 되었다. 왜냐하면 대학 1학년 때 나의 외향적 성향을 끄집어내는 파티 짐승과 일찍부터 우정을 쌓았기 때문이었다. 사실 나를 외향적 성향으로 느끼게 해주는 사람과 함께 하는 것이 항상 즐거웠지만 나의 자아의식을 악화시키는 사람 주변에 있는 것이 불편했다.

좋은 친구의 특징 중 하나는 그 친구가 당신이 되고 싶은 그런 사람이 되도록 당신을 도와준다는 것이다.

당신은 사교적 카멜레온인가요?

현재의 친구가 우리 성격에 미치는 일시적인 영향은 다른 사람보다 더 클 수도 있다. 1970년대 말 미국의 심리학자 마크 스나이더는 사람을 두 가지 범주로 나눌 수 있다고 제안하였다. 즉 우리 중 몇몇은 카멜레온처럼 행동하고, 좋은 인상을 남기려 하고, 현재의 상황에 맞게 행동을 적응하는 데 능숙하다(그는 이런 사람을 "높은 자기 관찰자"라고 불렀다). 반면에 또 다른 사람은 자신이 누구와 함께 있든 무슨 일이 일어나든 자신의 변함없는 진정한 자아에 많은 관심을 보인다("낮은 자기 관찰자").

스나이더는 높은 자기 관찰자들은 자신에게 이렇게 묻는다고 말한다. 즉 이 상황이 나에게 무엇을 요구하는가? 그들은 사회적 단서를 찾아내는 데 능숙하다. 반면, 낮은 자기 관찰자들은 **이 상황에서 나는 어떻게 되는 거지?** 라고 묻고, 이에 대한 대답을 위해서 관심을 내면으로 돌린다. 그래서 높은 자기 관찰자가 직장 동료들과 더 친해지기 쉽고 따라서 출세하는 데 더 유리하다는 것은 별로 놀라운 일이 아니다. 스나이더는《더 컷The Cut》에서 다음과 같이 말하였다. "이것은 특별한 목적을 위해 설계된 이미지를 투사하는 삶을 사느냐, 자신의 자아 감각에 충실한 삶을 사느냐의 차이입니다."[17]

이러한 성격 유형의 차이는 태도에서도 나타난다. 높은 자기 관찰자는 자신이 어떤 집단 속에 있든 집단정신에 맞추기 위해 논란이 되는 주제에 대한 자신의 선호와 의견을 굽힐 것이다. 반면 낮은 자기 관찰자는 자신의 의견을 고수하고 진실한 것에 자부심을 가질 것이다. 높은 자기 관찰자는 친구를 더 많이 갖는 경향이 있지만, 더 피상적이고, 상황이 요구하는 것과 가장 잘 맞는 사람이 되기를 원한다(그들은 축구에 관심이 없는 오랜 친구보다는 축구 팬인 새 친구와 함께 축구장에 갈 것이다). 낮은 자기 관찰자는 이와는 반대이다. 그들은 소수이지만 더 깊은 우정을 나누고 있으며, 자신이 처한 상황이 어떠하든 간에 자신이 가장 좋아하는 사람과 함께 있기를 선호한다.

자기 관찰의 개념은 데이트에도 적용된다. 높은 자기 관찰자는 잠재적 파트너의 면모를 볼 때 신체적 외모에 더 신경을 쓴다(그들은 데이트하는 파트너의 성격에 쉽게 적응한다). 반면에 낮은 자기 관찰자는 성격 묘사에 더 신경을 쓴다. 왜냐하면 그들은 파트너와의 신뢰감이 중요하고 속이는 것이 불가능하기 때문이다.

당신은 아마도 자신이 어떤 범주에 속하는지 알고 있을 것이다. 더 정확한 감각을 얻기 위해 여기 스나이더와 그의 동료 스티븐 갠지스타드가 함께 고안하고 내가 수정한 짧은 테스트가 있다.[18]

1. 나는 파티에서 다른 사람이 좋아할 것 같은 말을 한다.
   (예, 아니오)
2. 나는 무언가를 주장하려면 내가 말하는 것을 믿어야 한다.
   (예, 아니오)
3. 나는 학교에서 드라마를 잘해서 좋은 배우가 될 것 같다.
   (예, 아니오)
4. 나는 사귀고 있는 사람에 따라서 다른 사람 같다.
   (예, 아니오)
5. 나는 다른 사람의 환심을 사는 건 잘 못한다
   (예, 아니오)
6. 나는 출세를 위해서 좋아하는 사람을 기쁘게 해줄 수 있다면
   내 의견을 기꺼이 바꾼다.
   (예, 아니오)
7. 나는 다양한 사회 상황에 맞게끔 하는 데 어려움을 겪는다.
   (예, 아니오)
8. 나는 사람들 앞에서 불안해지고 새로운 친구를 사귀는 데 서툴다.
   (예, 아니오)
9. 나는 누군가를 싫어하는 감정을 잘 숨겨서 다른 사람은 모를 것이다.
   (예, 아니오)
10. 누군가의 눈을 똑바로 쳐다보고 노골적인 거짓말을 하기는
    정말 힘들 것 같다.
    (예, 아니오)

당신은 얼마나 사교적인 카멜레온인가? 항목 1, 3, 4, 6, 9에 대해 예라고 대답한 횟수를 계산한다. 이제 항목 2, 5, 7, 8, 10에 예라고 대답한 횟수를 세어보라. 첫 번째 항목을 더한 수가 두 번째 항목을 더한 수보다 크면 사회적 마스크(즉, 높은 자기 관찰자)를 착용하는 경향이 있고, 두 번째 수가 더 크면 누구와 함께 있든 상관없이 자신이 되는 경향이 더 높다.

당신은 이런 이원적 방법으로 사람을 보는 것이 도움이 된다는 것을 발견할지도 모른다. 아마도 그것은 당신의 친구와 친척들 사이의 갈등까지도 이해시킬 수 있을 것이다. 낮은 관찰자와 높은 관찰자들은 서로를 잘 이해하지 못하는 경향이 있다(낮은 자들은 높은 자들을 가짜로 보는 반면, 높은 자들은 낮은 자들을 경직되고 어색하다고 생각한다).

이런 관점은 확실히 어떤 사람이 세상과 어떻게 관련되는지를 보는 재미있고 흥미로운 사고방식이다. 하지만 과학적 관점에서 보면, 자기 관찰자 개념에는 문제가 있다. 일부 전문가들은 자기 관찰은 정말 외향적 성향의 표현이라고 말한다. 즉 높은 자기 관찰은 강한 외향적 성향이고, 사람들과 더 잘 어울리고, 친구들을 위해 행복의 가면을 쓰는 것이다(앞에서 행동의 안정성과 적응성의 차이에 대해 설명했던 것과 일치하는데, 외향적 성향의 사람이 적응력이 더 높다).

또한 만약 당신이 나처럼 사회적 불안을 느끼는 경향이 있다면, 두 범주로 나누는 것이 적절하지 않다는 것을 느끼면서 자신이 두 범주 사이에 있다는 것을 느낄지도 모른다. 나는 좋은 인상을 심어줘야 한다는 압박감을 확실히 느낀다(나는 시리 Siri[지능형 개인 비서 기능을 수행하는 애플 iOS용 소프트웨어. —옮긴이]와 이야기할 때도 행위 불안을 느끼기도 한다). 그러나 그러지 않았으면 좋겠고, 더 솔직하고 개방적이기보다는 멋지게 보이려고 너무 열심히 노력하는 것을 항상 자책하게 된다. 이것 때문에 내가 망설이는 높은 자기 관찰자가 되는가? 아마도 아닐 것이다. 왜냐하면 다른 사회적 역할을 하는 데 능숙해야 하고 사회적 도전에 의해 스트레스를 받지 않아야 하기 때문이다. 개념에 대한 이러한 문제점들을 고려할 때 자기 모니터링 점수를 너무 심각하게 받아들이기보다는 재미로, 생각을 자극하는 정도로 받아들이기를 권한다.

기분이 우울한가요?

나는 잘 모르는 20대 친구들과 작은 집에서 열린 파티에 있었고, 지독한 숙취에 시달리며 겸손함을 유지하려고 노력했다. "아, 당신은 그런 부류 중 한 명이에요." 내 맞은편 남자의 말에 나는 깜짝 놀랐다. "별로 말씀을 안 하시잖아요, 그렇죠?" 그는 분명히 내가 인상적이지 않다고 덧붙였다.

이 무례한 친구는 내 성격에 대해 섣부른 추측을 한 것 같았고, 그의 어조로 볼 때 그때 내 모습을 별로 좋아하지 않는 것 같았다. 그의 말이 거슬렸다는 것을 인정하기 싫다. 좋다, 내가 내성적인 사람인지도 모른다-적어도 그때는 그랬다-. 하지만 아무도 그것에 대해 사과할 필요는 없다. 그러나 나는 그가 나의 행동이 단순히 그 당시 기분을 반영했다기보다는 나의 본질을 드러냈다고 생각하는 것에 화가 났다. 그 순간 내 머릿속은 술기운이 돌면서 요동치고 있었다. 그렇다, 나는 그때 조용하고 내성적인 행동을 하고 있었다. 하지만 그는 전날 밤 댄스 플로어에서의 나를 봤어야 했다!

우리는 종종 현재의 행동이 사람의 근본적 성격, 즉 깊이 뿌리 내린 "사람의 부류"를 반영한다고 가정하고 기분을 포함한 특정 상황의 기여도를 무시한다. 이와는 대조적으로, 오히려 손쉽게 우리의 행동은 종종 기분과 감정의 영향을 훨씬 더 많이 받는다는 것을 잘 알고 있다. 예를 들어 2017년 런던 해러즈 백화점에서 물건을 훔치려다 교도소에 갇힌 폴란드 모델 나탈리아 시코르스카처럼 말이다. 그녀는 미국으로 떠났던 휴가에서 돌아오는 스트레스와 문화적 충격 때문에 평소와는 전혀 다른 사람처럼 행동했다고 런던 법원에서 말했다.[19] 어떻게 이런 시련이!

숙취에 빠진 나와 나탈리아에 대해 공평하게 말해 보자면, 어떤 순간의 분위기는 우리의 성격을 드러내는 데 강한 영향을 끼치는 것이 사실이다. 심리학자들이 수백 명의 학생에게 2주 이상 하루에 수차례 간단한 이메일 설문 조사를 실시한 최근 연구 결과를 보자.[20] 각 이메일에는 짧은 성격 테스트와 학생들이 긍정적인 분위기와 부정적인 분위기의 수준을 보고하고 자신이 무엇을 하고 있는지 기록하는 공란이 있었다. 여기에는 공부를 하거나, 더 재미난 뭔가를 하는지에 대해 쓸 수 있었다.

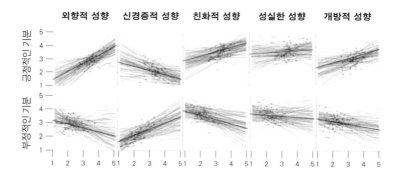

● 기분에 따라서 순간의 성격 성향이 어떻게 달라지는지 (1점에서 5점까지) 보여주고 있다(위: 긍정적인 기분, 아래: 부정적인 기분, 개별적인 선은 각기 다른 실험자원자를 나타낸다). 출처: Robert E. Wilson, Renee J. Thompson, and Simine Vazire, "Are Fluctuations in Personality States More Than Fluctuations in Affect?" Journal of Research in Personality 69 (2017): 110−123에서 재인용.

학생들의 성격 점수는 때에 따라서 어느 정도 차이가 있었지만 결정적으로 그들의 기분 차이로 설명되었다. 학생들이 더 행복하다고 느낄 때 외향적 성향과 개방적 성향에서 더 높은 점수를 받는 경향이 있었다. 반대로 그들이 덜 기쁘고 더 슬프거나 우울할 때 신경증적 성향에서 더 높은 점수를 받았고, 친화적 성향에서 낮은 점수를 받았다. 이상하게도 성실한 성향은 기분과는 크게 관련이 없는 것으로 나타났지만, 그것은 피험자들이 서로 다른 사람이었기 때문일 것이다(그래서 모든 학생들 사이에 효과가 상쇄되었을 것이다).

나 자신에 대해서 말하자면, 나는 기분이 우울할 때 성실한 성향도 잠시 저하된다-나는 글을 쓰기보다는 유튜브를 볼 가능성이 더 높다. 그러나 어떤 사람은 신물이 날 때 일이나 집안일을 하면서 더 집중할 수도 있다고 생각한다.

학생들의 성격도 공부할 때는 바뀌어서 덜 외향적이고, 덜 친화적이고, 덜 개방적이고, 더 신경증적이 되지만(이것을 비난할 수 있는가?), 반면에 더 성실한 성향이 된다. 그러나 중요한 점은 이러한 순간적인 성격 특성의 변화는 전적으로 공부가 학생들의 기분에 미치는 영향으로 거의 설명되었다.

기분이 성격에 미치는 영향은 앞에서 설명하였던, 주변의 친구가 성격에 미치는 영향을 고려하면, 어느 정도 예측할 수 있다. 실제로 심리학자들은 최근 "정서적 존재감" 같은 것이 있다고 제시했는데, 이것은 우리 각자가 주변 사람의 기분에 영향을 미치는 일관된 경향으로 마치 주변 사람에게 감정적 발자

국을 남기는 것과 같다. 수백 명의 친숙한 경영학과 학생들을 연구한 결과, 일부 인기 있는 학생들은 지속적으로 주변 사람의 기분을 끌어올리는 반면, 그렇지 않은 학생들은 (특히 친화적 성향이 낮지만 놀랍게도 외향적 성향이 높은) 지속적으로 다른 사람을 더 지치게 만든다는 것을 발견하였다.[21]

순간적인 성격에 대한 기분의 효과는 방금 본 영화나 노래의 영향으로도 나타나기 쉽다(방금 읽은 책의 경우도 마찬가지이다). 또 다른 연구에서 연구원들은 피험자들에게 우울하고 감동적인 클래식 음악인 사무엘 바버의 〈현을 위한 아다지오Adagio for Strings〉와 함께 영화 〈필라델피아〉에서 나오는 슬픈 영상을 보기 전과 후에, 또는 모차르트의 고양된 〈작은 밤의 음악Eine Kleine Nachtmusik〉과 함께 베를린 장벽이 무너진 후 가족들이 재회하는 행복한 영상을 보기 전후에 성격 설문지를 작성하도록 하였다.[22] 피험자들은 슬픈 영상을 본 후 덜 외향적이고 더 신경증적 성향으로 나왔고, 행복한 영상을 본 후 외향적 성향이 약간 높아졌다.

인생에서 우리가 통제할 수 없는 많은 것들이 있지만, 우리가 듣는 것과 TV에서 보는 것은 선택할 수 있다(비록 리모컨으로 실랑이를 해야 할 수 있지만). 그리고 우리와 함께 지내는 사람에게 적어도 일정한 정도의 영향력을 행사한다. 이런 선택들이 어떻게 기분과 순간적인 성격에 영향을 미치는지를 잘 살펴보는 것은 단순하면서도 강력한 심리 전략의 일부이다. 다음에 이것에 대해 언급해 보고자 한다.

상황 선택 전략

당신이 어디에 있는지, 무엇을 하고 있는지, 누구와 함께 있는지에 따라서 그 순간 당신의 성격은 영향을 받을 것이다. 시간이 지남에 따라 이러한 영향들이 축적되어 당신의 성격을 형성하게 된다. 하지만 이 상황을 수동적으로 받아들일 필요는 없다. 미국의 시인 마야 안젤루는 말하였다. "똑바로 서서 자신이 누구인지를 인식하고, 상황을 지배하세요."[23] 우리가 영리하게 시간을 보낼 수 있다는 그녀의 말은 분명 옳다. 우리는 자신의 환경을 구축하여 다른 사람이 우리에게 적대적으로 하는 것이 아니라 우리를 위해 일할 수 있도록 할 수 있다. 예를 들면 만약 당신이 좀 더 개방적이고 사교적이고 따뜻한 성격을 기르고 싶다면, 이것을 성취하는 중요한 방법은 당신의 기분을 상승시키는 상황에 자신을 배치하기 위해 노력하는 것이다. 너무나 당연하게 들릴 수도 있지만, 잠시만이라도 솔직하게 생각해 보면, 자신의 시간을 계획할 때 얼마나 전략적으로 이런 생각을 하였는가?

다음 주말을 미리 생각해 보라. 계획이 무엇인가? 계획이 기분에 미칠 영향을 생각하였는가? 아마도 당신의 일과는 습관이나 편의에 따라서 짜여 있을 것이다. 물론 피할 수 없는 책임이 있을 수 있다. 그러나 우리는 자유로운 사회에 살고 있다. 비록 수입이 적다고 해도 자신의 기분을 고려해서 평소보다 더 신중하게 계획을 짤 수 있다. 이것은 장기적으로 우리의 성격에 신중한 영향력을 행사한다. 또 한 순간의 지루함이나 폭풍 같은 감정적 불안을 견디면서 이를 악물기보다는 미리 계획을 세우고 더 많은 기쁨을 약속하는 햇빛이 비치는 장소를 찾아보는 데 더 많은 노력을 기울이도록 하자. 영국 셰필드 대학의 심리학자들은 최근 이런 연구방법을 시도하였다.[24] 이들은 피험자들 절반에게 주말 전까지 상황 선택 지시를 내리고 3번 반복하도록 하였다. "이번 주말에 무엇을 할 것인지 선택할 것인데, 나를 기분 좋게 하는 것을 선택하고 기분 나쁘게 하는 것은 선택하지 않을 작정이다!" 월요일에 모든 피험자들은 그들이 무엇을 하면서 주말을 보냈는지, 그리고 자신들이 경험한 감정에 대한 대략적인 보고를 하였다. 핵심적인 결과는 이 지시를 따른 피험자들이 주말에 더 긍정적인 감정을 경험했다는 것이었다. 특히 신경증적 성향을 지닌 피험자들의 경우, 그들은 보통 자신들의 감정을 조절하는 데 어려움을 겪었다고 말했다. 만약 당신이 신경증적 성향을 덜어내고자 한다면 이것은 특히 유용한 접근법이 될 수 있다.

그러나 상황 선택 전략이 모두 쉬운 것은 아니다. 이러한 전략적인 접근과 우리 자신의 인격 형성에 있어 불행하고 중요한 장애물은 상황이 어떻게 될지 예상할 수 없다는 점이다. 심리학자들은 이 기술을 "정서적 예측"이라고 부른다. 그들은 드물고도 극적인 사건이 긍정적이거나 부정적인 감정에 미치는 영향을 과대평가하는 경향이 있다는 것을 발견하였다. 우리는 복권에 당첨되면 영원한 행복감에 빠지거나 다음 주 시험에 낙방하면 절망에 빠질 것이라고 생각하지만 실제로는 이러한 개별적인 사건에는 빠르게 적응하고 평상시의 감정적 기준점으로 되돌아간다.

동시에 우리는 반복되는 사소한 일상적인 경험의 누적 효과를 과소평가하는 경향이 있다. 나는 출근길과 같은 단순하고 일상적인 것들을 언급하는 것이다. 출근할 때 공원을 지나다 보면 시간이 더 걸릴 수도 있지만, 매일 기분이 좀 나아질 수 있다는 점도 고려해 보라. 연구에 의하면, 하루에 10분 운동하는 것이 행복을 증가시킬 수 있다고 한다.[25]

또는 점심 때 항상 어울리는 그 동료는 어떨까? 물론, 몇 년 동안 알고 지내온 사람과 대화를 하는 것은 쉽지만 만약 그들이 선천적으로 심술궂거나 빈약한 "정서적 존재"라면 당신은 매일 의욕이 꺾일 것이다.

그리고 저녁에 TV를 보는 시간이 모두 있을 것이다. 수많은 박스 세트가 있는 상황에서 리모컨에 손을 대는 것이 얼마나 유혹적인지 나는 잘 알고 있다. 그러나 마약상이나 연쇄 살인범에 관한 최신 드라마는 당신의 기분을 좋게 하거나 삶의 의미를 찾는 데 별로 도움이 되지 않을 것이다.[26]

상황 선택 전략의 일환으로 언제 잠자리에 들 것인지도 생각해 볼 수 있다. 충분한 수면을 취하는 것은 기분을 상쾌하게 하는 가장 확실한 방법 중 하나이다. 최근 2만 명 이상의 사람을 대상으로 한 연구에서 적정 수면 시간(7~9시간)에서 1시간 미달하는 것은 절망과 초조함 같은 부정적인 기분을 경험할 위험이 60~80% 증가하는 것과 관련이 있다는 것이 밝혀졌다.[27] 그럼에도 불구하고 우리들 중 많은 사람은 적절한 시간에 잠자리에 드는 것을 미루고 〈왕좌의 게임〉을 보고 소셜 미디어에서 수다를 떠는 것을 선호하는데, 심리학자들은 이것을 잠자는 시간 지연이라는 현대의 질병이라고 부른다.[28] 침실에 디지털 기기 없애기 같은 간단한 기본 규칙을 세우는 것은 이런 나쁜 습관을 극복하는 데 도움이 될 수 있다.

어떤 사람은 삶에 전략적으로 접근하는 것이 다른 사람보다 좀 더 쉬울 것이다. 특히 매우 친화적 성향의 사람은 자신들이 어떻게 시간을 보내기로 선택하는지에 대한 빈틈없는 본능을 가지는 경향이 있기 때문에 종종 유쾌한 상황에 자신을 배치한다. 결과적으로 이것은 그들을 더 따뜻하고, 낙관적으로 만들어 주며, 갈등을 피할 수 있도록 도와준다. 이러한 본능에 축복받지 못한 사람은 여전히 자신의 기분과 성격 발달에 유익한 상황을 선택하기 위해 의식적인 노력을 더 많이 함으로써 많은 것을 배울 수 있다.

간단하면서 가장 좋은 규칙은 가능한 한 외향적이고 친화적으로 행동하도록 돕는 활동을 하고 친구를 사귀도록 노력하는 것이다. 100명이 넘는 대학생들을 대상으로 2주 동안 자신의 행동과 기분을 야간에 기록하도록 한 흥미로운 연구에서 그들이 상대적으로 더 사교적이고, 더 친근하고, 더 양심적이었던 날에 더 행복감을 느낀다고 보고하였다.[29] 결정적으로 중요한 것은, 그들의 성격이 내성적이든 외향적이든 상관없이 이런 결과가 나왔다는 것이다. 그 이유는 아마도 이런 행동을 하게 되면 더 연결감을 느끼고, 유능하다고 느끼며, 자신의 삶을 잘 조절하고 있다고 느끼게 해주기 때문일 것이다.

배 속의 꼬르륵 소리와
취중 객기

이 장에는 아직 다루지 않은 코끼리가 있다. 대부분의 경우, 우리의 행동과 기분은 누구와 함께 있고, 무엇을 하고 있는지, 그뿐만 아니라 입에 넣고, 먹고, 마시고, 담배를 피우는 것에 의해서도 영향을 받는다. 뇌 기능에 영향을 미치는 물질도 또한 단기적인 성격 변화를 유도한다는 것은 두말할 나위가 없다. 결국 이것들은 우리의 사고와 행동을 변화시킨다. 하지만 이것들이 미치는 효과는 무엇이며, 일반적인 성격 타입에 따라 어떻게 다르게 나타나는가?

가장 흔한 예는 배고픔(또는 혈당의 감소)이다. 배고픔은 투쟁 도피 반응과 유사한 방식으로 뇌 기능에 영향을 미치는데, 위험 감수 경향을 증가시키고(일시적으로 더 높은 외향적 성향과 더 낮은 성실한 성향) 참을성 없고 견딜 수 없게 만든다(더 낮은 친화적 성향). "행거hanger" 효과이다.

내가 가장 좋아하는 실험은 이성 커플들이 잠자기 전 매일 밤 그들의 파트너의 부두Voodoo 인형에 핀을 꽂는 연구이다. 그들은 자신들의 파트너에게 화가 더 날수록 인형에 더 많은 핀을 꽂으라는 지시를 받았다.[30] 이때 연구원들은 피험자들의 혈당 수치를 관찰하였다. 그들은 혈당 수치가 낮았던 밤에 피험자들이 인형에 더 많은 핀을 꽂는 경향이 있다는 것을 발견하였다. 만약 당신이 다이어트를 계획하거나 아침을 거르는 경향이 있다면 배고픔이 기분과 순간적 성격에 미치는 영향은 확실히 고려해야 한다.

알코올은 물질이 성격에 미치는 영향을 볼 수 있는 훨씬 더 극적인 예를 보여준다. 기본적인 수준에서 당신은 직접 알코올의 신경학적 경험을 했을 것이다. 알코올은 당신을 무절제하고 더 충동적으로 만든다. 성격적인 면에서 더 외향적 성향을 보이고 덜 성실한 성향을 보인다. 이것은 술에 안 취했을 때와 술에 취했을 때 스스로 자신의 성격을 평가하고,[31] 또한 친구에게 평가하게 함으로써 과학적으로 확인된 패턴이다.[32] 다른 연구에서는 가볍게 술에 취하는 것을 비디오로 촬영해서 피험자가 모르는 사람이 술에 취한 피험자들의 성격을 평가하도록 한다.[33]

전반적으로 이 연구는 우리가 이미 알고 있는 것을 확인시켜 준다. 즉 술에 취하면, 외향적 성향은 증가하지만 그 외의 성격 성향인 친화적 성향, 개방적 성향, 성실한 성향, 신경증적 성향(즉 정서적으로 더 안정된 것)은 감소한다. 이 연구에서 한 가지 미묘한 점은 관찰자가 음주 피험자에게서 오직 외향적 성향(특히 사교성, 주장성, 활동성의 증가)의 증가와 어느 정도의 신경증적 성향의 감소만을 지적했다는 점이다. 관찰자들은 다른 (자기 보고식) 성격 변화, 즉 덜 개방적 성향과 같은 것은 지적하지 않았다. 아마도 이런 성향은 개인적인 사고와 감정의 변화에 더 좌우되기 때문일 것이다.

알코올의 효과에 대한 대부분의 연구는 적당한 양의 알코올로 야기되는 성격 변화를 평균화해서 언급한다. 물론 우리 모두가 정확히 이와 같은 방식으로 알코올에 반응하지는 않는다. 최근에 심리학자들이 알코올이 성격에 어떤 변화를 야기하는지를 연구하였다. 그 결과 술에 취한 성격에 네 가지 주요 유형이 있다는 것을 발견하였고 각각에 재미있는 이름을 붙여주었다.[34] 자신이 어디에 해당되는지 살펴보라.

- 어니스트 헤밍웨이: 술에 취하면 남들보다 많이 변하지 않고 특히 경험과 지성에 대한 개방성을 유지한다.

- 메리 포핀스: 술에 취했을 때 매력적이지만 평소의 친화력이 특히 영향을 받지는 않는 것으로 나타났다(이 연구에서 가장 희귀한 범주였다).

- 너티 교수: 평소에 내성적이지만 술에 취하면 외향적 성향이 급격하게 증가하고 성실한 성향이 급격하게 낮아진다(인정하긴 싫지만 이게 나다).

- 하이드 씨: 술에 취했을 때 주위에 있는 것들이 불쾌하게 여겨지고, 특히 친화적 성향과 성실한 성향이 크게 저하된다—따라서 위험한 행동을 하고, 다른 사람을 공격할 가능성이 더 높다(연구 결과 이 범주에는 남성보다 여성이 더 많이 해당된다).

　　당신이 스스로에게 자신 있게 헤밍웨이나 메리 포핀스라는 딱지를 붙이기 전에 친구들이 당신을 어떻게 분류하는지 확인해 보는 것이 좋다. 우리 중 많은 사람이 술에 취한 자신의 성격에 대해 다소 의심스러운 통찰력을 가지고 있는 것이 틀림없다! 사실 수백 명의 영국 대학생을 대상으로 한 재미있는 설문조사는 최근 이런 점을 시사했다. 연구진은 학생들이 자신은 술에 취했을 때 안 취했을 때처럼 행동하는 경향이 남들보다 더 강하고, 자신을 "좋은 음주가"라고 스스로 평가하는 경향이 있다고 밝혔다. "술을 마시면 나는 매우 행복하고 함께 있으면 재미있다. 술에 취해 자신을 통제하지 못하는 다른 사람과는 다르다"는 게 자신에 대한 전형적인 평가였다.[35]

이 시점에서 자연스러운 질문은 특히 당신이 "너티 교수" 타입이고, 스스로를 일시적으로 더 외향적 성향의 사람으로 만들어서 성격을 의도적으로 변화시키기 위해 술을 사용하는 것이 합리적인지 아닌지에 관한 것이다. 물론 술의 단기적 효과는 장기적 음주로 인한 암과 결혼 파탄 등 의학적·사회적 악영향을 고려해서 평가되어야 한다. 또한 성격 변화의 측면에서 위험한 만성적 알코올 사용의 영향을 살펴본 연구는 알코올이 외향적 성향을 증가시키지만 친화적 성향, 성실한 성향의 감소 및 신경증적 성향의 증가-이런 조합은 가장 좋지 않다-를 야기한다고 보고한다.[36]

그러나 건강에 좋지 않은 알코올 의존성에 대한 심각한 문제는 제쳐두고라도 만약 당신이 단기적인 성격 변화(외향적 성향의 증가뿐만 아니라 신경증적 성향과 불안의 감소)를 유도하기 위해 알코올을 사용하는 것을 고려한다면, 알코올의 영향이 상황에 따라 다를 수 있다는 것을 생각해야 한다. 적당히 기분을 내도록 하라. 보통 적당한 알코올 소비는 기분을 좋게 하는 것으로 생각되지만, 보다 미묘한 차이가 있는 연구 결과에 따르면, 알코올의 효과는 보다 구체적이다. 즉 알코올은 우리를 현재의 상황과 더 밀접하게 연결해 주고, 보다 면밀하게 집중하게 하며 무감동한 감정 또는 골치 아픈 경험들의 영향을 덜 받게 해준다.

만약 당신이 행복한 상황에 있고, 당신이 좋아하는 것을 하며, 당신이 좋아하는 사람과 함께 한다면 이것은 좋은 소식이다. 왜냐하면 알코올은 즐거움을 북돋워 주기 때문이다. 사교적 상황에서 분명히 알코올은 사람 사이의 긍정적인 분위기를 더 북돋워 준다. 그러나 당신이 현재 우울하거나 괴로워하거나 혼자 고민하고 있다면 음주가 기분을 더 악화시킬 수 있다는 경고를 받아들여야 한다.

알코올의 진정 효과와 관련해서 고려해야 할 유사한 문제가 있다. 알코올이 주는 특히 좋은 점은 불확실성에 대한 일반적 공포감에 도움이 된다는 것이다. 이것이 알코올이 때로는 사회적 불안의 효과적인 보강재가 될 수 있는 이유이기도 하다. 그러나 이것은 당신이 알고 있는, 예를 들면 당신이 해야 하는 작품 발표회나 연설과 같은 특정한 위협에 대한 두려움을 완화하는 데 그다지 효과적이지 않다. 술 한두 잔이 대화 전에 신경을 안정시켜 줄지는 몰라도 알코올은 정신적 기능에 부정적인 영향을 미치기 때문에 당신이 해야 할 작업에 해를 끼칠 가능성이 있다.[37] 그러나 알코올은 자기를 지나치게 의식하는 것을 완화해 주기 때문에 외국어를 말해야 하는 경우에

는 도움이 될 수도 있다.[38]

또한 알코올의 단기적인 성격 효과는 성격 유형에 따라 다를 수 있다. 낯선 사람이 알코올의 혜택을 받으며 서로를 알아가는 것을 찍은 동영상 연구를 보면, 알코올이 기분을 북돋우어 주었다고 말하는 경향을 보인 사람은 바로 외향적 성향의 소유자들이었다. 외향적 성향의 사람은 알코올이 서로가 가까워지는 데 도움이 되었다고 말했다. 아마도 그들은 이미 즐길 준비가 되었고, 알코올이 그런 기분을 강화해 주었기 때문일 것이다. 내성적인 사람과 외향적인 사람에게 미치는 알코올의 영향에 대한 이러한 차이는 왜 외향적인 사람이 알코올 남용에 더 잘 빠지는지 설명하는 데 도움이 된다. 즉 외향적인 사람이 술로 인해서 더 즐거워하고 그래서 술을 더 마시게 되는 유혹을 받는다.

카페인에 사로잡히다

카페인이 세계에서 가장 널리 복용되는 "정신 각성제"라는 말을 듣는 것은 놀라운 일이 아니다. 정신 각성제는 코카인과 암페타민 같은 불법 물질을 포함해 뇌와 신경계의 활동을 증가시키는 마약의 한 종류다. 미국에서는 성인의 약 80~90%가 보통 카페인을 섭취하는데, 대부분의 경우 커피와 차에서 섭취할 뿐만 아니라 에너지 드링크와 초콜릿에서도 카페인을 섭취한다. 매일 커피를 마시는 사람-나는 지금 작가들과 학생들이 마시고 있는 것을 보고 있다-은 커피가 정신에 미치는 영향, 특히 주의력과 집중력을 증진해 주는 것과 일시적으로 성격에 영향을 미치는 것에 매우 익숙할 것이다.

　카페인은 호흡을 늦추고 혈압을 낮추는 작용을 하는 아데노신이라고 불리는 뇌 화학물질의 작용을 빠르게 차단함으로써 보통 자극적인 효과를 발휘한다. 이 화학물질을 차단함으로써 카페인은 우리를 빨리 움직이게 만든다. 수많은 문헌에 따르면, 하루에 커피를 1~2잔 마시는 정도의 적당한 양으로도 반응 시간의 강화와 장기간 집중력 유지 능력의 향상처럼 소위 낮은 수준의 정신 기능을 위로 끌어올려 준다.[39] 그리고 이런 점은 밤새워 공부하는 학생이나, 밤새워 일하는 경비원처럼 피곤함을 심하게 느끼는 사람에게는 더 현저하게 나타난다.

　이것은 단기적 성격 변화에 어떤 의미가 있을까? 카페인이 주는 이런 정신적·육체적 영향으로 인해서 성실한 성향이 일시적으로 향상되는 것은 분명하다. 만약 당신이 컴퓨터 화면의 스프레드시트 앞에서 잠이 들거나, 또는 체육관에 갈 동기를 부여하는 데 어려움이 있다면, 커피나 카페인을 기반으로 한 에너지 드링크가 당신을 도와주어서 원래 성실한 성향과 외향적 성향을 지닌 사람처럼 일시적으로 행동할 수 있을 것이다(외향적 성향의 소유자가 전형적으로 더 높은 에너지와 활동성을 가지고 있다는 점을 고려한다면).

그러나 좋은 소식이 전부는 아니다. 카페인의 효과는 그 용량에 따라 달라진다. 당신 스스로 알아냈을지도 모르지만, 만약 당신이 카페인을 너무 많이 섭취한다면 초조하고 불안해질 것이다. 짜릿함을 추구하는 외향적인 사람이 내성적인 사람보다 커피를 마시는 것의 이점을 더 많이 즐긴다는 초기 연구들이 있었다.[40] 외향적 성향의 사람은 신경 에너지의 기준점이 낮기 때문에 커피가 그들을 지나치게 불안하게 할 위험성이 적다. (만약 이것이 사실이라면 새로운 것을 추구하는 사람이 냉정함을 선호하는 내성적인 사람보다 커피를 더 많이 마시는 이유를 설명해 줄 것이다.)[41] 이후 일부 연구는 카페인의 효과와 성격 사이의 이러한 상호작용을 다시 검증하는 데 실패하였다. 그러나 적어도 사람의 주관적인 경험의 측면에서 (행동 수행에 대한 객관적 연구보다도) 성격은 카페인에 대한 태도의 차이를 설명하고 있는 듯하다.[42] 예를 들면 또 다른 연구에서는 외향적인 사람은 커피가 자신들을 더 활기차게 만든다고 말하는 반면, 신경증적 성향에서 높은 점수를 받은 사람은 커피가 자신들을 더 불안하게 만든다고 말하였다.[43]

사실 만약 당신이 매우 신경증적 성향이고 과도한 불안의 경향을 보인다면, 카페인을 너무 많이 마시는 것에 각별히 주의해야 할지도 모른다. 심지어 "카페인에 기인한 불안 장애"라고 불리는 공식적인 정신 질환도 있다. 당신이 느긋한 사람이라면, 커피를 너무 많이 마시는 것이 신경쇠약으로 이어지지는 않을 것이다. 그러나 당신이 불안에 취약한 사람이라면, 카페인이 미치는 신체적 및 정신적 영향에 더 민감할 수 있고 때로는 극단적인 신경증이나 심지어 공황 발작을 유발한다는 연구 결과도 있다.[44]

이러한 잠재적 불안 유발 효과는 '레드불'이나 '몬스터'와 같은 인기 있는 에너지 드링크에도 있는데, 이는 예전의 에스프레소와 유사하다. 에너지 드링크는 설탕의 양이 많을 뿐만 아니라 더블 에스프레소보다 더 많은 카페인을 함유하고 있으며, 미국과 영국에서는 어린이와 청소년에게 판매를 금지해야 한다는 요구가 있었다.[45]

에너지 음료에 대한 우려는 2018년 초 영국에서 한 젊은이의 부모가 자녀의 자살 원인이 에너지 음료를 하루 15캔이나 섭취했기 때문이라고 비난하면서 최고조에 달했다.[46] 이것은 그렇게 터무니없는 주장이 아니었다. 에너지 드링크와 정신 장애–이들은 대체로 신경증적 성향에서 높은 점수를 받았다– 재발의 관련성을 제기한 연구들이 있다. 그 이유는 부분적으로 카페인의 불안 유발 효과 때문이고, 또 다른 이유는 카페인이 정신과 약물의 효과를 방해하기 때문이다.[47] 또 우려스러운 것은 술과 함께 에너지 음료를 소비하는 대중적인 경향이다. 이렇게 함께 섭취하면 술에 취한 것을 과소평가하고, 더 오래 깨어 있고, 술을 더 많이 마시게 된다.

명심해야 할 또 다른 문제는 대부분의 정신과 약물과 마찬가지로 카페인을 점차 줄여나갈 때 당신의 뇌가 금단현상을 보인다는 것이다. 금단현상은 두통과 우울한 기분을 포함한다.[48] 이것은 커피의 이점이 사라진 후에 신경증적 성향이 일시적으로 증가하는 또 다른 예이다.

스페이스 케이크와
사이키델릭 여행

어떤 카페에서는 카페인만 주문 목록에 있는 것이 아니다. 나와 약혼자가 학부 논문 연구차 암스테르담에 갔을 때가 생각난다. 그리고 우리는 "스페이스 케이크"[해시 브라우니 또는 해시 쿠키는 대마로 만든 먹거리의 일종이다. 일반적인 재료인 버터, 밀가루 등과 함께 환각 효과가 있는 대마를 넣어 만든다. 마리화나 쿠키와 비슷하지만 보다 강력한 효과를 나타낸다. ―옮긴이]와 "스페이스 티"라는 지역 별미를 맛보려고 대마초를 굽고 조리하는 카페를 빨리 방문하고 싶었다.

우리는 당시 무슨 반역을 저지르는 느낌이었다. 대마초는

내 고향인 영국에서는 불법이었고 지금도 그렇다.[49] 나는 우리
가 그 모험이 시작되기를 기다리며 서로의 눈을 흥분 상태로 응
시했던 것을 기억한다. 사실대로 말하면, 처음에는 약간 실망스
러웠다. 별다른 일이 일어나지 않았다. 당시에는 몰랐지만 대마
는 흡연 대신 이런 식으로 섭취하였을 때 그 효과가 나타나는
데 훨씬 더 오래 걸린다. 그러나 아주 재미있었다. 정신이 훅 나
가는 대마의 효과를 즐기는 대신 우리는 서로의 언행에서 조금
이라도 낌새를 발견하려다가 결국은 낄낄대고 웃곤 하였다.

전 세계 수억 명의 사람이 대마초를 사용하지만, 이것은 카
페인이나 알코올과는 매우 다른 문제이다. 대마의 성분과 효과
는 훨씬 더 복잡하고 다소 신비롭다. 주요 정신 활성 화합물은 델
타-9-테트라하이드로칸나비놀delta-9-tetrahydrocannabinol(THC)
과 카나비디올cannabidiol(CBD)로 뇌와 나머지 신체 전체에 걸
쳐 카나비노이드 수용체에 개별적인 영향을 미친다. 하지만 전
형적인 마리화나 잎은 100개 이상의 다른 관련 화학물질을 함유
하고 있으며, 이들 개별 성분들은 의학이 밝혀내지 못한 고유한
정신적 및 신체적 효과를 지니고 있다. 이러한 화학적 복잡성과
다양성은 대마초의 주관적 효과가 왜 그렇게 다양한지 설명해
준다. 대마초 경험자들은 대마초가 차분함과 행복감, 시간의 느
려짐과 빨라짐을 포함하여 많은 다양한 느낌을 주고, 심지어 계
시나 희귀한 통찰력을 준다고 보고한다.

심리 실험실에서 측정한 기본적인 정신 기능 측면에서 대마초의 효과는 카페인과 극명하게 대조된다. 대마초는 기억력과 주의력의 지속과 변환 능력을 손상시킨다.[50] 장기적으로 볼 때, 일부 전문가들은 "대마초 동기 상실 증후군"과 같은 것이 있다고 믿는다. 이런 증후군의 전형적인 모습은 너무 나태해져서 어떤 것도 할 의욕을 보이지 않는 것이다. 예를 들면 수백 명의 대학생들을 대상으로 한 최근의 한 연구에서 대마초를 피운 사람과 비흡연자들을 대상으로 이들의 성격 차이를 통제한 후 조사한 결과, 대마초 사용자들이 덜 주도적이고 끈기가 없다고 보고하였다.[51] 이런 연구 결과를 성격적인 관점에서 보면, 대마초를 지속적으로 사용하면 일시적·장기적으로 성실한 성향을 손상시킬 것이라는 의미로 볼 수 있다.

대마초를 다른 약물과 함께 복용하면 물론 그 위험성은 배가된다. 이런 생활 방식이 아주 흔한 로큰롤의 세계는 놀랍게도 마약 복용이 성격에 어떻게 악영향을 미칠 수 있는지에 대한 끊임없는 일화를 제공한다. 예를 들면 수년 동안 과음하고, 대마초를 피우고, 헤로인을 복용한 롤링 스톤스의 찰리 와츠는 《뉴욕 타임스》에 그의 마약 복용이 사랑하는 이들에게 얼마나 "악몽"이었고 어떻게 자신의 "성격이 완전히 변해버렸는지"에 대해서 말한다.[52]

공평하게 말하자면, 대마초가 음악의 세계에서 창조성을

높인 것을 포함해서 많은 긍정적인 효과를 발휘했음을 보여주는 일화도 있다. 예를 들면 비치 보이스의 공동 설립자인 브라이언 윌슨은 그의 대표적인 1996년 앨범 〈펫 사운즈Pet Sounds〉를 내는 데 마리화나의 도움을 받았다고 말했다. 그는 2015년에 덴버에 본사를 둔 음악 웹사이트인 '노우Know'에서 다음과 같이 말했다. "나는 〈러버 소울Rubber Soul〉을 듣고 마리화나를 피웠는데 너무 놀라 피아노로 가서 친구와 함께 〈하나님만이 아는God Only Knows〉이라는 곡을 썼다."[53]

　　일부 연구는 대마초가 이렇게 급성적 정신 고양 효과를 가지고 있다는 생각을 뒷받침한다. 특히 평소에 폐쇄적인 성격인 사람에게 경험에 대한 개방적 성향을 일시적으로 고무시킬 수 있다.[54] 또 다른 연구에 따르면, 대마초를 하지 않을 때 대마초 사용자들이 비사용자들보다 창의성 시험에서 더 좋은 성과를 거두며, 대마초가 경험에 대한 개방성에 더 지속적인 영향을 줄 수 있다고 한다. 최근의 연구 결과에서는 이미 더 개방적인 마음의 소유자들이 대마초를 더 많이 사용하는 것 같다고 한다.[55] 동일한 연구에서 대마초 사용자가 비사용자에 비해 외향적 성향을 더 보이지만 덜 성실한 성향을 보인다는 결과를 또한 발표하였다.

　　대마초가 불안감에 미치는 영향 면에서, 일부 신경증적인 사람은 대마초가 도움이 된다고 말하지만 아직까지는 대마초가 불안 문제를 해결한다는 증거는 없다.[56] 대마가 복합적인 작용을 야기하는 이유 중 하나는 대마를 어디에서 얻느냐에 따라 그 체험이나 강도가 화학적으로 크게 달라지기 때문이다(미국 마약 단속국에 따르면, 최근 수십 년간 오락용 대마초의 강도가 급격히 증가했다는 점에 주목할 필요가 있다).[57] 대마초의 작용 효과는 자신의 성격(정확하게 연구된 것은 아니지만), 기대, 그리고 얼마나 자주, 오래 사용하는지에 따라서도 달라진다.

대마초 정신 건강 효과에 대한 보고서의 저자인 미국 워싱턴 대학의 심리학자 수전 스토너는 여러 가지 사실을 잘 요약하여 최근《바이스》에 다음과 같이 말하였다. "불안이라는 측면에서 어떤 종류의 대마초가 어떤 특정한 사람에게 어떤 영향을 미칠지 아는 것은 전적으로 추론에 불과하다."[58] 진정 효과를 원한다면 많은 CBD와 적은 TBH가 배합된 대마초를 피워야 한다는 조언이 있지만, 과학적 이론을 근거로 한다면 일시적이든 장기적이든 간에 신경증적 성향을 줄이기 위해 대마초를 사용하는 것은 분명히 도박을 하는 것이다.

성격에 강력한 영향을 미치는 또 다른 종류의 마약으로는 LSDLysergic ergic acid diethylamide (일명 애시드acid라고도 함), 실로시빈psilocybin ("마법 버섯"에서 발견), 케타민 및 엑스타시라고도 불리는 메틸렌디옥시-엔-메틸암페타민(MDMA)이 있다.

환각제들은 의식을 바꾸고 환각을 자극한다. 신경 수준에서 환각제는 뇌의 "엔트로피"의 수준을 증가시키는데, 이것은 뇌의 다양한 영역들에 걸쳐 동기화는 덜 되고 예측 불가능성은 커진다는 것을 의미한다. 이러한 변화는 새로운 학습을 촉진하고 낡은 사고 습관의 해체를 야기하는 것으로 보인다. 그들은 또한 자기 성찰과 자의식에 관여하는 두뇌의 이른바 기본 모드 네트워크의 활동량을 줄인다. 이것은 자아의 해체로 이어져 세상과의 일체감을 촉진한다고 생각된다. "내가 해변의 모래알처럼 느껴졌습니다. 사소한 수준에서는 별거 아닐 수도 있지만, 무척 본질적으로 여겨졌어요"라고 처음으로 환각제를 사용한 사람이 말하였다.[59]

개념적인 정의로 말하자면, 이런 약물로 인해서 사용자가 세상을 다르게 보게 되는 방식은 경험에 대한 개방적 성향이 일시적으로 증가된 것에 기인한다. 실제로 마법 버섯과 관련된 연구에서 성격 특성 측면에서 "대인관계의 친밀감, 감사함, 삶의 의미 또는 목적, 죽음 초월성, 일상적 영적 경험, 종교적 믿음과 대처"의 증가를 포함하여 최소 6개월 동안의 성격 변화를 보고했다. 성격 특성에서 말하면 개방적 성향의 증가, 신경증적 성향의 감소, 친화적 성향의 증가이다.[60] 피험자의 절반 이상이 마약을 할 당시를 "인생에서 영적으로 가장 중요한 단 한 번의 경험"이라고 설명하였다.[61] 최근의 다른 연구들에서는

MDMA가 심리치료의 효과를 증가시키는 데 도움을 줄 수 있고, 이것은 개방적 성향을 증가시켜 이전의 충격적인 경험을 새로운 시각으로 볼 수 있게 도와주기 때문이라고 하였다.[62]

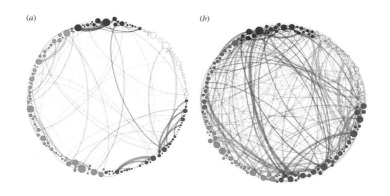

● 정상 뇌(a)와 실로시빈의 영향을 받은 뇌(b)에서 신경 연결성을 보여주는 2014년 연구의 단순화된 이미지이다. (b)에서 일반적으로 연결되지 않는 뇌의 다양한 영역 간에 더 활발한 소통이 이루어진다. 이러한 뇌의 변화는 열린 마음과 자아 해체를 포함한 사이키델릭 트립으로 야기된 성격의 중대한 변화를 뒷받침하는 것으로 보인다. 출처: Reproduced from Giovanni Petri, Paul Expert, Federico Turkheimer, Robin Carhart-Harris, David Nutt, Peter J. Hellyer, and Francesco Vaccarino, "Homological Scaffolds of Brain Functional Networks," Journal of the Royal Society Interface 11, no. 101 (2014): ID 20140873.

그러나 환각제들은 대부분의 나라에서 불법이다. 연구 목적으로 사용하는 경우는 신중하게 조절된 양의 약을 사용하는 반면, 기분 전환용으로 환각제를 사용하는 경우는 복용량을 조절하기 훨씬 더 어렵다는 것을 기억하라. LSD, MDMA, 버섯은 플래시백부터 탈수, 불안까지 다양한 부작용을 동반한다.[63] 물론 "배드 트립bad trip"의 위험은 심각하다. 특히 "안내자"가 없거나 신경증적 성향이 높은 사람의 경우는 더욱 그러하다.[64] 또한 치료적 연구와 장기간의 성격 변화 연구에서는 피험자들이 단순히 약만 복용하는 것이 아니라 안내자로서 훈련된 치료사와 상담가의 강력한 지원을 받는다. 사실 버섯 연구 역시 명상과 영적 훈련도 포함된다. 이 분야의 수행자들은 오랫동안 마음의 틀과 같이 올바른 "구조"를 확립하는 것이 환각제의 경험을 통합하는 데 중요하다고 언급한다. 그러므로 이런 연구를 바탕으로 LSD나 관련 마약을 좀 더 열린 마음의 성격으로 가는 쉽고 빠른 길로 보는 것은 실수일 것이다.

좀 더 개방적인 성격을 발달시키기 위한 더 안전한 접근법은 마약 없이 환각제가 주는 고양된 마음의 효과를 정신적으로 재현하는 것일 수 있다. 명상 수행을 하는 사람은 종종 현실과의 관계를 영원히 바꾸는 지복이나 초월의 순간들을 보고한다. 그러한 절정경험은 자연에서 올 수도 있다. 산 정상에서 경치를 보는 것(특히 그곳에 가기 위한 도전이 당신에게 새로운 것을 가르쳐 준다면),[65] 또는 스쿠버 다이빙을 하는 동안 열대어의 화려한 모습을 목격하는 것은 당신을 영원히 변화시키기에 충분할 수도 있다. 어떤 마약도 필요하지 않다.

누구도 섬이 아니다

이 장에서 얻은 교훈은 두 가지이다. 첫째, 우리의 성격은 진공 속에 존재하지 않는다는 점이다(그보다는 우리와 함께 있는 사람과 우리가 맡은 역할에 의해 형성된다). 둘째, 우리의 성격적 특성이라는 것은 행동과 감정이 장기적으로 드러나는 모습이라 할 수 있지만, 특히 강력한 상황에서 그리고 정신작용을 하는 약물을 먹는 경우 변화한다는 점이다.

상황과 성격 사이의 이러한 역학 관계는 성격과 감정이 소셜 네트워크를 통해 어떻게 전염병처럼 퍼질 수 있는지를 보여주는 연구를 잘 이해하게 해준다. 예를 들면 어떤 연구에서는 당신의 친구들이 행복하다면 당신도 더 행복할 가능성이 높다는 것을 보여주었다(낮은 신경증적 성향과 높은 외향적 성향). 그리고 심지어 당신 친구의 친구들의 감정조차도 당신에게 영향을 미친다.[66] 이와 마찬가지로 무례하고 불쾌한 친구 문화는 당신의 성격을 이런 분위기와 동일하게 변화시켜서 당신 역시 짜증스럽고 참을성이 없어질 가능성이 더 높다.[67]

다행스럽게도 감정과 행동의 긍정적인 변화에도 같은 원리가 적용된다. 예를 들면 고도로 집중된 동료 옆에 있는 것은 당신의 성실한 성향을 향상시킬 수 있다. 또한 직장에서 더 많은 사람이 긍정적인 행동-다른 사람을 위해 호의를 베풀며 전력을 다 하는 행동 – 을 하게 되면 이것은 주는 사람이나 받는 사람에게 서로 이익이 될 뿐만 아니라 이타적인 행동은 전염성이 있어서 첫 번째 받는 사람이 다른 사람에게 주기 시작한다.[68] 다시 말해서, 무례한 동료 문화가 성격을 걸러내고 형성할 수 있는 것처럼 친화적인 직장(이것은 가족이나 팀 문화에도 적용된다)도 마찬가지로 긍정적인 방향으로 성격을 형성할 수 있다.[69] 이러한 긍정적인 역학 관계는 부부관계에서도 일어난다. 또 다른 연구에서 한 사람이 사무실에서 좋은 하루를 보내고 집에 돌아왔을 때 이러한 기분이 가족들에게 좋은 영향을 주었고, 결국 하루를 마무리하면서 그 사람의 자존감을 상승시켰다.[70]

오늘날 고려해야 할 또 다른 요인은 현재 우리가 처한 많은 상황들과 우리가 함께 있는 친구가 물리적인 것이 아니라 가상의 것이라는 점이다. 예를 들면 트위터나 페이스북에서 30분 동안 트롤[부정적이거나 선동적인 글 및 댓글을 인터넷에 게재하는 사람. ㅡ옮긴이]과 말다툼을 한다면, 이로 인해서 당신의 기분과 성격은 일시적으로 강한 영향을 받을 것이고, 아마 더 신경증적 성향을 보이고 덜 친화적이 될 것이다. 그러나 이 분야에 대한 연구 결과는 혼재되어 있다. 어떤 연구는 소속감 증가 같은 장점을 상세하게 설명하고, 또 다른 연구는 완전히 반대되는 결과를 보여준다. 하지만, 만약 당신이 자신을 화나게 한 사람 혹은 당신이 부러워하는 사람의 사회적 피드백을 추적하는 데 시간을 보낸다면 이것은 당신의 단기적 기분과 감정에 해로운 영향을 미칠 수 있다. 이런 행동을 지속한다면, 그것은 결국 성격에 만성적인 영향을 미치게 된다.

우리가 물리적 상황에 대해 이야기하든 가상 상황에 대해 이야기하든 그 함축하는 의미는 동일하다. 즉 당신이 자신을 변화시키고자 한다면, 그리고 기분과 행동에 영향을 미치는 사회적 및 주변적 상황을 잘 인식하고 있다면, 당신이 원하는 바로 그런 사람이 되는 것이 훨씬 더 쉬워질 것이다. 왜냐하면 어떤 외적인 압력이 장기간에 걸쳐 축적되어 당신의 성격을 형성하기 때문이다. 경고처럼 들리지만, 여기에 낙관적인 메시지가 있다. 당신이 어디를 향해서 가고, 누구와 어울리고, 무엇을 하는지에 대해 더 전략적이고 사려 깊게 생각하면 자신의 변화를 이룩하는 데 스스로 엄청난 노력을 기울이게 될 것이다.

성격을 바꾸기 위한 10가지 실행 가능한 단계

신경증적 성향 줄이기

거의 모든 사람이 가끔 불안을 느끼지만 사람에 따라 불안의 강도는 다르다. 불안을 이겨야 할 적으로 보기보다 동기부여의 친구로 보는 연습을 하라. 불안을 준비과정이라고 여기고 자신을 위해 작동시켜라. 실제로 작업장 또는 스포츠 경기에서 최적의 결과는 훈련과 불안의 결합에서 온다.

화가 나거나 짜증이 나거나 피가 끓어오를 때, 벽 위의 파리처럼 3인칭 시점으로 상황을 그려보라. 이렇게 정신적 거리를 두는 것이 분노를 줄이고 이성을 잃지 않도록 도와준다.

외향적 성향 늘리기

불편함을 느끼게 하는 사회적 상황에 직면할 때 불편함에 수반되는 이런 신체적 감각을 억제하기보다는 흥분으로 재해석해 보자. 인지 재평가로 알려진 이 기술은 파티와 다른 사회적 행사에서 자신을 더 즐기도록 도와줄 수 있다.

외향적인 것은 이야기를 잘하고 사교적인 것뿐만 아니라 좀 더 활동적이 되는 것이다. 즐거운 활동을 생각해 보라. 다음번엔 별 일 없이 빈둥거리고 있을 때 밖에 나가서 산악자전거 타기, 정원 가꾸기, 자원봉사와 같은 즐거운 활동을 해보라.

성실한 성향 늘리기

단기적인 목표와 과제가 장기적인 목표와 삶의 가치와

힘든 일에 직면했을 때 존경하는 인물이 그것을 한다고 상상해 보라.

어떻게 연결되어 있는지를 적어두는 주간 습관을 만들어 보라. 오늘 쏟은 노력과 미래의 보상이라는 연결고리를 볼 수 있을 때 성실한 성향은 성장할 것이다.

실제 인물일 수도 있고 배트맨 같은 가상의 인물일 수도 있다. 최근의 한 연구는 어린이들이 배트맨 역할을 하였을 때 숙제에 더 많은 시간을 할애할 수 있다는 것을 밝혀냈다. 아마도 그 이유는 이렇게 자신과의 거리를 두는 것이 산만함을 견디고 장기적인 목표를 우선시하기 때문일 것이다.[71] 만약 그것이 아이들에게 효과가 있다면, 그것을 하지 않을 이유는 없다.

친화적 성향 늘리기

매주, 과거에 자신을 나쁘게 대한 사람을 생각하고 용서하라. 그리고 그 사람에게 아무런 책임이 없다고 명백하게 선언하라. 윤리적 이유들은 제쳐두고라도 용서의 습관은 정신 및 신체적 편안함을 주고 친근하고 이타적인 행동 성향을 증가시켜 준다.

연구자들은 얼간이로 살아가지 않기 위해서 피해야 할 자기태만의 네 가지 습관을 밝혀냈다. (1) 기분 나쁠 칭찬을 하지 않는다. (예: "당신은 여자에게 강합니다.") 이런 것은 무시하는 말로 들릴 수 있다. (2) 겸손하게 자랑하지 말라. (예: "체육관에서 너무 많은 근육을 만들어서 다른 옷을 입어야겠다.") 사람들은 그저 그것을 자랑으로만 본다. (3) 위선자가 되지 말라. (예를 들면 휴가를 떠나기 전에 기후 변화에 대해 떠들지 마라.) (4) 자만심에 저항하라. (다른 사람을 비하하기보다는 자신의 성공과 과거의 성과를 비교하는 것이 낫다.)

개방적 성향 늘리기

그렇게 할 수 있는 능력이 있다면, 세계 각지의 낯선 장소를 방문하라. 새로운 시각, 소리, 냄새, 일상이 개방성을 증가시킬 것이다.

대부분의 시간을 함께 보내는 사람들에 대해 생각해 보라. 연구에 의하면, 위협을 느끼고 존중받지 못한다고 느낄 때 자신의 신념에 더 엄격하게 매달리거나, 실제로 아는 것보다 더 아는 척한다고 한다. 이와는 대조적으로 신뢰받고 존중받는다고 느낄 때 자연히 융통성 있고 열린 마음을 가질 준비가 더 잘 될 것이다.

5장

변화를
선택하기

내가 동료 학생 매트에게 미안함을 느끼기 시작한 것은 대학교 1학년 때였다. 그는 친구도 사귀지 않았고, 몹시 외로워했다. 그의 기숙사가 캠퍼스의 변두리에 있었기 때문이라는 데에는 의심의 여지가 없지만, 그의 성격도 한 요인이라는 것을 느낄 수밖에 없었다. 솔직히 말해서, 그는 극도로 내성적이고 지루했다.

　나는 매트가 너무 슬프고 외로워 보여서 몇 번 같이 놀곤 했다. 그는 나에게 아주 좋은 시간을 보냈고, 마지막으로 단둘이 함께 했던 때를 절대 잊지 못할 것이라고 말했다. 그는 앞으로 맥이 빠져서 지내지 않을 것이며 더 사교적이 되도록 자신을 변화시킬 결심을 했다고 하였다. 나는 회의적이었다. 그 당시 나는 마음속 깊이, 다른 많은 이들이 그러했던 것처럼, 사람이 정말로 변화할 수 있다고 생각하지 않았다.

하지만 그것이 내가 이전의 매트를 본 마지막 날이었다. 그때부터 그는 항상 친구들 무리에 둘러싸여 있었고 캠퍼스나 바에서 일하였다. 그는 항상 행복하고 외향적인 것 같았고, 대부분 다른 사람과 함께 웃고 있었다. 그는 변했거나 적어도 그렇게 보였다. 그의 행복은 그리 놀랄 일이 아니다. 외향적 성향의 사람은 내성적 성향의 사람보다 평균적으로 더 행복한 경향이 있다. 사실 내성적인 사람은 종종 외향적인 방식으로 행동함으로써 얼마나 많은 기쁨을 얻을 수 있는지를 과소평가한다.[1]

매트의 이야기가 믿기 어려운가? 그래선 안 된다. 일정한 정도의 성격 변화는 일반적인 현상이다. 성격 특성은 주위 환경과 주위 사람, 또한 결혼과 이민 같은 극적인 사건들에 의해 형성된다. 그리고 세월이 흘러 나이가 들면서 서서히 성숙해진다.

물론 바람 속에서 몸부림치는 배처럼 수동적으로 일어나는 성격 변화와 의도적인 의지적 행동을 통해 일어나는 변화 사이에는 여전히 차이가 있다. 이것은 흥미롭지만 어려운 질문을 제기한다. 만약 당신이 성격의 가소성을 활용하여 특정한 방법으로 자신을 변화시키기로 결정한다면 어떨까? 만약 매트의 이야기가 동떨어진 경우가 아니고, 특정한 활동을 하거나 삶의 중요한 선택을 함으로써 자신의 성격을 형성하고, 더 외향적 성향으로, 또는 더 차분하고 더 성실한 성향이 되기로 선택한다면 어떨까? 정말로 타고난 천성을 변화시킬 수 있을까?

변화의 사례

이 주제에는 개인적인 호기심이나 과학적인 호기심 이상의 무언가가 있다. 1장에서 논했듯이, 많은 연구들은 당신의 성격 특성이 삶의 전개 방식에 어떤 영향을 미치는지 보여준다. 외향적 성향인 사람은 내성적 성향의 사람보다 더 행복한 경향이 있지만, 또한 알코올과 약물 문제에 관련될 경향이 높다. 아주 신경증적 성향인 사람은 정신 건강 문제나 신체 질병에 걸릴 위험이 평균보다 더 높다. 실제로 30년 이상 동일한 그룹의 사람을 추적한 최근 스위스의 연구에 따르면, 외향적 성향이 낮고 신경증적 성향이 높은 사람이 연구 기간 동안 우울과 불안을 보일 확률이 6배나 높았다.[2]

그리고 당신의 성실한 성향의 수준은 적절한 식사와 규칙적인 운동처럼 건강한 행동을 지속할 가능성에 영향을 미친다. 만약 당신이 좀 더 성실한 성향의 소유자이고, 양심적이라면 교육과 직업 면에서 더 잘할 가능성이 높다. 좀 더 성실하고 개방적인 성향은 알츠하이머 치매에 걸릴 위험도 줄일 수 있다. 더욱이 연구 결과는 성격 특성이 나쁜 일이 일어날 위험에 영향을 미칠 수 있다고 보고하고 있다. 어떤 경우에는 악순환을 이루기도 하는데, 그런 불행한 사건들이 좋지 않은 방향으로 당신의 성격을 형성할 가능성이 있기 때문이다. 예를 들면 2장에서 논의했듯이 신경증적 성향에서 더 높은 점수를 받고 친화적 성향이 더 낮은 사람은 이혼할 가능성이 더 높다. 결과적으로 이혼을 하게 되면 외향적 성향은 낮아지고 더 고립된다. 마찬가지로 만약 당신이 성실한 성향이 낮다면 실직할 가능성이 높고, 실직은 또다시 성실한 성향을 줄이게 될 것이다.

주요 성격 특성이 건강 및 웰빙과 어떻게 연결되는가

	심리적으로 건강한 성격 a	웰빙과 강하게 연결된 성격 측면들 b	신체적 건강과 연결된 성격 측면들
신경증적 성향	낮은 신경증적 성향, 특히 걱정, 분노, 우울감, 충동성, 취약성	낮은 신경증적 성향과 연관하여 사회적 위축의 정도가 낮음(즉 쉽게 절망하거나 당황하지 않음).	높은 신경증적 성향은 건강하지 않은 장내 세균, 높은 혈압과 연관되어 있음.

외향적 성향	높은 외향적 성향, 특히 따뜻함과 행복감(그리고 다른 긍정적인 감정들)	외향적 성향과 연관된 높은 열정 (친숙함, 따뜻함과 연관되어 있음)	높은 외향적 성향은 다양한 장내 세균과 연관되어 있음(더 나은 건강의 표식), 그러나 또한 중독의 위험성도 높음.
개방적 성향	경험에 대한 높은 개방적 성향, 특히 자신의 감정에 대한 주의 깊음.	개방적 성향과 연관된 높은 지적 호기심(새로운 사고방식에 대한 개방성과 깊은 관심)	높은 개방성은 만성 염증의 낮은 수치와 연관되어 있음.
친화적 성향	높은 친화적 성향, 특히 정직함, 솔직함과 연관되어 있음.	친화적 성향과 연관된 높은 공감능력(타인에 대한 감정이입과 관심을 가짐)	낮은 친화적 성향은 심혈관계 질환의 높은 위험성과 연관되어 있음.
성실한 성향	높은 성실한 성향, 특히 자신감과 자제력을 가짐.	대단한 근면성 (투지, 결정력, 야망), 성실한 성향과 연관되어 있음.	높은 성실한 성향은 낮은 코르티솔 (스트레스의 생물학적 지표), 낮은 만성염증, 건강한 장내세균과 연관되어 있음.

- a: 137명의 성격 연구 전문가의 합의에 기반을 두고 있다. Wiebke Bleidorn, Christopher J. Hopwood, Robert A. Ackerman, Edward A. Witt, Christian Kandler, Rainer Riemann, Douglas B. Samuel, and M. Brent Donnellan, "The healthy personality from a basic trait perspective," Journal of Personality and Social Psychology 118, no. 6 (2020): 1207.
- b: 웰빙 측정 항목에 속하는 것은 행복감, 개인적 성장, 자기수용과 삶의 목적과 의미이다. Jessie Sun, Scott Barry Kaufman, and Luke D. Smillie, "Unique associations between big five personality aspects and multiple dimensions of well-being," Journal of Personality 86, no. 2 (2018): 158–172.

특히 놀라운 것은 많은 경우 성격 특성은 당신의 삶, 특히 건강, 수명, 혈압에 영향을 미치는데, 이것은 평소에 우리가 성격에 중요한 영향을 미칠 거라 예상하는, 태어난 가정의 부유함이나 가난, 지능과 비슷하거나 더 큰 영향을 미친다는 사실이다.

우리는 정치인들에게서 경제 계획이나 공공 의료 정책에 대해 많이 듣는다. 그러나 유익한 성격 특성을 발달시키는 것을 돕는 것에 대한 논의는 거의 없다. 이런 경향이 변화하기 시작하는 징후들-예를 들면 학교에서 "성격 기법"을 가르치자는 목소리가 커지고 있다-이 있지만, 여전히 인간의 삶에 있어 성격 특성이 얼마나 중요한지에 대한 인식은 놀라울 정도로 낮다.

성인기를 포함하여 유익한 방법을 통해서 의도적으로 성격을 바꾸는 것이 정말로 가능한지 알아보기 전에 한 걸음 뒤로 물러서서 생각해 보자. 다른 성격을 갖고 싶다는 것이 자연

스러운 것인가? 이것은 우리 대부분이 받아들여야 하는 문제인
가? 아니면 이미 우리 대부분이 변화를 갈구하고 있는 것인가?

달라지고 싶은 것이
자연스러운 것인가?

우선 당신은 어떤가? 다음의 짧은 성격 테스트는 자신의 성격
을 바꾸고 싶은지 또한 어떤 방식으로 바꾸고 싶은지를 빅5의
성격 특성으로 나누어 밝혀줄 것이다.[3] 왼쪽의 개별적 설명을
읽은 다음, 언급된 사람과 어느 정도 다소 비슷해지기를 원하
는지, 또는 현재 그런 성격이라서 행복하다고 생각되는 항목
에 점수를 매기면 된다.

당신은 자신의 성격적 특성에 얼마나 만족하십니까?

	매우 그러고 싶다 (2점)	좀 더 그러고 싶다 (1점)	지금의 나에 만족한다 (0점)	덜 그러고 싶다 (-1점)	매우 덜 그러고 싶다 (-2점)
1 나는 좀 더 말을 많이 하길 원한다.					
2 나는 좀 더 생생한 상상력을 갖길 원한다.					
3 나는 너그러운 마음을 갖길 원한다.					

4 나는 믿음직한 직원이 되길 원한다.					
5 나는 편안하고 스트레스를 잘 다루는 사람이 되고 싶다.					
6 나는 에너지가 가득 찬 사람이 되고 싶다.					
7 나는 대체로 신뢰받는 사람이 되고 싶다.					
8 나는 일을 효율적으로 처리하는 사람이 되고 싶다.					
9 나는 창의적이고 싶다.					
10 나는 정서적으로 안정되고 쉽게 화내지 않는 사람이 되고 싶다.					
11 나는 자기주장을 하는 성격을 갖고 싶다.					
12 나는 다른 사람과 협력하는 것을 좋아하고 싶다.					
13 나는 계획을 세우고 계획대로 실천하는 사람이 되고 싶다.					
14 나는 여러 가지에 호기심을 갖고 싶다.					
15 나는 긴장된 상황에서도 침착한 사람이 되고 싶다.					

채점방법

- 1, 6, 11번 항목을 더하라. (각 항목은 +2점에서 −2점까지 있다는 점을 상기하라). 점수 범위는 −6점에서 +6점 사이에 있을 것이다. 합산 점수가 높으면 높을수록 더 외양적인 성향을 가지기를 원하는 것이다.

- 2, 9, 14번 항목을 더하라. 역시 −6점과 +6점 사이에 있을 것이다. 합산 점수가 높으면 높을수록 더 개방적인 성향을 가지기를 원하는 것이다.

- 3, 7, 12번 항목을 더하라. 역시 −6점과 +6점 사이에 있을 것이다. 합산 점수가 높으면 높을수록 더 친화적인 성향을 가지기를 원하는 것이다.

- 4, 8, 13번 항목을 더하라. 역시 −6점과 +6점 사이에 있을 것이다. 합산 점수가 높으면 높을수록 더 성실한 성향을 가지기를 원하는 것이다.

- 5, 10, 15번 항목을 더하라. 역시 −6점과 +6점 사이에 있을 것이다. 합산 점수가 높으면 높을수록 더 정서적인 안정감(또는 덜 신경증적 성향)을 가지기를 원하는 것이다.

각 특성에 대해 점수가 0이면 자신의 모습에 만족한다는 것을 알 수 있다. 당신의 점수를 여러 특징에 걸쳐 비교해 보면, 전반적으로 얼마나 자신의 성격에 만족하고 있는지 그리고 당신이 가장 바꾸고 싶고 가장 원하지 않는 특성들을 볼 수 있을 것이다. 테스트 결과가 당신이 변화하고 싶은 욕망을 품고 있다는 것을 보여주었든지 아니면 당신이 있는 그대로의 모습에 만족하고 있다는 것을 보여주었든지 간에 자신의 (불)만족 상태가 일반적인지 궁금해할지도 모른다.

대부분의 사람이 아마도 자신의 성격에 만족하고 있을 것이라고 예측하는 데는 타당한 이유가 있다. 연구에 따르면, 우리 대부분은 운전 기술부터 친구의 수까지 평균보다 더 낫다고 믿는다. 이것은 "워비곤 호수 효과Lake Wobegon effect"로 알려지게 된 현상으로, "여성은 강하고 남성은 잘생기고 모든 아이들은 평균 이상"이라는 개리슨 케일러의 가상의 마을에서 이름 붙여진 것이다. 심지어 수감자들조차도 자신들이 일반 대중의 평균적인 사람보다 더 정직하고 신뢰할 수 있다(빅5의 친화적 성향과 관련하여)고 믿는다![4] 그런데 당신이 이미 똑똑하다면 왜 그 완벽한 것을 망치는가?

만약 테스트 결과, 자신이 변화하기를 열망하고 있다는 것으로 나타났다면 이런 생각을 하는 것은 당신 혼자가 아니다. 최근의 조사에 따르면, 우리 중 상당수는 성격 변화에 대한 환상을 품고 있는 것으로 나타났다. 예를 들면 어바나 샴페인 Urbana-Champaign에 있는 일리노이 대학의 심리학자들이 학생들을 대상으로 실시한 조사에서 거의 모든 학생들(97% 이상)이 적어도 어떤 면에서는 자신의 성격이 달라지기를 바란다고 말했다.[5]

미국 학생들만이 아니다. 영국, 이란, 중국 젊은이들을 대상으로 한 설문 조사도 매우 유사한 결과가 나왔다.[6] 그리고 변화를 원하는 것은 순전히 젊은 사람의 욕망만이 아니다. 18세에서 70세까지 거의 7천 명의 데이터가 'www.

PersonalityAssessor.com'라는 웹 사이트를 통해 수집되었다. 무료 성격 테스트를 받을 수 있는 이 웹 사이트에서 가장 나이가 많은 참가자들 중에도 78%가 다른 성격이 되기를 원한다는 것을 발견했다.[7] 성격 변화에 대한 욕망은 순전히 서구적인 현상이나 젊음에 집착해서가 아니라 인간으로서 공통적인 부분인 것 같다.

성공적인 성격 변화의 3대 기본 원칙

취리히 대학의 성격 전문가들이 최근 밝힌 바와 같이 의도적인 성격 변화를 위한 증거 기반 접근법의 세 가지 기본 원칙을 생각해 보자.[8]

- 행동을 변화시키려는 의지와 의도
- 성격의 유연성에 대한 믿음
- 행동 변화가 습관화될 때까지의 지속성

첫째로 성격 특성과 연관해 일정하게 행동을 변화시키려는 의도가 있어야 한다. 예를 들면 낯선 사람에게 더 친근하게 대하거나 직장에서 더 말을 많이 하는 것과 같은 것이다. 이런 행동은 그 자체로서 목적이 될 수도 있지만, 승진이나 지역사회의 아동 후원 등과 같은 더 높은 목표를 위한 단계가 될 수도 있다. 여기서 근본적이면서도 상식적인 핵심은 의도적인 성격 변화를 위해서는 스스로 행동을 변화시키려는 명확한 목표가 있어야 한다는 점이다.

이런 이유는 성격을 변화시킨다는 것이 너무 모호하게 들리기 때문이다. 결국 신경증적 경향이나 외향적 성향과 같은 성격 특성에 대한 개념들은 단순히 장기간에 걸친 당신의 성향과 평균적인 행동 패턴을 묘사하는 단어일 뿐이다. 성격 변화도 다이어트와 운동처럼 목표를 구체적으로 설정할수록 성공할 가능성이 높다("나는 화요일 저녁에 달리기로 한다"가 "나는 달리기를 좀 더 해야겠다"보다 더 효과적인 계획이다). 그러므로 매일 적어도 한 번은 낯선 사람과 이야기를 나누거나, 적어도 일주일에 한 번은 동료들과 퇴근 후 술을 마시기 시작하는 구체적인 계획을 세우는 것이 좀 더 외향적 성향이 되겠다는 추상적인 야망보다 성공할 가능성이 더 높다(팬데믹의 시대에는 친구나 동료와 함께 바깥으로 산책을 나가려는 계획을 세우거나, 비공식적인 줌 모임을 갖는 것도 고려하라).

두 번째 기본 원칙은 의도적인 성격 특성의 변화를 달성하기 위해서는 성격의 변화를 야기하는 데 필요한 바로 그 행동의 변화를 이룰 수 있다고 믿어야만 한다.[9] 이것은 "자신을 믿는 것이 이미 반 이상 한 것이나 다름없다"는 진부한 문구처럼 약간은 상투적으로 들린다. 하지만 사실 자신의 성격 특성과 능력의 유연성에 대한 믿음의 중요성은 심리학자인 캐롤 드웩의 영향력 있는 연구에서 여러 번 입증되었다. 성격 특성과 변화의 능력을 유연하게 보는 사람은 "성장하려는 마음 자세"를 가진 것으로 간주된다. 그리고 그런 사람은 상황이 어떻게 돌아가든지 그 상황에 수동적으로 굴복하기보다는 더 노력하고 해결책을 찾아서 삶의 장애물을 극복하려는 경향이 있음을 드웩은 보여주었다.[10]

이것은 의지력에 대해서도 비슷한 이야기이다. 연구 결과는 의지력이 무한하다고 믿는 사람이 과중한 도전으로부터 더 빨리 회복하는 경향이 있다는 것을 보여준다. 사실 정신적인 노력의 중요성을 널리 인식하는 인도에서 수행한 최근의 한 연구는 대단한 정신적 과업을 이룩하는 것이 그 다음 과업을 수행하는 능력을 증강시킨다는 것을 보여주었다. 이것은 또다시 자신의 심리를 형성하는 데 마음의 자세와 신념의 중요성을 보여준 것이다.[11] 그리고 그것은 성격에 대한 믿음에서도 마찬가지이다. 드웩이 아동을 대상으로 한 연구에서 공격성에 대한 유연함(빅5 성격 특성 중 친화적인 성향, 성실한 성향과 관련성이 있다)을 배우게 되면 뒤이어 공격성이 쉽게 줄어드는 효과를 발휘한다는 것을 밝혔다.

만약 당신이 자신의 성격을 바꾸거나 누군가의 성격 변화를 돕는 일에 관심이 있다면 교훈은 간단하다. 의도적인 성격 변화의 행동에 이르는 핵심에 들어가기 전에 중요한 첫 번째 단계는 어떻게 그러한 변화가 가능하고 달성 가능한지를 인식하고 배우는 것이다. 사실 당신이 성격의 변화를 얼마나 성공적으로 이룩했는가와 상관없이 성격 변화가 가능하다는 마음의 자세를 북돋우는 것이 도움이 될 가능성이 높다.[12]

당신이 이런 생각을 할 수 있도록 돕기 위해서는 다음과 같은 사실을 기억하라. 즉 비록 당신의 성격이 부분적으로 부모님으로부터 물려받은 유전자에 뿌리를 두고 있지만, 유전자에 의해서만 결정되지 않는다는 것이다(거칠게 말하자면, 약 50% 정도 결정된다). 달리 말하면, 당신의 유전적 특성은 일종의 공장 세팅과 약간 비슷하다. 그렇다, 유전자는 삶에서 특정한 방식으로 행동하도록 부추기지만 노력, 헌신, 올바른 전략으로 성격은 확실히 바뀔 수 있다. 다른 사람과 세상에 관련된 현재의 방식이 별로 잘 작동하지 않는다면 - 원하는 것을 얻지 못하거나 자신의 가치관대로 살지 못한다면 - 당신은 이리저리 변화를 선택할 수 있다.

의도적인 성격 변화의 세 번째이자 마지막 기본 원칙은 변화를 달성하기 위해 필요한 행동을 습관이 될 정도로 자주 반복해야 한다는 것이다. 당신은 끈기 있게 행동해야 하며, 변화에 시간이 걸리고 당분간 불편할 수 있다는 것을 깨달아야 한다.

이러한 새로운 행동 방식은 처음에는 의도적인 노력을 필요로 할 수도 있지만, 자전거 타기나 자동차 운전법을 배우는 것처럼 반복을 통해 더 쉬워질 수 있으며, 그리고 나면 자동적으로 이루어진다. 궁극적으로 당신 자신만의 성격을 형성할 수 있는 것은 새로운 행동 습관과 세상에 대응하는 방법의 습득을 통해서이다.

좀 더 외향적 성향의 사람이 되고 싶어 하는 조용하고 내성적인 사람을 생각해 보자. 그가 말을 좀 더 많이 하고 사교적이 되도록 배우려면, 처음에는 의식적인 노력이 많이 필요하다. 불편하고 강요당하는 것으로 느껴질 수도 있다. 그러나 연습을 통해서 변화된 행동들이 제2의 천성이 될 수 있다는 것을 알게 된다. 말하자면, 사교적인 특성이 성격의 기준점이 되어서 효과적으로 작동하게 된다. 본질적으로 말하면, 이런 특성이 자신의 성격 일부가 되어버린다. 이런 점은 다른 성격 특성에서도 비슷한 방식으로 작동된다. 한 여성이 개방적 성향을 높이기 위한 한 가지 방법으로 매주 극장에 가는(또는 규칙적으로 온라인으로 작품을 보는 것) 새로운 습관을 들이는 것을 생각해 보자. 처음에 그녀는 그 상황이 이질적으로 느껴지고 오락이 이상하게 친숙하지 않을 것이다. 그러나 시간이 흐르면서 그녀는 특정 배우와 극작가를 인식하게 되고, 자신만의 독특한 취향과 예술 형태에 대한 호기심을 갖게 된다. 취리히 대학의 심리학자들이 말한 바와 같이, "우리는 습관 형성 과정을 통해서 그 사람이 원하는 행동 변화를 야기하고, 그 결과 비교적 안정적이고 측정 가능한 성격 특성의 변화가 생긴다고 주장한다."

대학 동창인 매트의 이야기를 돌이켜 보면, 그가 이룩한 지속적인 성격 변화가 완벽하게 자리를 잡았음이 분명해 보인다. 그는 의욕이 왕성했고, 변화가 가능하다고 강하게 믿었고, 낯선 사람과 교제하는 연습을 반복할 수밖에 없는 고도의 사회적 환경(대학 술집 중 하나)에서 일자리를 얻는 등 행동 습관 변화를 지속하였다. 매트의 이야기는 일회성이 아니다. 최근 심리학자들은 사람이 성격을 바꿀 수 있는지에 대한 모든 장기적인 연구 자료에 대해 메가 분석을 시도하였다. 대부분의 연구에서 그들은 특히 외향적 성향과 정서적 안정성이 증가했다고 결론 내렸다.[13]

정말로 주목할 만한 것은, 변화의 능력과 관련된 세 가지 요소 모두가 그 자체로 크게 변화할 수 있다는 것이다. 사실, 이 책을 읽고 나면, 당신은 성격 변화의 첫 번째와 두 번째, 심지어 세 번째 기본 원칙이 당신을 꽤 정확하게 묘사한다는 것을 알게 될 것이다. 과거에 그렇지 않았더라도 말이다. 만약 당신이 변화를 원하고, 이 세 가지 요소들을 분류했다면 이것은 당신을 더 멀리 나아가게 하고, 심리학 연구에서 말하는 성격 변화를 야기할 수 있는 특정한 활동들과 연습들을 시작할 수 있는 환상적인 위치에 놓이게 해준다.

성격을 변화시키는 증거 기반의 방법들

의도적으로 새로운 방식으로 행동하기 시작하는 것은 성격 변화를 의식적으로 달성하는 데 필요한 중요한 부분이지만, 이러한 접근은 그 자체로 엄청난 노력을 필요로 할 것이다. 당신은 이러한 노력이 결국 지속적으로 내적 변화로 이어질 것이라는 희망에서 외적인 행동-여러 가지 불편하거나 도전적인 행동-을 변화시키는 법을 배우고 있다. 좀 더 성실한 성향이 되기 위해서 구글 캘린더를 사용하자고 스스로에게 다짐하는 무계획적인 여성이나, 한 달에 한 번이라도 오페라에 가겠다고 자신에게 고백하는 속물을 그려보라.

이러한 의도적인 행동 전략은 변화를 위한 레시피의 중요한 부분이다. 실제로 7년 동안 수천 명의 네덜란드 사람을 추적한 최근 연구는 오페라에 가는 것과 같은 문화 활동이 정말로 개방적 성향의 증가를 촉진한다는 것을 발견하였다.[14] 그러나 공적인 변화를 위해서 보완적으로 필요한 요소는 성격 변화와 연관된 부작용을 보여주는 연습과 활동을 하는 것이다(그것이 반드시 성격 변화의 활동을 하는 일상적인 동기일 필요는 없다).

새로운 습관을 의도적으로 채택하는 것이 중요하고, 외부로부터 당신을 변화시키는 한편, 다음의 많은 활동들은 당신의 성격을 형성하는 기본적인 심리 과정과 생리 과정을 수정하면서 내부로부터 외부로 변화시킬 것이다. 결과적으로 이것은 당신의 일반적인 행동을 변화시킬 것이고, 그렇게 되면 당신이 처한 상황이 바뀔 것이다. 예를 들면 당신이 공감 수준을 높이는 활동을 규칙적으로 완수한다면(심리적으로 매력적인 등장인물과 정서적으로 세련된 구성을 갖는 훌륭한 문학 작품을 읽는 것과 같은 활동, 더 자세한 것은 218쪽을 보라), 당신은 아마도 더 세심한 방식으로 행동하기 시작할 것이다. 결국 이것은 당신의 내면에서 호의적인 부분을 발견할 가능성을 높이고, 당신의 친화적인 성격 특성을 더 발달시킬 수 있는 종류의 친구를 신뢰하게 할 것이다.

당신의 마음 한구석에 간직해야 할 관련 포인트는 인생에서 의미 있는 유익함을 누리기 위해 월 플라워wallflower[말 한마디 못하는 외톨이. ─옮긴이]에서 스탠드업 코미디언으로 변신하는 것처럼, 자신의 성격 특성을 극적으로 변화시킬 필요는 없다는 점이다. 그 이유는 5가지 주요 성격 차원의 일부 또는 전부에 따라서 심지어 아주 작은 변화라 해도 점차로 누적되어 현실적 결과들을 만들어 낼 수 있기 때문이다. 예를 들면 당신이 내린 결정들, 시간을 보내는 소소한 활동들, 당신이 함께 하는 사람들, 당신이 처한 상황들을 말한다. 당신의 중요한 목표가 무엇이든, 삶에서 소명을 더 잘 따르든, 더 생산적이 되든, 더 많은 친구를 가지든지에 상관없이 성격의 미세한 변화야말로 당신이 그곳에 도달하는 데, 당신이 되고자 하는 사람으로 되는 데 도움이 된다는 것을 알게 될 것이다.

신경증적 성향을 낮추라

각 특성을 차례대로 살펴보자. 신경증적 성향부터 시작해 보자. 연구 결과를 보면, 이런 성격 특성을 가진 사람이 행복, 건강, 정신적 웰빙이라는 측면에서 심각한 문제들을 갖고 있고, 따라서 가장 변화를 원한다는 것을 알 수 있다. 신경증적 성향은 정서적 안정의 반대편에 있다는 것을 기억하라. 신경증적 성향에서 높은 점수를 받은 사람은 부정적인 감정에 더 민감하고, 망설이고, 경계하고, 긴장한다. 그렇다면 어떤 활동이나 훈련이 기본적인 심리 과정의 변화와 관련이 있을까?

온라인 메모리 교육 과정을 완수하면서 시간을 보낼 수도 있다. 점차 인기를 얻고 있는 이론에 의하면, 습관적으로 일어나는 대부분의 불안은 우리가 정신적인 집중력을 통제하는 데 어려움을 겪는 기분에서 야기된다고 주장한다. 예를 들면 당신이 직장 동료들에게 프레젠테이션을 하려 할 때 그들이 당신에 대해 어떻게 생각할지에 대해 생각하거나, 면접 보러 갈 때 자신이 준비한 훌륭한 답변을 연습하기보다는 잘못될 수 있는 모든 것에 대해 생각할 수 있다. 온라인 기억 훈련은 작업 기억 능력을 향상시켜 당신에게 도움이 되는데, 이런 능력은 동시에 여러 정보를 처리하는 능력이다. 결과적으로, 이것은 자신의 생각에 대한 통제력을 증가시켜 준다.

13명의 불안한 학생들이 n-back 과제로 심리학에서 알려진 어려운 버전을 수행한 최근의 연구 결과를 살펴보자.[15] (구글에서 온라인으로 하는 무료 버전을 볼 수 있다.) 이 과제들은 두 가지 정보의 흐름에 동시에 집중하고 기억하는 것이다. 구체적으로 말하면, 피험자들은 한 줄의 글자를 듣고 동시에 변화하는 사각형 격자를 살펴본다. 그리고 현재의 문자나 강조 표시된 사각형이 이전에 듣고 본 것과 동일한 것이 나오면 키를 누른다. 작업의 난이도는 피험자들이 현재의 정사각형과 글자를 더 뒤에 나오는 항목과 비교하도록 요구하여 강화된다. 또한 피험자가 이 과제를 더 잘 수행할수록 난이도는 더 높아지게 된다(대조군은 더 쉽게 설계된 훈련의 버전을 완수하였다).

이 연구의 핵심 결과는 하루 30분씩 15일 동안 훈련을 마친 학생들이 전보다 불안감을 덜 느꼈고 스트레스 상황에서도 이전보다 더 잘 해낼 수 있게 되었다. 그들을 대상으로 뇌파를 측정한 결과, 보다 더 편안한 상태에 있었다는 것을 보여주었다. 이 훈련은 피험자들이 자신의 생각을 더 잘 조절할 수 있게 되었다는 점에서 유익하였다. 신경증적 성향에서 높은 점수를 받은 사람은 미래의 위험을 살피지 않고 과거의 실수를 반성하지 않는 것이 어렵지만, 이런 종류의 훈련이 끝나고 나서는 더 다루기 쉬운 수준으로 불안이 줄어들게끔 조절하였다.

당신이 시도할 수 있는 또 다른 활동은 **규칙적 감사 훈련**이다. 예를 들면 당신이 감사하다고 느끼는 것들을 매일 짧게 메모하거나 감사 편지를 쓰는 것이다. 연구는 감사가 감정적인 갑옷의 한 형태로 작용할 수 있다는 것을 보여준다. 더 많은 감사를 느끼고 표현하는 사람이 삶에서 스트레스를 덜 받는 경향이 있다고 한다.[16] 심지어 당신이 더 많이 감정을 느끼고 감사함을 표현하는 연습을 할수록 당신의 뇌가 이런 사고 방식에 더 많이 적응한다는 것을 보여주는 뇌 영상 연구들도 있다.[17] 이것은 감사함을 느끼기 위해 더 많이 노력할수록, 이후 그런 감사함의 감정이 자연스럽게 다가와서 자신의 신경증적 성향을 줄이는 데 도움이 될 것이라는 점을 시사한다.

신경증적 성향의 기반을 형성하는 기본적인 심리 과정을 변화시키는 더 좋은 방법은 **치료** 과정에 등록하는 것이다. 이상하게 들릴 수도 있고 약간 터무니없는 제안처럼 들릴 수도 있지만, 매주 한 시간씩 시간을 내서 치료사와 이야기를 나누고 자신의 사고 습관을 되돌아보고 바꾸는 것은 어떤 의미에서 자신의 성격을 새롭게 재형성하는 것이다.

우리는 보통 이런 방식의 치료에 대해 생각하지 않는다. 대개는 증상을 줄이거나 내면의 깨달음을 찾는 데 초점을 맞춘다. 그러나 최근 연구원들은 치료를 성격 변화의 한 형태로 생각하기 시작했다. 예를 들면 브렌트 로버츠와 그의 팀은 2017년 논문에서 1959년과 2013년 사이에 20만 이상이 참여한 207개 이상의 정신치료의 결과를 조사하며 치료 전후의 성격을 측정하여 결과를 보고하였다.[18] 연구팀은 단 몇 주간의 치료만으로도 환자의 성격에 중요하게 오래 지속되는 변화를 가져오는 경향이 있다는 것을 발견했다. 특히 신경증적 성향을 감소시키고 외향적 성향을 증가시켰다. 신경증적 성향의 감소는 특히 인상적이었고, 그 영향의 반 정도는 평생에 걸쳐 효과가 지속되었다(나이가 들어가면서 일반적으로 성격이 부드러워지는 것까지를 포함한다).

인지행동치료(CBT)가 오늘날 가장 흔히 사용되는 정신치료의 형태 중 하나이다. 앞서 언급했듯이, 인지행동치료가 초점을 맞추는 것은 부정적으로 편향되거나 도움이 되지 않는 사고 습관을 변화시키는 데 있다. 예를 들면 매우 신경증적인 성향은 지나치게 타인의 비판에 예민하거나 자신이 한 일이 잘못되지 않을까 걱정을 많이 하는 경향이 있으므로 CBT는 그들에게 이러한 생각의 편향성을 보고 고치도록 가르칠 것이다.

연구자들이 사회적 불안을 가진 사람에게 단지 9주간의

CBT가 성격 특성에 미치는 영향을 조사했을 때, 그들은 신경증적 성향의 감소와 친화적 성향의 적합성 측면의 증가로 이어진다는 것을 발견하였다.[19] 마찬가지로 40회의 CBT 면담 회기 이후 범불안장애(일상생활에서 만성적인 불안을 보이는 장애)를 가진 사람이 신경증적 성향의 감소와 외향적 성향과 친화적 성향의 증가를 보여주었다.[20]

불안하거나 우울한 사고의 감소를 목표로 하는 정신치료가 신경증적 성향을 줄이는 것으로 이어지는 것은 이해될 만하다. 왜냐하면 성격 특성은 부분적으로 사고 습관과 타인과의 대인관계에 기초를 두고 있기 때문이다. 당신은 가벼운 불안과 우울증을 치료하기 위해 CBT를 사용할 수도 있다. 이런 경우도 신경증적 성향의 사고 습관을 줄이는 것을 배우는 것이다. 당신이 생각을 바꾸고자 할 때 행동 습관을 바꾸는 것이 더 쉽다. 또 더 많은 사람과 교제하기 시작하고, 더 과감한 결정을 내리고, 두려움과 불안을 덜 느끼며 살아가게 될 것이다.

당신의 사회경제적 또는 문화적 배경에 따라 어떤 사람은 치료를 받는 것이 사치로 보일 수도 있고, 또 어떤 사람은 갑작스러운 개입으로 정신치료가 시작될 수도 있다. 어느 쪽이든 집에서 편안하게 할 수 있는 컴퓨터화된computerized CBT의 효과에 대한 증거가 늘어나고 있다는 것을 명심할 필요가 있다.[21] 만약 당신이 자신의 신경증적 성향의 점수를 낮추려 한다면 비팅 더 블루스Beating the Blues 같은 컴퓨터화된 CBT 프로그램이 더 많은 정서적 안정을 기르기 위한 생각 연습을 제공해 줄 것이다. 예를 들면 부정적인 사건들만큼 당신이 통제할 수 있는 상황들의 측면에 집중하고, 과거의 사건들에 대한 긍정적인 해석을 하는 것이다.

만약 치료사나 온라인 치료사를 만나는 것이 어렵다면, 여기서 신경증적 성향을 감소시키는 몇 가지 팁을 제공하고자 한다(그렇지만 만약 당신이 심각한 고통을 겪고 있다면 적절한 자격을 갖춘 정신 건강 전문가의 도움을 받아야 한다는 것을 명심하라). 예를 들면 당신은 걱정스럽게 당신의 인간관계를 들여다볼 수 있다. 연구에 따르면, 만성적인 걱정을 하는 사람은 걱정을 좋은 것으로 여기는 경향이 있다고 한다. 걱정이 고통을 주는 것을 고려하면 이상하게 보일 수도 있지만, 그들은 걱정이 나쁜 일이 일어나는 것을 방지해 주는 효과가 있다고 믿는다. 지속적인 걱정으로 인해서 모든 만일의 사태에 대비하고 싶어 하고, 더 나아가 걱정하는 만큼 완벽하게 되는 경향도 있다. 물론 완벽해지는 것은 불가능하고, 그래서 그들은 끝없는 걱정에 갇히게 된다. 심리학자들은 걱정에 싫증이 나면 그만둬도 좋다고 스스로에게 상기시키는 것만으로도 이 문제를 해결할 수 있다고 말한다.

당신은 또한 미래의 도전과 과거의 실수에 대해 자신에

게 말하는 방법에 세심한 주의를 기울이기 시작할 수도 있다. 특히 불가능한 기준을 고수하거나, 극단적인 일반화를 하고, 상황적 뉘앙스를 무시하며, **"반드시"**와 **"꼭"**이라는 단어를 자신에게 사용하는 경우를 조심하라. 대신 가까운 친척이나 친구에게 대하는 것처럼 자신에게 연민의 감정을 가지고 말하도록 노력하라. 신경증적 성향이 높은 사람은 부정적인 기억을 더 많이 떠올리고, 일이 잘못될 수 있는 모든 경우에 대해 곰곰이 생각하는 경향이 있다. 이러한 편견을 인식하고 행복했던 기억과 과거의 성과를 의도적으로 회상하고, 미래의 도전이 잘 되게끔 여러 방식들을 마련할 수 있는 시간을 확보하라.

당신의 신경증적 성향을 낮추기 위한 마지막 활동-이것은 여행을 위한 대단한 구실이다-은 **해외에서 시간을 보내고자 하는** 시도이다. 많은 연구 결과들이 해외에서 시간을 보내는 경험은 특히 젊은이들에게는 신경증적 성향의 감소 효과를 낳는다는 것을 보여준다. 예를 들면 몇 년 전 독일의 연구원들은 1,000명 이상의 대학생을 평가했는데, 그들 중 일부는 장기간 해외 유학을 갔고 다른 학생들은 독일에 체류하게 하였다.[22] 그러고서 연초와 연말에 학생들의 성격을 측정했다. 놀랄 것도 없이, 처음부터 여행을 계획한 학생들은 집에 있는 학생들보다 평균적으로 신경증적 성향에서 낮은 점수를 받았다. 그러나 초기 신경증적 성향의 수준 차이를 보정한다고 해도, 이 연구가 끝날

신경증적 성향의 악순환

악순환을 막기 위해 각 단계마다 다음과 같은 전략을 시도한다.

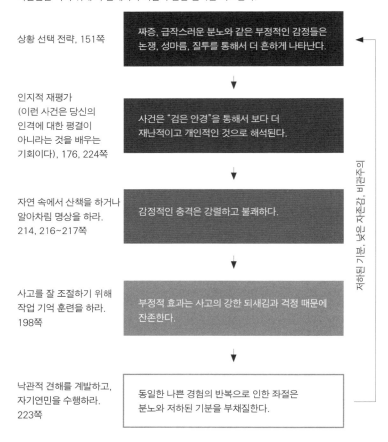

상황 선택 전략, 151쪽

> 짜증, 급작스러운 분노와 같은 부정적인 감정들은 논쟁, 성마름, 질투를 통해서 더 흔하게 나타난다.

인지적 재평가
(이런 사건은 당신의 인격에 대한 평결이 아니라는 것을 배우는 기회이다), 176, 224쪽

> 사건은 "검은 안경"을 통해서 보다 더 재난적이고 개인적인 것으로 해석된다.

자연 속에서 산책을 하거나 알아차림 명상을 하라. 214, 216~217쪽

> 감정적인 충격은 강렬하고 불쾌하다.

사고를 잘 조절하기 위해 작업 기억 훈련을 하라. 198쪽

> 부정적 효과는 사고의 강한 되새김과 걱정 때문에 잔존한다.

낙관적 견해를 계발하고, 자기연민을 수행하라. 223쪽

> 동일한 나쁜 경험의 반복으로 인한 좌절은 분노와 저하된 기분을 부채질한다.

저하된 기분, 낮은 자존감, 비관주의

● 아이오와 대학의 심리학자들은 일련의 심리적 과정–신경증적 악순환–이 있다고 믿었다. 이 과정으로 인해서 신경증적 성향이 높은 사람은 만성적으로 부정적인 감정에 사로잡힌다. 다섯 가지의 개별 단계는 본서에서 제시된 기법들을 사용하여 이런 악순환을 방지하는 기회를 제공한다.

무렵 해외에서 시간을 보낸 학생들이 집에 있는 학생들에 비해서 신경증적 성향이 더 크게 감소하는 경험을 하였다.

해외에서 시간을 보내게 되면 (가급적이면 안전하고 도움이 되는 환경에서) 불가피하게 당신은 불확실성, 새로운 장소와 사람, 새로운 문화를 마주하지 않을 수 없다. 특히 당신이 천성적으로 두려움이 많다면 이런 상황이 매우 어려울 수 있지만, 감정 조절을 연습할 수 있는 많은 기회를 얻을 수 있을 것이다. 해외에서 돌아오면 위험과 불확실성에 대한 인식이 달라진 것을 느끼게 될 것이다. 성격 특성의 측면에서 보면, 신경증적 성향이 줄어들어 있을 것이다. 또한 많은 심리학자들이 당신의 성격이 비교적 안정적이라고 할 것이다. 왜냐하면 성격은 매일 마주치는 동일한 상황과 사람에 의해서 형성되기 때문이다. 전적으로 새로운 환경인 해외에서 시간을 보냄으로써 기존의 일상적인 압력에서 벗어나 자신을 발달시킬 기회를 스스로에게 부여한 것이다.

의도적인 성격 변화의 3대 기본 원칙과 세 가지 실천적 접근법(치료, 여행, 기억력 훈련 등)을 결합하면 신경증적 성향을 낮추고 정서적으로 안정되는 데 필요한 모든 이점을 얻을 수 있는 절호의 기회를 갖게 된다. 그리고 일부 심리학자들이 말하는 "신경증적 성향의 악순환"(204쪽의 도표)을 끊는 데 더 많은 아이디어를 얻을 수 있을 것이다.

보너스 팁 | 산책을 하라! 한쪽 발을 다른 쪽 발 앞으로 내딛는 간단한 행동-신선한 공기의 영향이나 산책의 목적과는 무관하게-은 비록 그렇게 생각하지 않을지라도 당신의 기분에 유익한 영향을 미치는 것으로 나타났다.[23] 또는 무술을 배우라. 연구는 새로운 기술이 당신에게 자신감을 줄 뿐만 아니라, 198쪽에서 언급한 두뇌 훈련의 효과와 유사하게 인지적 수준에서 강화된 더 높은 주의력 통제를 발달시킬 것이라고 언급한다.[24]

성실한 성향을 다시 강화하라

당신의 성실한 성향을 발전시킬 수 있는 방법을 모색하는 차원에서 우선 일을 찾거나 자원봉사같이 진정으로 의미 있고 헌신적인 것에서 시작해 보자. 연구에 따르면, 자신의 일에 전력을 다한다고 여겨지면 시간이 지날수록, 특히 그 역할이 분명한 경우 성실한 성향이 증가하는 경향을 보인다고 한다.[25] 이렇게 되는 이유는 당신이 사랑하는 일이 요구하는 역할을 수행하기 위해 조직적이고 야심적인 방법으로 일정하게 행동하도록 동기화되기 때문이다. 당신의 동료와 고객들이 당신의 건설적인 행동을 보상하고 강화함으로써 궁극적으로 당신의 성실한 성향의 성격 특성을 향상시키는 선순환으로 들어서게 만든다.

물론 의미 있는 직업을 찾는 것은 쉬운 일이 아니다. 그중 많은 부분은 당신의 직업에 대해 스스로 어떻게 생각하느냐에 달려 있다. 오랜 세월 동안 노동자들을 추적한 연구들은 일의 성격과 상관없이 자신의 일이 다른 사람에게 유익하다고 여기는 사람이 자신의 일을 의미 있고 중요하다고 말할 가능성이 더 높다는 것을 발견하였다(이런 사람은 대체로 자신의 직업에서 또한 더 행복을 느꼈고 더 생산적이었다).[26] 따라서 직업의 의미를 높이고 당신의 성실한 성향을 높이는 한 가지 방법은 자신의 일이 다른 사람에게 어떤 도움이 되는지를 생각해 보는 것이다. 온라인에서 원하는 서비스를 찾을 수 있는 웹 코드를 작성하는 일이든, 사람의 우편물을 집으로 배달하는 일이든 상관없다. 요점은 자신이 할 수 있는 일의 좋은 면을 보게 되면 동기부여가 되고, 그와 함께 성실한 성향이 증가하는 개인적인 유익함도 결과적으로 얻게 된다는 점이다.

자원봉사 활동과 건설적인 취미, 예를 들면 자녀 학교의 학부모회의 임원 또는 지역사회 환경 보호 위원이 되는 것은 당신의 행동에 영향을 미치고 결국은 성실한 성향에도 영향을 미친다. 충분히 의미 있고, 진정한 열정을 추구해야 할 과제이기도 하다. 그것은 당신의 근면함과 헌신을 증가시키도록 동기를 부여할 것이다. 삶의 열정에 대한 연구 결과를 보면, 단순히 소파에 앉아서 다른 선택지를 상상하는 것만으로는 만족스러운 활동을 찾을 가능성이 낮다. 당신은 정말로 세상 밖으로 나가서 다른 노력을 시도해 볼 필요가 있고, 그렇게 하면 자신에게 더 나은 삶을 위해 성격을 변화시킬 수 있는 적절한 역할이나 활동을 찾을 기회를 얻을 것이다. 첫눈에 반하지 않을 수 있다는 것도 기억하라. 당신이 다른 잠재적인 열정에 손을 댈때마다 그 하나하나에 상상력을 사로잡을 수 있는 공정한 기회를 주도록 노력하라. 만약 당신에게 정말로 어떤 하나의 생각이 떠올랐다면, 그 생각을 확대할 수 있는 촉매제의 하나로 "진로 선택" 퀴즈를 해볼 수도 있다. 온라인에는 수많은 무료 사이트가 있다.

당신의 성실한 성향을 강화하기 위해 취할 수 있는 또 다른 단계는 **유혹을 피하는 보다 멋진 훈련**을 하는 것이다. 더 건강하고 생산적인 (그리고 성실한) 삶을 영위하는 비결이 쇠처럼 강한 의지력이라고 생각할지도 모른다. 그러나 유혹에 저항하는 데 능숙한 사람의 한 가지 비결은, 유혹을 애당초 피한다는 증거가 점점 많아지고 있다. 대학생 159명에게 네 가지 주요 장기 목표에 대해 물어본 후 무작위로 휴대폰 프롬프트를 통해 일주일 동안의 행동을 자세히 조사한 최근의 연구 결과를 살펴보자.[27] 학습 주간 동안 전화가 울릴 때마다 학생들은 현재 유혹에 저항하고 있는지, 그리고 의지력을 발휘하고 있는지 등의 질문에 답해야 했다.

연구원들이 학기 말에 학생들 중 누가 목표에 도달했는지(예를 들면 "프랑스어를 배우는 것")를 다시 파악하였을 때, 그들은 공부 주간 동안 목표에 도달한 학생은 더 많은 의지력을 행사했던 학생들이 아니라 더 적은 유혹에 직면했던 학생들이라는 것을 알게 되었다. 토론토 대학 연구원들은 "우리의 연구 결과는 자신을 더 잘 조절하기 위해서는 자제력을 높일 것이 아니라 환경에서 쉽게 접하는 유혹을 제거해야 한다는 것을 시사한다"고 말했다.

이런 결과는 유혹에 빠지지 않는 전략을 배우면서 부분적으로 성실한 성향을 발달시킬 수 있다는 것을 함축한다. 다이어트가 좋은 예이다. 애리조나 주립대학교의 최근 연구에 따르면, 통근길에 더 많은 음식점이 있는 통근자들이 몸무게가 더 많이 나가는 경향이 있는 것으로 나타났다.[28] 이 같은 결과는 당신이 가장 좋아하는 빵집이나 패스트푸드점을 피해서 출근하는 것이 더 건강하게 생활하도록 도와준다는 것을 암시한다. 마찬가지로 아이패드를 보느라 잠자는 것이 어렵다면, 간단한 규칙을 세우도록 하자. 즉 침실에 디지털 기기를 없애는 것이다. 다시 말해서, 디지털 기기이든 패스트푸드이든 어떤 다른 유혹이든 간에 대부분의 다른 사람과 마찬가지로 의지가 약하다는 생각을 받아들이고, 이런 사실을 바탕으로 전략을 짜도록 하라. 그 결과, 아마도 당신은 적어도 조금 더 성실한 성향의 소유자가 될 것이다.

　　마지막으로 **자신의 과제를 하자!** 그렇다, 많은 사람에게
이런 조언은 조금은 늦은 것일지 모르지만, 성인에게도 동일
한 원칙이 적용된다. 오늘 직장에서나, 대인관계에서나, 취미
활동에서나 더 많은 노력을 기울인다면 당신은 더 오랜 시간
동안 혜택을 누리게 될 것이고, 이것은 더 인내심 있고 미래 지
향적인 마음의 자세를 발전시키는 데 도움이 될 것이다. 연구
원들이 최근 3년 동안 수천 명의 독일 학생들을 추적하여 이런
점을 보여주었다. 더 성실한 학생들이 자신의 숙제에 더 많은
노력을 기울였을 뿐만 아니라 시간이 지남에 따라 성실한 성
향의 후속적인 증가를 보여주었다.[29] "일관된 행동 변화는 학
생들의 성격에 지속적인 변화를 가져올 수 있는 잠재력을 가
진다"고 연구원들은 말하였다. 당신은 취미나 성인 학습 과정
에서 동일한 접근 방법을 적용할 수 있다. 즉 오늘과 내일에 자
기훈련을 하고 노력을 쏟아라. 그러면 곧 자신이 더 성실한 사
람이 되어 있는 것을 발견할 것이다. 이러한 접근 방식은 진정
으로 자신이 하고 있는 일에 투자하고 책임감을 느끼고 장기
적으로 당신의 힘든 노력에 가시적인 보상이나 개인적인 피드
백(시험 성적에서부터 창의적인 결과물과 타인의 인정에 이
르기까지 다양한 형태로 나타날 수 있다)을 받는다면 성공할
가능성이 더 높다.

물론 과제 연구가 주는 메시지에는 또 다른 면이 있다. 만약 당신이 관리자, 교사, 부모라면, 당신의 직원, 학생, 자녀들에게 성실성을 장려하기 위해 할 수 있는 일들이 있다. 권위적이면서도 한결같고, 따뜻하고, 지지하는 태도를 갖도록 하자(사람이 윗사람을 좋아하고 존경할 때 성실함이 더 발달할 가능성이 높다). 그리고 오늘날의 도전들을 극복하는 것과 장기적인 목표를 달성하는 것 사이의 연관성을 이해하도록 도와주고, 실패해도 지속해서 지지해 주도록 하자. 이렇게 하는 목적은, 노력은 보상을 받는다는 메시지를 전달하기 위해서이다. 즉 성공하기 위해서 무엇을 해야 하는지 알게 해주고(예를 들면 명확하게 정의된 역할을 통해서), 자신의 노력에 대한 주인의식과 책임을 느끼게 해주는 것이다. 그리고 무엇보다도 성공이 단 며칠이나 몇 주가 아니라 몇 년에 걸쳐 나타날 수 있다는 마음을 갖도록 하라.

> **보너스 팁** | 유혹을 항상 피할 수는 없다. 때로는 좀 더 성실한 성향이 되기 위해 노골적으로 의지력에 의존하는 것 외에는 선택의 여지가 없을 것이다. 이런 측면에서는 의지력에 대해서 당신이 어떻게 생각하고 있는가가 핵심일 수 있는데, 특히 의지력을 제한된 자원으로 보는지의 여부이다. 앞에서 언급한 바와 같이, 인도에서는 어떤 과제에 도전하는 것이 지치는 것이 아니라 활력을 불어넣는

것으로 널리 인식되고 있다. 이런 맥락에서 심리학자들은 소위 "역전된 자아 고갈reverse ego-depletion"이라고 부르는 것을 기록하고 있다. 정신적으로 아주 부담이 되는 한 가지 작업을 수행하여 완결하면, 실제로 후속 작업에 대한 수행 능력을 더 향상시킨다는 이론인데, 이것은 의지력은 자동차의 연료처럼 한계가 있다고 보는 자아 고갈 이론과는 반대이다. 이는 자신의 의지력이 풍부하고 무제한적이라고 생각해야 한다는 것을 암시한다. 이렇게 하는 것이 더 오랫동안 집중하는 데 도움이 된다.

개방적 성향의 변화

개방적 성향을 높이기 위한 가장 분명한 접근방법들이 가장 효과적인 것이 될 가능성이 높다. 수년 동안 동일한 사람을 추적한 연구에 의하면, 문화 활동에 더 많은 시간을 소비하는 것이 이후 개방성의 증가로 이어진다고 한다. 만약 당신이 탐구적이고 실험적인 마음 자세(더 많은 책을 읽고, 더 많은 연극을 보러 가고, 악기를 배우고, 새로운 운동을 하는 등 어떤 것이라도 하려고 하는 의지를 갖는 것)를 갖는다면 당신은 더 개방적인 성격을 발달시킬 가능성이 더 높을 것이다.

새로운 아이디어와 아름다움과 문화에 대한 수용력을 높

이는 다소 덜 명확한 방법 중 하나는 심리학자들이 말하는 유도적 추론과 관련된, 십자말풀이나 스도쿠와 같은 퍼즐을 완성하는 데 시간을 보내는 것이다. 최근 연구에서 나이든 참가자(60~94세)에게 십자말풀이와 숫자 퍼즐을 푸는 몇 가지 전략 훈련을 시켰다. 그리고 16주 동안 한 주에 평균 11시간씩 지속적으로 기술 수준에 맞춰 조정된 홈 기반 퍼즐을 완성하도록 하였다. 이 프로그램에 등록한 참가자들은 훈련이나 퍼즐을 완료하지 않은 대조군과 비교하여 개방성이 지속적으로 증가하였다.[30] 아마도 이런 혜택은 참가자들이 스스로에 대해 어떻게 느끼는지가 부분적으로 변화되어서 생겨날 것이다. 동일한 방법으로 당신도 이런 혜택을 보기 위해 정신적인 퍼즐과 게임을 사용할 수 있다. 개방적인 마음을 가진 사람이 되는 것은 다른 관점, 새로운 장소, 다른 경험을 고려할 수 있을 만큼 의지와 용기를 갖는 것이므로 자신감은 개방성의 핵심이다.

당신의 개방성을 높이기 위해 시도할 수 있는 또 다른 활동은 수년 전의 사진첩 또는 개인적 동영상 또는 친구들과의 추억을 회상하면서 시간을 보내는 것이다. 이러한 방식으로 향수를 불러일으키는 것은 특히 개방적 성향의 증가로 이어지기 때문에 창의력 증가(더 독창적이고 상상력이 풍부한 산문을 쓸 수 있는 능력을 포함해서)와 관련이 있다.[31] 이런 이론에 의하면, 의미 있는 과거의 사건, 특히 가까운 친구들, 친지들과의 만남을 회상하는 것은 자존감을 높이는 것을 포함하여 다양한 정서적 혜택을 준다. 결과적으로, 이로 인해서 우리는 더 낙관적으로 느끼고, 세상과 새로운 경험에 참여하려는 더 큰 의지를 갖게 된다. 이것은 자신감이 창의성과 개방성을 높이는 데 도움이 되는 또 다른 사례이다.

마지막으로 규칙적인 운동을 하라. 체육관 방문이나 매일의 산책은 개방성을 증가시키거나 최소한 개방성을 유지하는 방법이다. 연구자들이 50세 이상 노인 수천 명을 몇 년 동안 추적했을 때, 일부가 나이가 들면서 개방성이 감소하는 데 비해 신체적으로 더 활동적인 사람이 개방성을 유지하는 경향이 있다는 것을 발견했다.[32] 이 이론은 규칙적인 퍼즐을 완성하거나 친구들과 행복한 시간을 회상하는 것과 이론적 근거가 비슷하다. 즉 신체적으로 더 활동적인 것은 새로운 것을 시도하려는 자신감과 의지력을 기르는 데 도움이 된다. 좀 더 활동적인 생활 방식을 개발하는 것은 당신의 성격을 개선하는 가장 간단한 단계 중 하나가 될 수 있다.

이와 관련된 제안은 "놀라운 걸음 awe walk [의식적인 산책을 의미함. —옮긴이]"을 시도하는 것이다. 즉 어린이나 처음 방문하는 사람의 마음 자세로 걸으면서 보고 듣는 모든 것에서 경외감을 찾는 것이다(예를 들면 나무에 달린 나뭇잎의 다양한 패턴에 주의를 기울이거나, 새소리를 듣거나, 지역 건축물을 감상하는 것). 경외감은 지적인 겸손을 증진시키는 것으로 알려져 있으며, 이것은 다시 당신의 개방성을 높여줄 것이다.

보너스 팁 | 만약 당신이 추가적인 동기부여가 필요하다면, 개방적인 마음을 갖는 것이 당신이 세상을 보는 방식을 문자 그대로 바꿀 수 있다는 것을 명심하라. 심리학자들은 최근 양안 경쟁의 경험과 개방성이 어떻게 관련이 있는지를 연구하였다. 양안 경쟁이란 한 가지 시각적 패턴이 한쪽 눈에, 또 다른 시각패턴은 다른 쪽 눈에 나타나는 것을 말한다. 일반적으로 주관적인 경험은 하나의 이미지를 인식한 후, 그런 다음에 앞뒤로 변화하는 다른 이미지를 인식하는 것이다. 간혹 두 가지 패턴이 혼합된 형태로 경험되기도 하는데 연구 결과 개방성 점수가 높을수록 두 패턴을 병합하여 볼 수 있는 시간이 많아지는 것으로 나타났다. 이것은 성격 특성이 매우 기본적인 시각적 인식 수준에서도 나타난다는 것을 시사한다.[33]

친화적 성향의 증가

자신을 더 친근하고, 더 따뜻하고, 더 신뢰할 수 있도록, 다른 말로 하면, 더 친화적이 되게 하는 데 도움이 되는 방법은 어떤 것인가?[34] 예비 연구에 의하면, 다른 사람을 더 잘 이해하기 위한 중요한 길은 먼저 자신을 이해하는 정도를 높이는 것이다.

최근 독일의 연구진은 "돌봄 부분", "내면의 행복한 아이", "취약 부분"처럼 성격을 나누어서 성찰하게 하고 자신의 생각을 외부적 관점에서 보게 하며 나/타인, 과거/미래, 긍정적/부정적이라는 범주로 할당하게 하는 기법을 개괄적으로 서술하였다. 이것은 3개월에 걸친 프로그램이었고, 또한 참가자들에게 파트너가 필요한 객관적인 관점을 취하는 요소도 있었다(참가자들은 교대로 자신의 성격의 한 부분으로 말했고, 그들의 파트너는 이것이 성격의 어느 부분인지를 추측해야 했다). 따라서 여기에 상당한 시간 투자가 있었다. 그러나 연구원들은 프로그램이 진행되는 동안 참가자들이 자기 자아의 더 많은 부분을 식별할수록 (흥미롭게도 특히 부정적인 부분) 그들의 공감 능력이 더 향상되는 것을 발견했다.[35] 이것은 신경과학 연구와 일치하는 결과이다. 신경과학 연구는 당신이 자신에 대해 생각하고 다른 사람에 대해 생각하는 데 사용하는 뇌 영역이 겹치는 것을 보여준다. 당신은 연구의 참가자들만큼 많은 시간을 투자할 수 없거나 기꺼이 투자할 의향이 없을지 모르지만, 그럼에도 불구하고 유의해야 할 중요한 원칙이 있다. 즉 만약 당신이 다른 사람을 더 잘 이해하고 싶다면, 우선 자신의 장단점 모두를 더 잘 이해하는 것에서부터 시작하라는 것이다.

공감을 높이기 위해 노력할 수 있는 또 다른 활동은 **명상 mindfulness**이다. 여러 연구들은 명상 훈련의 짧은 과정 – 예를 들면 하루에 30분씩 현재 생각의 내용에 비판단적인 방식으로 주의를 기울이는 데 시간을 쓰는 것-이 공감의 증가와 관련이 있다는 것을 보여준다.[36] 명상이 이런 이점을 갖는 이유는 비판단적인 방법으로 자신의 정신적 경험을 관찰하도록 가르치기 때문이며, 이에 동반되는 효과는 자신에게 적용하는 것과 비슷하게 비판단적인 방식으로 다른 사람의 관심에 더 주의를 기울이는 것이다(헤드스페이스Headspace와 캄Calm이라는 앱은 명상을 시작하는 좋은 방법을 제시해 준다).

또한 당신은 더 많은 **문학 작품을 읽으려고 노력**할 수도 있다. 다층적인 등장인물이 등장하는 복잡한 소설을 읽으려면 사람의 감정과 동기에 대한 관점과 배려가 필요하다. 이런 기술은 실제 공감능력을 높이고 친근감을 높이는 데 필요하다. 소설을 읽는 시간이 짧더라도 타인의 감정을 파악하는 것과 같이 공감능력에 즉각적인 이점이 있는 것으로 보인다는 여러 연구 결과가 있다는 것은 별로 놀라운 일이 아니다.[37] 이러한 단기적 이점이 항상 반복되는 것은 아니지만 또 다른 연구 논문은 다른 방식으로 이런 원리를 확인시켜 주었다. 즉 소설가들(문학 작품의 대체물)에 대해 더 많은 지식을 가진 피험자들이 다른 사람의 감정을 더 잘 인식하고 공감 설문지에서 더 높은 점수를 받는 경향을 보인다. 이것은 문학 작품이 정말로 우리의 공감을 발달시키는 데 도움이 된다는 것을 시사한다.[38] 심지어 이와 같은 결론을 보여주는 신경과학적인 증거도 있다. 닷새 동안 저녁에 로버트 해리스의 소설『폼페이Pompeii』를 읽으면, 다른 사람의 관점을 취하는 데 관여하는 뇌 영역의 연결 패턴이 변화되는 것으로 밝혀졌다.[39]

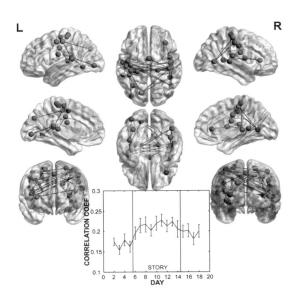

- 2013년에 발표된 뇌 스캔 연구는 로버트 해리스Robert Harris의 소설인 『폼페이』를 6일부터 14일까지 읽는 동안, 그리고 읽은 후 뇌의 연결이 강화되었다는 것을 밝혀내었다. 이러한 변화는 소설 읽기와 연관된 공감의 증가(보다 증가된 친화적 성향)에 대한 신경학적 기반을 보여준다.

출처: Reproduced from Gregory S. Berns, Kristina Blaine, Michael J. Prietula, and Brandon E. Pye, "Short-and Long-Term Effects of a Novel on Connectivity in the Brain," Brain Connectivity 3, no. 6 (2013): 590-600.

마지막으로 당신과 다른 문화나 인종인 사람, 즉 **"외부인"과 함께 좋은 시간을 보내도록 노력**하라. 예를 들면 소수 인종이 있는 스포츠 클럽에 가입할 수 있다. 이탈리아의 심리학자들이 1년에 두 번 수백 명의 고등학생을 대상으로 실험하였을 때, 한 해 동안 이민 온 학생들과 더 높은 수준의 (친밀하고 협조적인) 질적인 시간을 보낸 학생들이 그렇지 않은 학생들에 비해 친화적인 성격 특성이 연구가 종료되는 시점에서 증가한다는 것을 보여준다.[40]

낯선 사람을 덜 신뢰하는 것은 인간의 본성이다. 낯선 배경을 가진 사람들과 함께 좋은 시간을 보내는 경험은 신뢰감을 주는 것은 물론 자신의 사회적 기술을 연마하는 것을 가르쳐 준다. 이런 것들이 결합하여 친화적 성향을 높여줄 것이다. "집단 간 접촉의 긍정적인 경험은 만남이 가치 있다는 것을 상기시켜 주어 사회성 발달에 도움을 주고 사회적 지평을 넓힐 수 있다"라고 이탈리아 연구원들은 말했다. 신경과학의 연구 결과는 또 한 번 이러한 결론을 뒷받침한다. 외부인과 긍정적인 경험을 한 사람의 뇌는 위험에 처한 외부인을 볼 때 공감과 관련된 뇌 부위에 더 큰 활동을 보여준다.[41]

보너스 팁 | 매우 친화적인 사람의 주요 특징은 그들이 화를 내는 속도가 매우 느리다는 것이다. 이것은 분노를

잘 다스리는 것이 당신을 더 친화적으로 만드는 데 도움이 된다는 것을 의미한다. 효과적인 분노 조절 기법은 많지만 그중에서 가장 잘 증명된 것은 거리두기인데 이것은 그 분노의 상황을 벗어나는 것을 의미한다. 화가 치밀어 오르는 것을 느낄 때 잠시 멈추고 벽에 앉은 파리처럼 그 상황을 보도록 하라. 이렇게 하면 마음이 진정되고 공격성이 감소한다는 연구 결과가 있다.

외향적 성향을 높여라

마지막에 언급한다고 해서 덜 중요한 것은 아니다. 어떤 활동과 기법을 사용하는 것이 외향적 성향을 높이는 것이 될까? 급진적인 접근법 중 하나는 외향적인 의미를 가진 **언어를 말하는 법을 배우는 것이다.**[42] 당신이 외국어로 말할 때 그 언어가 기원하는 문화적 분위기가 주는 몇몇 성격적 특성들을 얻는다. 이는 중국 원어민이 영어로 대화하는 경우에서 입증되었는데, 이것은 그들이 전형적인 미국인을 자신의 문화보다 더 외향적이라고 보기 때문일 것이다. 영어 사용자들은 브라질이나 이탈리아 문화와 관련된 외향적인 분위기를 받아들이기 위해 포르투갈어나 이탈리아어를 배우는 것을 고려할 수 있다.

　심지어 당신의 모국어로도 좀 더 외향적인 성향의 소유자처럼 말하려고 노력할 수 있다. 외향적인 사람은 좀 더 느슨하고 추상적인 언어로 말하는 경향이 있다. 예를 들면 그들은 내향적인 사람이 "그 영화의 구성은 아주 현명해"라고 구체적으로 말하는 것과는 대조적으로 "그 영화는 훌륭해!"라고 말할 것이다. 이와 비슷하게 외향적인 사람은 더 직접적으로 "한잔 하자"라고 말하는 반면, 내성적인 사람은 좀 더 조심스럽게 "아마도 우리 술 마시러 나가봐야 할 것 같다"라고 말할 것이다. 이런 점은 외향적인 사람이 갖는 삶의 위험성과 우연성을 반영하는 것으로 보인다. 외향적인 사람의 스타일을 받아들여라. 그렇게 시간이 흐르면 미약하게나마 이런 행동이 당신의 성격에 영향을 미친다는 것을 알게 될 것이다.

구체적인 실현 계획을 세우라. 다른 어떤 주요 성격적 특성보다도 외향성과 내향성은 습관에 의해 형성된다. 만약 당신이 대부분의 시간을 혼자 보내는 것에 익숙하다면 파티에 가는 것은 충격이 될 것이고, 신경을 긁는 불편한 경험이 될 것이다. 그러나 적응하는 것은 인간의 본성이다. 그러므로 더 외향적이 되는 간단한 방법은 지금보다 더 자극적인 환경에 자신을 적응시키는 것이다. 이는 당신의 기준이 되는 흥분 수준을 재조정하는 것이다. 새로운 습관을 형성하는 매우 효과적인 방법은 구체적인 실현 계획을 명확히 하는 것이다. 예를 들면 "열차에서 낯선 사람 옆에 앉았다면, 그 사람과 대화하기 위해 최소한의 노력을 하겠다"라고 계획하는 것이다.

사교적인 친구나 파트너와 짝을 짓는다면 새로운 사교적인 습관을 실제로 옮기는 것은 더 쉬울 것이다. 사실 젊은이들을 대상으로 한 연구를 보면, 그들이 첫 번째 낭만적인 관계를 맺은 후 외향적 성향을 얻게 된다. 의심할 여지 없이 그다음에는 새로운 친구를 만날 기회와 "우리"가 되는 데서 오는 자신감의 증진과 연관되는 경향을 보인다.

외향적 성향의 증진을 위한 명백하지만 무시하기 쉬운 또다른 접근 방식은 스스로의 자신감을 향상시키는 모든 것을 하는 것이다. 당신이 시도할 수 있는 특정한 심리적인 속임수들이 있다. 예를 들면 파워 포즈 같은 것이다. 이것은 엉덩이에 손을 얹고 발을 벌리는 슈퍼히어로 같은 자세를 취하는 것이다 (가능한 많은 공간을 차지하자는 생각으로). 이는 일부 연구자들에게서 조롱을 받은 기법이다. 왜냐하면 그 개념이 꾸며낸 티가 나기도 했고, 후속 연구가 동일한 효과를 입증하는 데 실패하였기 때문이다. 그러나 결정적인 것은 "성공하지 못한" 연구라 하여도 일반적으로 파워 포즈가 사람들에게 자신감을 준다는 것이다. 이것은 파티에 가기 전에 또는 새로운 친구를 만나기 전에 필요한 좋은 기법일 수 있고, 당신을 조금이라도 외향적 성향이 될 수 있게끔 슬쩍 밀어줄 수 있다.

만약 파워 포즈가 우스꽝스럽게 보인다면, 하지 마라. 차라리 운동선수처럼 셔츠 단추를 특정한 순서로 잠그는 것과 같은 믿음직한 의식을 치르는 것이 낫다.[43] 많은 연구들은 의식을 치르는 것이 실제로 논리적 근거가 없다고 할지라도, 자신감을 높일 수 있다는 것을 보여준다.[44] 세부사항은 그렇게 중요하지 않다. 중요한 것은 일이 잘 풀릴 거라는 낙관론을 높이는 것이다. 이것은 외향적인 사람의 삶에 대한 접근의 핵심이다. 그들은 외출할 때 좋은 시간을 갖기를 기대하고, 더 많은 재미를 느낄 수 있는 기회를 스스로 열어둔다. 이렇게 하는 걸 도와줄 수 있는 간단한 사실이 있다. 최근의 연구들은 우리가 좀 더 외향적인 방식으로 행동할 때(사회적으로 자신감을 갖고 더 활달하게 말하는 것과 같은) 상대방이 긍정적인 방식으로 반응할 가능성이 더 높고, 더 많이 웃고, 더 많이 말하게 되어서 긍정의 피드백 고리가 생긴다고 보고한다.[45]

이와 관련하여 당신은 **좀 더 낙관적이 되도록 연습**할 수 있다. 29개의 연구들에 대한 최근 분석 결과 가장 효과적인 방법은 소위 최고의 자기 개입Best Possible Self intervention이라고 불리는 것으로 밝혀졌다. 이것은 30분 정도의 시간을 들여서 가능한 한 "모든 것이 잘 된 미래의 자신을 상상하는 것이다. 당신은 열심히 일했고 인생의 모든 목표를 성취하는 데 성공하였다…."[46] 규칙적으로 이런 상상적인 사고 실험을 계속해서 실시하라. 그리고 시간이 지나면서 당신은 기꺼이 밖으로 나가 더 즐거운 재미를 누릴 수 있다는 것을 알게 될 것이다.

마지막으로, **불안 재평가anxious reappraisal를 연습하라.**[47] 만약 팡팡 뛰는 심장과 폭주하는 아드레날린과 같이 외향적인 사람이 추구하는 신체적 감각을 내성적인 사람이 경험하게 되면, 이런 감각들을 당황스럽고 역겹게 느낀다. 그러나 내성적인 사람은 이런 감각들을 불안감보다는 흥분의 표시로 해석하는 법을 배움으로써 이것들을 즐길 수 있다는 것-그리하여 더 대담해지고 위험을 덜 싫어하게 된다-을 알게 될 것이다. 이런 인지적 속임수를 수행하는 것(예를 들면 "나는 흥분되어 있어"[48]라고 스스로에게 말한다)은 사실 자신을 진정시키려는 노력보다 더 쉬우며, 장기적으로 도전적인 상황을 즐겁게 맞이하는 법을 배우는 데 성공하면 더 외향적이 될 것이다.

보너스 팁 | 특히 당신이 내성적인 성향이 강한 사람이라면 외향적인 방식으로 행동하려는 초기 시도로 인해서 사기가 저하되고 지치게 될 수도 있다. 용기를 내라. 연구에 의하면, 외향적인 사람도 사교와 같은 외향적인 행동 후에 피곤함을 느낀다.[49] 그럼에도 불구하고 그 순간에는 외향적인 행동이 내향적이고 외향적인 모두에게 효과를 발휘한다.[50] 피곤하지만 만족스러운, 그곳이 머물기에 좋은 곳이다.

하지만 진정성이나 "자신에게 충실하라(BEING TRUE TO YOURSELF)"는 어떻게 받아들여야 하는가?

"말하기를 멈출 수 없는 세상에서" 내성적인 사람의 강점과 필요를 찬양하는 수전 케인의 『콰이어트Quiet』와 같은 책의 성공은 사람들이 세상의 요구에 어떻게든 더 잘 부응하여 스스로를 변화시키기보다는 자신에게 충실하게 머무르는 것이 중요하다고 강하게 느낀다는 것을 잘 보여준다. 당신이 의도적으로 성격을 바꾸는 것을 고려할 때 변화한 당신의 모습이 거짓이 아닌지 걱정하는 것은 충분히 이해할 만하다. 이런 두 가지 명백하게 모순되는 목표-변화의 욕구와 진정한 자신이 되고자 하는 욕구-를 어떻게 일치시킬 수 있을까?

우선 한 가지 언급해 두고 싶은 것은, 성격을 변화시키는 것이 거대한 변신일 필요는 없다는 점이다. 아주 미세한 성격 조정도 보상을 받을 수 있다. 또한 현재의 성격 특성을 뒤집기보다는 강화하기를 원할지도 모른다. 예를 들어 당신이 이미 평균 이상으로 성실하다면, 이 점을 기반으로 삼고 싶을 것이다. 당신은 또한 몇 달 동안 피험자들을 추적하여 다른 성격을 원하는 피험자들이 그 변화를 이루어내서 결국은 더 행복해졌다는 연구 결과를 보고 나서야 안심할 것이다.[51]

또한 "진정성"이라고 것이 정말로 의미하는 바가 무엇인지 의문을 제기할 수도 있다. 진정성이라는 감정은 이상적인 자아, 즉 당신이 되고자 하는 종류의 사람처럼 행동할 때 느껴질 가능성이 높다는 증거도 있다.[52] 이는 좀 더 외향적이 되고 싶은 수줍은 사업가가 음료 칵테일 파티에 참석할 용기를 내어서, 사교적이 되는 것에 성공한 상황이라면, 그가 진정성을 즐긴다고 해도 무방하다는 것을 시사한다. 이와 비슷하게 커플들을 조사한 연구를 보면, 관계 만족에 가장 중요한 것은 당신이 되고 싶은 사람이 되도록 도와주면서 당신에게서 최고의 것을 이끌어 내는 누군가와 함께 하는 것이라고 보고한다.[53] 다른 연구에 따르면, 진정성의 감정은 신화적인 어떤 "참다운 자아"를 전달하는 것이 아니라 성격 특성과 상관없이 우리 자신에게 행복하고 좋은 느낌을 주는 방식을 통해서 이루어진다. 심리학자들은 이것을 "좋은 느낌=좋은 진정성" 가설이라고 부른다.[54]

항상 당신이 가진 성격 특성이 당신의 전부가 아님을 기억하라. 당신은 또한 당신이 갖는 목표와 가치관에 의해 정의되고, 당신에게 가장 중요한 사람들에 의해 정의된다. 당신이 이런 목표를 달성하고, 당신의 가치에 따라 생활하고, 의미 있는 다른 사람과 긍정적인 상호작용에 성공했을 때 진정한 보상을 받는 느낌을 경험할 가능성이 높다. 이런 모든 것은 올바

른 종류의 의도적인 성격 변화에 의해 도움을 받을 수 있다.[55]

대학에서 만난 매트가 내성적 성향에서 외향적 성향으로 변화된 추억을 떠올리면서, 나는 진정성에 대한 이런 관점이 그의 이야기와 맞아떨어진다고 생각한다. 내가 그를 만났을 때 그의 진짜 모습은 강한 내성적 성향에 맞았다. 그러나 그의 이런 성향은 자신을 불행하게 만들었는데, 특히 의미 있는 관계를 형성하려는 강력하고 진정한 욕망을 좌절시켰기 때문이다. 그는 외향적인 사람이 되도록 노력하는 것이 자신이 갈망하는 소속감을 충족시키고 자신의 정체성이라고 여겨지는 기본적 감정을 더 쉽게 느끼게 한다는 것을 깨달았다. 새로운, 이전보다 더 말을 많이 하는 매트는 거의 틀림없이 옛날처럼 진짜였다. 그의 성격이 자신의 가치관과 목표와 더 잘 맞아떨어졌던 것은 바로 그때였다.

만약 당신이 달라지기를 원한다면, 그 열망은 당신을 "당신답게" 만드는 유효한 부분이고, 변화에 대한 욕망을 만족시키는 것은 당신 자신에게 진정으로 다가가는 것이다. 게다가 "진정성"은 어떤 종류의 영원한 성취라기보다 종종 당신이 무엇을 하고, 누구와 함께 있느냐에 달려 있다. 성격을 바꾸는 것이 함께 있고 싶은 사람들과 더 많은 시간을 보내고, 하고 싶은 것을 하는 데 도움이 된다면, 자신을 바꾸는 것은 자신의 진짜 모습에 더 가까이 다가갈 수 있게 해준다.

6장

구원 : 나쁜 사람이
좋은 사람이 될 때

10대 때 마지드 나와즈Maajid Nawaz의 아침 일과는 자신의 등에 커다란 칼을 둘러메는 것이었다. 그 칼날은 1995년 런던 뉴햄 칼리지의 문 밖에서 이슬람교도와 아프리카 학생들 사이에서 일어난 치명적인 대립 와중에 나와즈의 손에 들어왔고, 충돌은 나이지리아 출신 젊은이 한 명을 살해하는 데서 절정에 달했다. 비록 나와즈는 아무도 해치지 않았지만, 2012년 자신의 회고록『래디컬Radical』에서 "그 자리에 서서 아요툰데 오바누비가 죽는 것을 지켜보았다"고 고백했다.[1] 나와즈는 모든 사람이 이슬람 법에 따라 살아야 하는, 특히 모든 동성애자들에게 죽음을 의미하는 이슬람 칼리프를 창설하고자 하는 히즈브 우트 타흐리르Hizb ut-Tahrir에 "맹목적으로 헌신하는" 회원이었다.

나와즈가 극단적 이데올로기를 지지하고 영구적으로 "극도의 폭력적인" 생활 방식을 보이는 것은 다른 데서 온 것이 아니다. 그것은 1980년대와 1990년대 영국 에식스에서 성장한 그와 영국계 아시아인 친구들을 겨냥한 만연된 인종차별에 대한 반응이었다. 그렇다고 해도 뉴햄 대학 살인사건 당시 나와즈의 생각을 들었다면 그가 반사회적 성격을 가진 위험한 인물이라는 인상을 받았을 것이다. 그는 법망을 피해가는 것을 스릴로 여기는 그라피티 예술가와 같은 젊은 청년이었다. 그는 "그것은 경찰, 법, 질서에 대한 모욕이었다"라고 『래디컬』에서 회상하였다. 한때 어머니가 혐오감에 배를 찧으며 "이런 아들을 낳은 자궁을 저주한다"고 통곡하던 존재였다.

뉴햄 대학의 문밖에서 벌어진 전투 이후 나와즈는 다른 학생들을 공포에 떨게 할 목적으로 다른 이슬람 폭력 단원들과 함께 아프리카 지역들을 여행하여 비극을 가중시켰다. 『래디컬』에서 그는 "그것은 다른 사람을 살해하는 냉혹한 내가 되고자 하는 성격의 일부였다"고 인정하였다.

9.11 테러범들의 동조자인 나와즈의 과격한 행동은 많은 인상적인 젊은이들을 폭력적인 지하디즘의 길로 이끌었다. 그

는 군사 쿠데타를 일으키기 위해 파키스탄으로 갔다. 그런 후 이집트에 갔다가, 2002년 이집트의 비밀경찰에 의해 체포되어 교도소에서 몇 년을 보냈다. 그는 독방에서 적들에게 치명적인 복수를 하겠다고 맹세하고 "나를 죽이기 전에 최대한 너희들을 죽이겠다"라고 하면서 처음 3개월 동안 환상을 보기도 하였다. 하지만 투옥은 그를 엄청나게 변화시켰다.

　　오늘날 나와즈는 완전히 다른 사람이다. 급진 이슬람에 대항하는 주도적인 운동가로서 그는 반극단주의 단체인 퀼리암Quilliam을 공동 설립하였고, 조지 W. 부시 전 대통령과 데이비드 캐머런 전 영국 총리 같은 사람들에게 환영받는다. 많은 매스컴 출연, 기사, 책에서 나와즈는 분노를 넘어선 연민과, "상대"가 누구이든지 간에 공통된 인간애를 옹호한다.[2]

　　어떻게 나와즈는 테러리스트에서 평화 운동가로 변신할 수 있었을까? 그것은 확실히 쉽지 않은 일이었다. 그는 "한 조각 한 조각씩 내 모든 성격을 처음부터 다시 재구성해야 했다"고 『래디컬』에 쓰고 있다. 하지만 몇몇 분명한 전환점, 주제, 영향들이 있었는데 이 중 많은 것들이 다른 사람을 변화시키는 데 반향을 불러일으킨다.

　　교육이 첫 번째 전환점이었다. 나와즈는 이슬람교 문헌뿐만 아니라 『동물농장』과 톨킨의 작품과 같은 영문학 고전들을 읽으면서 교도소 생활을 하였다. 그는 "이렇게 근원에서부터 이슬람을 공부하고 문학 작품들을 통해서 도덕적 복잡성과 씨름하면서[타인과의 공감과 연결을 재발견하면서], 다시 인간이 되어가는 복합적인 과정이 나에게 심대한 영향을 미쳤다"라고 쓰고 있다. 성격의 특성이라는 측면에서 나와즈는 개방적 성향과 친화적 성향이 현저하게 증가하였다.

교육 이외에도 나와즈의 변화에 대한 또 다른 주요한 영향은 다른 사람이 그를 연민의 감정으로 대해 준 경험이었다. 나와즈가 이집트에 수감된 동안 국제사면위원회 엠네스티는 그를 양심수(순전히 자신의 신념 때문에 감금된 사람)로 분류하고, 그의 석방을 위해 격렬한 운동을 벌였다. 그가 일찍이 경험했던 인종차별과 폭력은 나와즈를 비인간적으로 그리고 감성에 둔한 사람으로 만들었지만, 엠네스티가 그에게 보여준 연민은 그를 재인간화하는 효과를 가져왔다. "부분적으로는 나를 위해 애를 써준 그들의 결단 때문에 오늘날의 내가 되었다"라고 자신의 회고록에서 말한다.

나와즈를 변화시킨 마지막 요인은 삶의 새로운 목적이었다. 그는 이슬람 공포증Islamophobes과 이슬람주의자Islamists 모두 인권의 적이라는 것을 알게 되었다. 그는 스스로 "세계 최초의 반극단주의 조직"이라고 자부하는 퀼리암의 공동 창립자인 에드 후세인(역시 개혁된 이슬람 급진주의자)과 2008년에 마침내 여러 프로젝트를 제공하기 위한 새로운 운동에 도전하였다.[3]

나와즈 자신의 노력과 동기만큼이나 사회적 힘들 또한 미래의 나와즈를 형성하는 데 작용하였다. 히즈브 우트 타흐리르에 있던 이전 동료들 중 일부가 그를 급진주의에서 밀어냈다. 그들은 자신들의 이익 때문에 그를 배신하였던 것이다. 나와즈에게 그들은 이슬람의 사심 없는 투사들이 아니라 이기적이고 야심적인 자기중심주의자들이라는 것을 알게 해주었다.

　　나와즈의 이야기를 통해서 우리는 미국의 심리학자 브라이언 리틀이 제시한 몇 가지 생각을 생생하게 볼 수 있다. 브라이언 리틀은 성격 발달에 대한 "개인적 프로젝트"의 중요성을 폭넓게 연구해 왔다. 본질적으로 이런 프로젝트들은 당신이 인생에서 성취하려고 노력하는 것을 말한다. 리틀은 만약 가장 의미 있는 일에 주도권을 잡는 데 성공할 정도로 확실하게 자신에게 드라이브를 걸 수 있다면, 당신의 목표를 달성할 수 있는 성격 특성으로 변화될 수 있다고 말한다.

　　나와즈의 경우, 그의 새로운 목적이 자신의 성격 특성을 완전히 바꾸지는 못했지만(친화성과 개방성이 높아진 것 이외에) 보다 긍정적인 방식으로 자신의 성격 특성을 나아가게 하는 데에는 분명히 성공적이었다. 그의 열정, 추진력, 대인관계 기술을 포함하여 한때 급진주의에 기여했던 강한 외향적 성향과 성실한 성향의 일부가 퀼리암에 투입된 것은 분명하다. 그는 회고록에서 "무언가를 위해 노력하지 못한다면 나는 아무

것도 아니다"라고 쓰고 있다. 그는 한때 자신을 극단주의로 몰아넣었던 소위 "투쟁적 낭만주의"는 마음속에 영원히 살아있지만 지금은 평화적 목표를 위해 활활 타고 있다고 한다.

당신의 소명이 세계의 극단주의에 대항하는 것만큼 거창하지 않을 수도 있지만 만약 자신을 변화시키는 것에 관심이 있다면 목표와 야망이 자신을 어떻게 변화시킬 것인지 고려하는 것은 가치 있는 일이다. 그런 목표와 야망은 직접 당신의 성격을 형성할 수도 있고, 당신의 성격 특성이 표현되는 장을 제공해 줄 수도 있다. 만약 당신이 더 나은 사람이 되고 싶다면 인생에서 어떤 목표를 우선시해야 할지 신중하게 선택함으로써 이런 목표를 성취하는 것에 더 가까워질 수 있다. 이를 위한 실용적인 방법 중 하나는 브라이언 리틀이 "개인적 프로젝트 분석"이라고 부른 간단한 훈련을 하는 것이다.[4]

연습: 인생의 주된 목표와 소명을 성찰하라

- 지금 성취하고자 하는 모든 것을 적어보자—새로운 직업 얻기, 명상 배우기, 더 나은 친구가 되기 위해 노력하기, 자선기금 모으기, 사회적 지위 올리기, 체중 감량 등

- 가장 중요하고 의미 있는 2~3가지 목표에 집중한다. 각 항목에 몇 가지 메모를 한다. 기쁨을 주는가? 타인의 압력이 아니라 스스로의 관심과 가치에서 나온 것인가? 앞으로 나아가고 있다고

느끼는가? 목표 달성을 위해 완전히 혼자가 아니라 타인과 함께
노력하고 있는가? 이런 질문들에 "예"라고 더 많이 대답할수록
당신의 인생은 더 행복해질 가능성이 높다.[5]

- 자신에게 큰 의미가 없는 목표이거나, 타인에게 강요받거나,
자신의 가치에 부합하지 않거나, 심각한 스트레스와 좌절감을
야기하는 경우, 목표의 포기를 고려해 볼 가치가 있다.

- 또는 당신에게 큰 의미가 있는 목표를 찾았지만 진전이 없다고
느끼는 경우, 이러한 목표 때문에 불행해질 수도 있다. 당신은
이것을 재구성해서 목표를 가볍고 명확하게 만들 수 있다. 예를
들면, "책을 한 권 집필하자"는 목표 대신 "매일 30분씩 쓰려고
노력하자"로 바꾸거나 혹은 더 많은 지지, 훈련, 개인적 발달이
필요한지 생각해 볼 수 있다(이 책에 있는 몇 가지 전략을 사용할
수도 있다).

- 개인적인 구원과 같은 변화에 관심이 있다면, 개인의 핵심
프로젝트가 성격의 장점을 활용할 수 있는 최선의 방법인지,
아니면 이런 프로젝트가 당신이 원하는 성격으로 변화시켜 주는
것인지를 고려하는 것이 중요하다. 예를 들면, 당신이 개방적
성향이 되고 싶다면 실험, 모험, 도전이나 다른 문화의 체험이 적은
핵심 프로젝트는 유익하지 않을 것이다. 또한 만약 좀 더 친화적
성향이 되고 싶다면 좌절과 분노, 타인을 자극하는 등 궁극적으로
이기적이 되는 프로젝트는 역효과를 낳을 수밖에 없다.

- 만약 당신이 이 훈련을 완수한 다음 삶에 새로운 목표가 필요하다고
느낀다면, 그것에 대해 단지 생각만 하지 마라. 대신 가능한 많은
관심사, 아이디어, 사회적 문제, 다양한 주제, 활동에 자신을
노출시켜라. 특히 자신과 가치를 공유하는 사람들과 실험하고 매일
그들을 흥분시키는 것이 무엇인지에 대해 대화를 나누어라. 정열은
한순간에 우리를 사로잡는 것이 아니다. 시간을 들여야 한다.

구원의 다른 이야기

성격 형성에 대한 열정이나 소명의 힘은 구원의 다른 많은 이야기에서 되풀이된다. 캘리포니아에서 10대 시절에 물건을 훔친 후 처음으로 사법적 문제에 봉착한 캐트라 코베트Catra Corbett의 삶을 생각해 보자. 그녀는 성인 초기부터 메스meth[메타암페타민, 각성제의 일종. —옮긴이] 중독자이자 마약 소매상이 되었다. 최근 자서전『새로 태어나다Reborn on the Run』에서 중독이 그녀의 삶을 어떻게 지배했고 가장 아끼는 사람들에게 반복적으로 상처를 입혔는지를 묘사했다. "당시엔 가족을 거의 보지 못했다. 나는 한 달에 한 번 어머니의 머리를 손질해 줬고, 어머니는 같이 점심을 먹으러 가자고 했다. 나는 약속을 해놓고 그것에 대해 잊어버리거나 아니면 종종 나타나지 않았다."[6] 중독자였던 그녀의 삶은 마약 거래로 체포되어 교도소에서 끔찍한 밤을 보냈을 때 바닥을 쳤다. "이건 내가 아니야." 그날 밤 그녀는 생각했다. "나는 정말 나쁜 사람이 아니야…. 뭔가 변해야만 해."

처음에 문제는 코베트가 어떻게 변화해야 할지 몰랐다는 점과 자신이 마약을 끊는 동안 건강해지기 위한 소위 "정신적 도구들"을 갖고 있지 않았다는 것이다. 코베트가 자신의 생활 방식을 묘사한 것으로 미루어 볼 때, 그녀는 강한 외향적인 사

람이었을 가능성이 높다. 그녀는 이전에 많은 친구들을 사귀
었고, 파티를 좋아했으며, 스릴과 최고 수준의 마약에 매료되
었다. 그녀의 삶을 전환하기 위해서는 자신의 외향적인 본성
을 만족시키고, 더 큰 절제와 질서를 가져다 줄 성실한 성향과
외향적 본성을 결합하는 방법이 필요하였다.

　　나와즈와 마찬가지로 코베트가 자신의 성격을 재건하는
데에는 교육이 중요한 역할을 했다. 그녀는 다시 학교로 돌아
가 비행 청소년이었기 때문에 받지 못한 졸업장을 받았다. 코
베트의 성격 변화를 더욱 촉진한 것은 운 좋게도 달리기를 발
견한 일이다. 교도소에서 나오고 마약에서 벗어난 지 얼마 되
지 않은 어느 날-우연히, 아마도 소녀 시절에 그녀에게 스포츠
를 하도록 격려해 주었던, 너무도 그리운 돌아가신 아버지로부
터 영감을 받았을 것이다- 그녀는 조깅화를 신고 반려견과 함
께 아무 생각 없이 달렸다. "죽고 싶은 심정으로 블록을 뛰어
다녔다. 달리기가 끝날 때쯤 나는 힘들고 지쳤다. 현관 계단에
털썩 주저앉고 다시 한 번 깊이 심호흡을 했다. 기분이 좋았다.
우와, 나는 생각했다. 내가 걷거나 멈추거나 전혀 쉬지 않고 끝
까지 달렸어. 달렸어. 진짜로 달린 거야. 기분이 너무 좋아서 그
때 바로 달리기 선수가 되겠다고 결심했다."

　　한동안 코베트는 섭식장애를 극복하기 위한 심리적 지원
이 필요했다(외향적 성향과는 달리 신경증적 성향이 높아서 중

독과 정신적 문제에 부분적으로 취약하였다). 결국 달리기에 대한 그녀의 열정은 성격과 삶을 변화시켰다. 오늘날 코베트는 세계 최고의 초특급 달리기 선수 중 한 명이다. 그녀는 100마일을 100번 이상 달린, 세계에서 단 4명의 개인으로 구성된 선발 클럽 회원 중 한 명이다.[7]

달리기는 그녀의 외향적 본성에 탈출구가 되었다.("마라톤 완주는 마약이 주는 것과 같은 고양된 기분을 느끼게 해주었지만 달리기는 내 삶을 향상시키는 것이지 망치는 것이 아니다.") 그리고 그녀는 스포츠를 완전히 받아들였고 더 힘든 도전을 향해서 나아갔다. 마라톤에서 초장거리 트레일로 이어졌다. 이것은 그녀의 성실한 성향을 높였고 정서적 안정을 주었다. 이는 내가 2장에서 설명한 사회 투자 이론의 완벽한 실제 사례이다. "나는 항상 무언가를 위해 훈련하였다. 내 삶의 계획이 있으며, 나는 필요한 것을 가지고 있다"라고 자서전에서 코베트는 말한다.

달리기와 같은 개인적 프로젝트가 갖는 특별한 장점은 이정표의 동기부여가 갖는 힘을 활용하기 쉽다는 점이다. 새로운 언어를 배우는 것이든 구원을 찾는 것이든 그 과정에서 당황스러운 압도적인 도전에 직면했을 때 확실한 진전을 이루고자 하는 사기가 저하될 수도 있다. 달리기와 비슷한 활동들은 진행 상황을 도표화하고(5킬로미터 혹은 하프 마라톤과 같이 처음에는 거리로, 다음에는 횟수로 도표화한다), 새롭게 성취한 것에 스스로 보상을 주는 것은 강력한 동기부여가 된다. 경영학자 칩 히스와 댄 히스가 『순간의 힘The Power of Moments』에서 설명하는 것처럼 "이정표는 정복할 수 있고 정복할 가치가 있는 순간들을 정의한다," 그리고 그렇게 함으로써 우리가 "결승점으로 가는 데 도움이 된다."[8]

충분한 상상력과 헌신으로 당신의 목표가 무엇이든 상관없이 이런 접근법을 취할 수 있다. 예를 들면 아무리 작은 일이라도 성취한 것을 매일 기록한다. 언어를 배우는 것 또는 구원을 찾는 것과 같은 고상한 야망과 같이 특정한 목적을 추구하는 경우, 혹은 스페인어로 식사를 주문하거나 순전히 이타적인 이유로 누군가에게 호의를 베푼 것을 첫 사건으로 기록할 수 있다. 이렇게 진전된 것을 기록하고 스스로에게 보상하는 것은 또 다른 힘의 동기, 정당한 자부심을 자극하는 데 도움이 될 수 있다. 이것은 자만적인 자부심과 달리 자신이 열심히 일한 결과물로 즐거워하는 것에 기반을 둔다. 진정한 자부심은 기분을 좋게 하고, 한 번 이런 기분을 맛보면 더 많은 것을 원하게 되어 목표를 향해 더 나아가게 해준다.

펜실베니아에서 자란 버릇없는 십 대 어린 시절에, 닉 야리스는 이른바 "충동 조절 장애"를 앓았다. 10세 때 처음 맥주를 마셔본 후 그는 다시 돌아갈 수 없었다. 14세까지 그는 매일 술을 마시고 마약을 했다. 그가 첫 번째로 체포된 것은 늘어나는 마약 습관 때문에 저지른 절도 때문이었다. 야리스의 삶은 완전히 탈선했고, 1981년 20세 때 그는 적색 신호등을 무시하고 달리다 교통경찰의 단속을 당하였다. 회고록 『13의 공포Fear of 13』에 실려 있는 야리스의 설명에 따르면, 경찰은 그를 거칠게 다루었고, 그들이 몸싸움을 하면서 경찰의 총이 실수로 발사되었다.[9] 야리스는 굴복되었지만 경찰의 분은 풀리지 않았다. 전투가 끝난 후 경찰은 무전으로 "총성이 발사되었다!"라고 외치며 지원을 요청했다. 이로 인해 야리스가 경찰 살인미수 혐의로 고발당하는 일련의 사건들이 발생하게 되었다.

사태는 최악으로 치달았다. 야리스는 지역의 미해결 살인사건의 범인을 알고 있다고 주장하며 자신에게 유리한 방향으로 국면을 전환하려는 계략을 꾸몄다. 이 계획은 역효과를 낳았고, 결국 경찰이 그를 살인미수뿐만 아니라 지역 여성을 강간하고 살해한 혐의로 기소하였다. 이어진 재판에서 그는 유죄판결을 받았고, 자신이 저지르지도 않은 범죄로 사형집행을 기다리면서 22년 동안 가장 끔찍한 경험을 견뎌야만 했다.

당신은 그러한 삶이 반사회적 성향을 지닌 하찮은 범죄자를 복수심에 불타는 괴물로 만들 것이라고 생각할지도 모른다. 오늘날 야리스는 품위와 겸손의 역할 모델이다. 그는 2017년에

『친절 접근법The Kindness Approach』을 공동 저술하였다. 그는 이 책에서 분노를 용서와 연민으로 재형성하는 방법을 알려준다.[10]

야리스는 어떻게 이러한 변화를 이루었을까? 그의 이야기에서 일부 주제는 나와즈와 코베트의 주제와 흡사하다. 그는 교도소에서 자신의 삶을 재건했고, 끈질긴 성격을 이용하여 스스로를 교육하고 지속적으로 자신의 무죄를 호소하여 결국 잘못된 판결을 뒤집었다. 그렇게 하여 야리스는 펜실베니아에서 최초로 DNA 검증을 통해 무죄 판명을 받은 사형수가 되었다.

자신의 결백을 증명하려는 동기는 야리스의 새로운 소명이 되었고 이것은 구원과 같은 성격 변화를 이루는 데 도움이 되었다. 그는 석방된 후에도 자신의 에너지와 열정을 친절한 삶의 방향으로 돌렸다. 이것은 부분적으로 어렵게 얻은 자유에는 예의 바르고 공손해야 할 의무가 있다는 어머니의 말에서 영감을 얻은 것이었다. 이런 모성애적 충고는 그의 심금을 울렸다. "매일, 나는 매우 긍정적이 되기 위해 열심히 일했으며, 에너지와 친절을 인생관과 삶의 방식을 완전히 바꾸는 데 사용하였다"라고 자서전에서 쓰고 있다.

구원의 장애

구원에 관한 세 가지 이야기-나와즈, 코베트, 야리스-는 동일한 주요 특징들을 공유한다. 즉 변화의 계기가 된 경험(예, 교도소에 가는 것), 자기 교육, 새로운 소명, 다른 사람이 제공하는 영감과 격려이다.

이런 이야기들은 사회를 "나쁜" 것으로 간주할 수 있는 관점을 제공하는 사람들, 즉 범죄자, 협잡꾼, 사기꾼들에게 변화의 희망이 있다는 것을 의미하는가? 슬프게도 그런 많은 사람의 현실은 스스로를 돌아보고 싶은 본능도 욕망도 없다는 것이다. 또한 교도소는 유익한 변화를 조장하는 긍정적인 경험을 제공하지 않는다. 교도소 당국이 마법 같은 변화의 순간이나 좋은 영향을 주는 친구나 친지들을 제공한다고 보는 것은 현실적이지 않다.

아마도 변화의 가장 큰 걸림돌은 많은 범죄자들이 변화를 원하지 않거나 시도할 이유가 없다고 본다는 것이다. 많은 범죄자들은 자신의 행동을 정당화하고 미래에 다시 범죄를 저지를 가능성이 높은 비생산적인 사고 습관을 가지고 있다.

범죄자들이 독특한 사고방식을 가지고 있다는 생각은 적어도 1990년대까지 거슬러 올라간다. 그 당시 임상 심리학자 글렌 월터스가 "범죄자 사고 스타일의 심리학적 목록", 간단히 PICTS Psychological Inventory of Criminal Thinking Styles라고 부르는 유명한 검사 도구를 개발하였다. 이 검사는 80개의 항목에 '네'와 '아니오'를 답하게 한다. 아래에 그 일부가 있다.[11]

당신은 범죄자처럼 생각하는가?

	네	아니오

나는 종종 남들은 보거나 듣지 못하는 것을 보고 듣는다.

내 행동에는 아무 잘못이 없다.

사회는 불공정하고, 나의 상황 때문에 어쩔 수 없이
범죄를 저지르는 것이다.

나는 규칙 위반을 쉽게 하기 위해 술을 마신다.

나는 과거에 충분히 벌을 받았다. 나는 쉴 자격이 있다.

지배하지 않으면 불편하다. 다른 사람보다 권력을 갖는
것을 선호한다.

과거에 나는 붙잡히는 것을 잘 피해왔다. 아마 미래에
내가 원하는 것을 할 것이다.

나는 많이 꾸물거린다.

나는 사회적 규범을 어기곤 한다. 그래서 범죄에
몰두하거나 저지를 수 있다.

이 항목들은 범죄적 사고라는 다른 차원을 알아내기 위해 고안된 것이다. 예를 들면 (처음부터 끝까지) 혼란, 방어, 달래기(나쁜 행동의 정당화), 죄책감과 기타 감정의 차단(범죄를 저지르기 쉽도록 술과 마약의 사용), 권리 부여, 권력 지향,

초낙관성, 나태성, 불연속성(계획을 이행할 수 없음) 등이다. 만약 당신이 항목의 많은 곳에 '예'라고 답했다면 당신은 범죄자의 사고 경향을 가졌다는 것을 의미한다. 그러나 전체 테스트는 훨씬 더 길고 심층적이며, 검사 결과는 항상 피검자의 배경과 실제 행동이라는 맥락에서 해석된다는 것을 명심하라.

일단 범죄적 성격과 사고방식을 가진 사람들이 투옥되면, 불행히도 교도소 환경은 성격에 악영향을 끼치고 문제를 복잡하게 만든다. 예를 들면 만성적 자유 선택의 상실, 사생활의 결여, 일상적 낙인, 잦은 두려움, 취약하지 않은 척하는 가면과 정서적 둔마라는 가식성을 지속적으로 취해야 할 필요성(타인에 의한 착취를 피하기 위해), 매일 외부에서 부과되는 엄격한 일상의 규칙을 따라야 하는 의무 등이다. 실제로 케임브리지 대학 범죄학 연구소 연구원들이 수백 명의 수감자들을 인터뷰한 결과, 장기 투옥은 "자아의 근본적 변화"로 이어진다고 한다.[12] 일부 전문가들은 이런 심각한 성격의 적응 현상을 "감옥화"라고 부른다.[13]

심지어 짧은 교도소 생활도 성격에 영향을 미칠 수 있다. 2018년 네덜란드의 심리학자들은 37명의 죄수들을 상대로 3개월 간격으로 두 번 실험하였다. 두 번째 테스트에서 그들은 증가된 충동성과 낮은 주의 통제력-성실한 성향의 감소-을 보였다. 연구원들은 이것을 교도소에서 겪는 자율성과 인지

능력의 상실 때문이라고 보았다.[14]

　부정적인 성격 변화는 석방 후에도 출소 증후군으로 남아 전직 수감자들이 사회에 다시 잘 적응하는 데 어려움을 초래할 수 있다. 종신형을 선고 받은 25명의 보스턴 시민들과의 인터뷰에서 심리학자들은 그들이 다양한 "제도화된 성격 특성"을 보였는데, 특히 지속적인 편집증처럼 타인을 신뢰하지 않는다는 것을 발견하였다.[15]

　하지만 코베트, 슈워츠 및 다른 사람처럼 교도소 경험이 때때로 성격에 이로운 영향을 미칠 수도 있다는 희망의 빛이 있다. 예를 들면 빅5 모델을 죄수의 성격 변화에 적용한 몇 안 되는 연구들 중 하나인 스웨덴의 2017년 연구는, 수감자들의 성격 프로필을 대학생과 교도관을 포함한 다양한 대조군과 비교하였다. 예상하는 바와 같이 죄수들은 외향성, 개방성, 친화성에서는 낮은 점수를 받았지만, 성실성 특히 질서와 자기 통제의 하위 특성에서는 더 높은 점수를 받았다.[16] 연구원들은 이것이 엄격한 규칙과 규정이 있는 환경에 대한 긍정적인 적응의 한 형태가 될 수 있고, 이후 수감자들이 곤경에 빠지지 않기 위한 성실한 태도를 얻을 수도 있다고 생각한다.

　나와즈나 야리스 같은 죄수들은 교도소 환경의 해로운 영향을 차단하거나 최소화하면서 자신의 성격을 유익한 방법으로 재건하는 데 수감 시간을 활용하여 최대한 긍정적인 변화를 시도하는 데 성공하였다. 또한 그들은 상당할 정도의 자기 교육을 통해 자신의 범죄적 사고방식을 다루었다.

다행히 인지적 자아 변화 개입Cognitive Self Change intervention 과 같은 구조화된 재활 프로그램이 범죄성에 깔린 생각과 신념에 대해 성찰하고 맞서도록 유도하는 것과 같은 비슷한 효과를 거둘 수 있다는 증거가 있다. 예를 들면 삶이 불공평해 타인에게 해를 끼치는 것이 정당하다든지, 또는 귀중한 물건들을 진열하거나 안전장치 없이 두는 것은 그들의 책임이라는 생각 등을 말한다.[17] 이런 프로그램들은 또한 인간관계, 스트레스, 부채와 같은 문제들을 범죄에 의존하지 않고 건설적인 방법으로 다루도록 돕는 삶의 기술과 기본적 행동들을 가르친다(그렇게 함으로써 범죄자들의 성실성과 친화성을 높이고 PICTS의 점수를 낮춘다).[18]

인지적 자기 변화 개입의 창시자 중 한 명인 잭 부시는 "때때로 나는 진정한 변화가 일어나는 것을 보았다"라고 2016년에 NPR에서 말했다.[19] 부시는 "그 누구도 본 적이 없는 가장 나쁜 범죄자"가 되고 싶었던, 평생 범죄를 저지르며 산 켄이라고 불리는 자의 예를 들었다. 하지만 인지적 자아 변화 프로그램을 통해 켄은 자신의 범죄성이 사고 습관에 뿌리를 두고 있다는 것을 인식하게 되었다. 켄은 나중에 부시에게 이런 깨달음이 자신이 새로운 목표를 세울 수 있게 해주었다고 말했다.

그의 새로운 목표는 명예를 아는 사람이 되는 것이었다. "교도소에서 석방된 이후 20년이 넘는 세월은 힘들었지만, 이제 그는 세금을 내는 시민, 그리고 명예를 아는 사람이다"라고 부시는 말했다.

조금 다른 재활 프로그램이 취하는 접근 방식은 죄수들의 왜곡된 도덕적 나침반의 수정을 목표로 한다. 반사회적 성격을 가진 사람이 도덕적 딜레마에 직면했을 때 그들은 "나름대로 편리한" 관점을 취하는 경향이 있다.[20] 즉 그들은 자신이 생각하는 논리에 근거하여 범죄를 정당화하면서 아무런 느낌 없이 그냥 자신의 계산대로 따져본다.[21] 도덕성을 목표로 하는 가장 잘 알려진 재활 프로그램들 중 하나인 도덕성 회복 요법은 범죄자들의 도덕적 감각을 발달시키기 위해 CBT 이론을 사용한다. 예를 들면 자신의 행동에 결과를 더 많이 생각하고, 부도덕한 신념과 생각에 도전하고, 한 걸음 더 나아간 도덕의 원칙을 가르친다.[22]

수감자들이 더 나은 삶을 위해 성격 변화를 시도하는 것이 낙관적이라고 보는 이유가 많이 있지만, 그렇게 만만하게 봐서는 실수하게 된다. 엄격한 규칙과 힘든 신체 운동에 기초한 신병 훈련소 같은 방법들은 의도는 좋지만 결국은 해로운 것으로 입증되었다. 가장 악명 높은 예는 아마도 1939년 매사추세츠주 보스턴 인근 마을에서 시작된 캠브리지-소머빌 청소년 연구Cambridge-Somerville Youth Study일 것이다. 이 연구에서는 비행 청소년들을 성인 멘토들과 짝을 지어주었다. 멘토들은 친절하였고 긍정적인 성격 발달에 기여할 수 있는 사람들이었다. 그런데 실제의 결과를 보면, 이 연구에 참여한 비행 청소년들은 대조군에 비해 더 많이 범죄를 저지르는 등 좋지 않은 결과를 보여주었다(이에 대해서는 서로에게 나쁜 영향을 미치는 연구 그룹의 불량한 동료가 원인이라는 이론을 포함해서 여러 다양한 이론들이 있다).[23] 이러한 실망스러운 연구 결과가 우리에게 상기시켜 주는 점은, 긍정적 성격 변화가 가능하더라도 그 과정은 직선적이지도 않고 쉽지도 않다는 것이다. 좋은 의도와 그럴듯해 보이는 프로그램에 의존하는 것만으로는 충분하지 않다. 오히려 증거 기반 접근법을 사용하는 것이 중요하다.

아마도 재활치료의 가장 큰 장애물은 많은 범죄자들이 변화하려는 의욕이 없고, 프로그램을 시작하기를 거부하거나 프로그램을 하자마자 그만둔다는 것이다. 그들은 변화하고자 하는 의욕이 없고, 의욕이 없다면 희망도 없다. 이러한 난관에 도전하기 위해 최근 사우스 캐롤라이나 찰스턴의 '터닝 리프 프로젝트Turning Leaf Project'라고 불리는 한 선구적인 비영리 프로그램에서는 전과자들에게 매일 3시간짜리 CBT 수업에 참여하면, 일주일에 150달러를 지불하는 특이한 접근 방식을 취한다.

이 프로그램은 범죄를 저지르는 사고의 습관을 개선하는 것을 목표로 하고 최소한 150시간의 수업 참여를 달성하고자 한다. 돈을 지불하였음에도 불구하고 참가자 중 약 35%만이 프로그램에 끝까지 참여하였다. 그러나 프로그램의 긍정적인 측면을 살펴보면, 이 프로그램을 졸업한 범죄자는 지금까지 한 명도 다시 체포되지 않았다고 《바이스》는 보도한다.[24]

치료받지 않은 정신 건강 문제는 여전히 범죄자들의 개선을 방해하는 또 다른 요인이다.[25] 예를 들면 우울증은 수감자들에서 일반인들보다 약 3배 더 흔하다. 자살 위험은 일반인보다 남성 수감자가 3배 높고, 여성 수감자는 9배가 높다. 적절한 치료나 다른 지원책이 없다면, 이런 문제들은 수감자들의 성격과 개선 노력에 부정적인 영향을 미칠 것이다.

또한 성공적인 성격 변화와 직접 관련이 있는 것은 범죄자들이 "반사회적 성격 장애"를 갖고 있는지의 여부이다.[26] 즉 반사회적 성격 장애자들이 갖는 사고와 행동의 범죄 습관은 정신 장애의 한 형태로 간주된다. 이 장애는 극도로 심각하고 오래 지속되지만, 궁극적으로는 치료가 가능하다고 본다.[27] 또는 범죄자들이 더 극단적인 사이코패스 성격을 가지고 있다면 치료되거나 변화되지 않을 것이라고 많은 사람이 생각하지만, 이것은 여전히 논쟁적이다.[28]

다행히 재소자들의 40% 이상이 반사회적 성격 장애를 가졌고 사이코패스는 훨씬 적다고 생각된다. 그리고 모든 사이코패스는 반사회적 성격 장애를 가지고 있지만 그 반대는 사실이 아니다.[29] (다음 장에서 사이코패스에 대해 더 자세히 다룰 것이다.)

여러 가지를 감안해서 말하자면 나와즈, 코베트, 야리스 등 구원에 관한 많은 개인적 이야기들은 범죄자 재활에 관한 연구 결과와 결합되어 희망적인 메시지를 제시한다. 이것은 이 책의 주장, 즉 성격은 유연해서 변화 가능하다는 대단히 중요한 주장과 일치한다. 범죄 경력이 있고 공격적인 사람을 올바른 태도, 충분한 동기부여, 다른 사람의 지지로 의미 있고 긍정적으로 변화시킬 수 있다. 긍정적인 성격 변화를 야기하고 더 나아가 빛을 향한 삶의 여정을 지속하기 위해서는 중대한 소명이나 목적을 발견하는 것이 중요하다. 이런 점에서 교육은 핵심적인 요소이다.

좋은 사람이 나쁜 사람이 될 때

슬프게도 우리의 영웅들이 괴물, 두더지, 강도, 사기꾼으로 변신하는 이야기들이 많이 있다. 랜스 군더슨Lance Gunderson의 이야기를 해보자. 그는 별로 대단하지 않은 집안에서 홀어머니의 손에 자랐다. 그는 폐, 위, 뇌까지 전이된 고환암에서 살아남아 7개의 투르 드 프랑스 경주의 전례 없는 우승자가 되고, 암 환자를 위해 수억 달러를 모금한 라이브 스트롱 암 자선 단체Live Strong cancer charity의 창립자가 되었다. 역경을 이겨낸 랜스의 이야기는 한 세대를 고무시켰고,《포브스》는 그를 일종의 "세속 예수"라고 부르도록 자극했다.[30] 그러나 나중에 어머니의 두 번째 남편으로부터 암스트롱이라는 성을 받은 랜스는 모든 사이클링 경기를 속여왔음을 인정하였다(미국 반反도핑 협회의 끈질긴 조사에 의해서).《선데이 타임스》[31]가 "사이클로패스cyclopath"라고 명명한 암스트롱은 심한 부정행위는 물론 수년간의 부인을 포함한 거짓말과 괴롭힘으로 비난을 받고 있다.[32]

정치는 성실함의 대명사로 알려진 유명인들이 실제로는 더럽고 부패한 사람이었다는 이야기를 들려준다. 한때 미국 부통령 후보였던 존 에드워즈 전 상원의원이 민주당의 도덕적 골든 보이로 여겨졌던 것을 생각해 보라. 그는 아내가 암 투병 생활을 하는 동안 혼외정사를 했고, 거짓말을 하고 은폐하려고 계획했다. 또 앤서니 와이너 전 하원의원은 (《런던 타임스》를 인용하면) "자신만만하고 대단한" 사람이었다. 그는 떠오르는 별이었고, 빌 클린턴 대통령이 결혼 주례를 섰지만, 15세 소녀에게 자신의 음탕한 사진을 보낸 혐의로 수감되어 있다.[33]

아내와 그녀의 친구를 살해한 불명예스러운 혐의를 받고

있으며 나중에 무장 강도 및 납치 혐의로 수감된 스포츠의 전설이자 배우인 OJ 심슨은 어떤가? 그리고 지난 2014년 10대 팬들을 성폭행한 혐의로 실형을 선고받은 호주 어린이들의 연예인 롤프 해리스가 있다. 그리고 아마도 가장 충격적인 것은 영국 TV와 라디오의 간판인 지미 사빌의 이야기인데, 그는 아이들의 오락과 자선 사업으로 찬양받았지만(그는 자선 사업을 통해 수천만 달러를 모금했다고 한다), 수많은 아동들을 포함해서 수백 명의 희생자들을 폭행하고 강간한 혐의로 사후에 기소되었다.

TV 시리즈 〈브레이킹 배드〉의 월터 화이트처럼 선한 사람이 악으로 변하는 모습을 묘사한 전기는 생생한 스토리텔링을 만든다. 그는 열심히 일하는 화학 선생님에서 무자비한 마약 범죄자와 살인자로 변신한다. 그러나 현실은 허구처럼 흑백인 경우가 드물다. 암스트롱, 사빌, 에드워즈 그리고 다른 사람의 이야기는 모두 인간의 나약함과 잔인함에 대한 우울한 비극이지만, 이것이 성격의 단순하거나 직접적인 변화를 반영하는지는 분명하지 않다. 많은 경우, 이런 유명인들의 어두운 면을 폭로한 것이 갑작스런 충격이었지만, 사실 그들은 덕망 있고 유명한 행위와 함께 수년간 잘못된 일을 저지르고 있었다.

성격의 극적인 변화보다는 이러한 등장인물들의 성공을 촉진시킨 바로 그 특성들-오만이라고도 부를 수 있는 그들의 외곬수적인 결단력 - 이 부패한 형태로 그들의 범죄와 위반을 조장하고 뻔뻔스러움과 속임수로 거짓말을 하여 기만하며, 성적 만족과 권력을 추구하는 이기심과 갈망을 보인다. 결국 만약 몰락한 연예인들이 애초에 착하고, 유순하고, 털털하고, 사심 없는 성격을 가지고 있었다면(성격 특성에서 만약 그들이 친화성에서 더 높은 점수를 받았더라면), 성공과 권력의 절정에 이르지 못했을 것이다. 그러므로 이러한 유감스러운 이야기들을 극적인 성격 변화의 예로 보기보다는, 비극적인 판단의 오류 또는 의지력이 조절 불가능하게 되어서(성실한 성격 특성이 낮아지거나 일시적으로 감소된 것에 의해) 일어난, 강력하고 성취 지향적인 특성을 가진 사람의 예로 보는 것이 더 정확할 수 있다.

사실 매우 선량한 사람이 완전히 나쁘게 변한다는 생각은 지나친 단순화이다. 왜냐하면 우리 모두는 인간으로서 매일 이런저런 일에 직면한다 - 한편으로는 단기적 충동, 기본적 욕망에서 다른 한편으로는 더 고상한 도덕과 장기적인 열망 사이에 놓여 있다. 자신의 삶에 대해 정직하게 성찰해 보면, 대부분의 경우, 자신을 도덕적으로 좋은 사람이라고 생각하더라도 그리 자랑스럽지 않은 경우도 떠올릴 수 있을 것이다. 지난번 직장에서 표창을 받았을 때도 이력서를 미화해서 취직했다는 죄책감에 시달렸던 기억이 있을 것이다. 지난밤 배우자가 당신의 눈을 바라보며 당신의 사랑과 지지에 감사해할 때 당신은 전날 동료와 시시덕거렸던 모습을 떠올리면서 움찔했을지도 모른다.

몰락한 연예인과 정치 슈퍼스타들에게도 같은 전투가 벌어지지만 더 드라마틱하고 과장된 형태로 대중의 눈에 띄는 것이다. 자신의 재능과 야망으로 인해서 상당한 지위에 올라갔지만, 이런 아찔한 높이는 대단한 유혹과 함께 온다. 돈, 술, 마약, 섹스, 성에 대한 무제한적인 접근과 일시적 만족 또는 더 큰 성공을 위해 팬들을 괴롭히고, 유혹하고, 조정할 수 있는 기회가 주어지는 것이다.

권력은 권력의 대상이 되는 사람을 비인간적으로 보게 한다는 증거들이 있다. 말하자면 권력 대상이 된 사람을 감정을 가진 살과 피의 인간으로 보는 것이 아니라, 조정할 수 있는 도구로 보는 것이다. 심리학자들은 어떤 맥락에서 이것을 적응의 효과라고 여긴다. 예를 들면 정치 지도자들이 한 집단의 생명을 다른 집단과 비교하거나, 외과의들에게 다른 사람의 육체를 절단하는 데 필요한 심리적 거리를 주는 것처럼 불가능해 보이는 결정을 내리는 데 도움을 줄 수 있다고 본다.

그러나 사빌과 다른 유명인들이 왜 그렇게 오랜 세월 동안 학대를 저질렀는지에 대한 의문은 여전히 제기된다. 만약 그들이 정말로 좋은 사람들이었다면 왜 원래대로 돌아오지 못했을까? 많은 평범한 범죄자들이 자신의 행동을 변명하기 위해 뒤틀린 논리와 정당성을 사용하는 것처럼 유명인은 자신들의 행동을 정당화하면서 성격과 도덕성은 악성적인 사고방식으로 타락했을 가능성이 있다. 예를 들면 이런 타락한 유명인들은 성공을 위해 고통받고 노력하였기 때문에, 아마 더 많은 육체적 욕망과 이기적인 꿈을 충족시킬 권리를 얻었다고 자신에게 말할지도 모르겠다.

당신은 보다 일상적인 면에서 이런 종류의 "자기 면죄부"를 스스로에게 주었을지도 모른다. 예를 들면 직장에서 특히 스트레스를 많이 받는 하루를 보낸 후 자신에게 와인 한 잔을 주거나, 혹독한 체육관 훈련 후 머핀 금지를 깨는 것이다. 황금기를 보냈던 개인들에게 커다란 소환장, 또는 법원의 영장이 온 것을 상상해 보라. 아마도 그들은 스포츠나 예술을 위해 수년간의 삶을 바쳤기 때문에 일종의 자유나 보상을 받을 자격이 있다고 스스로 생각했을 것이다.

『아웃 오브 캐릭터Out of Character』에서 심리학자인 저자 데이비드 데스테노David DeSteno와 피에르카를로 발데솔로 Piercarlo Valdesolo는 자기 면죄부가 전 뉴욕 주지사인 엘리엇 스피처Eliot Spitzer의 악명 높은 추락의 배후에 있을 것이라고 추측하였다.[34] "도덕적 위선의 모범"인 스피처는 부패와 매춘에 끊임없이 반대하는 정책을 추진하였다. 여기에는 매춘 방지법과 에스코트 서비스 벌금 강화도 포함된다. 그가 현재는 없어진, 뉴욕에 기반을 둔 VIP 에스코트 회사인 엠퍼러스 클럽의 단골로 밝혀지면서 스캔들이 불거졌다. 자기 면죄부는 "스피처의 자기만족이라는 결정에 부분적으로 작용했을 수 있다. 결국 부패의 재앙에 맞선 모든 승리는 그에게 불미스러운 행동으로 즐길 수 있는 자격을 주지 않았는가?"라고 두 심리학자는 쓰고 있다.

한때 매우 도덕적으로 보였던 사람의 보다 일상적인 변화들은 이와 동일하거나 유사한 과정, 즉 자기 통제력 상실과 이후의 자기 합리화를 특징적으로 보여준다. 나이 어린 여자 동료와 함께 도망치는 헌신적인 남자(또한 이제는 자신이 이기적인 재미를 느낄 차례라고 스스로 확신하는 사람), 또는 승진에서 탈락한 후 자신의 회사에서 돈을 빼돌리는 정직하고 열심히 일하는 직원(또한 자신이 이렇게 하는 것은 당연한 것이라고 스스로 확신하는)을 생각해 보라.

욕망과 분노 같은 강력한 감정으로 인해서 평소의 자신과 어울리지 않는 행동을 하게 될 때, 그 반향은 때로는 더 지속적인 울림으로 이어지는 경우가 있다. 특히 행동의 결과가 당신의 상황, 우선순위, 관점과 관련된다면 더욱 그렇다. 배우자에게 용서받지 못한 채 바람을 피우는 남편은 가족과 직장을 떠나 정부와 함께 멀리 도망가서, 결국은 친화적 성향과 성실한 성향이 감퇴하면서 인간관계에도 더 많은 부정적인 결과를 초래하게 된다. 횡령한 직원은 결국 실업자가 되고 점점 더 괴로워지고 고립되며 사기가 저하되어 외향적 성향과 성실한 성향이 줄어들고, 결국 그의 경력은 하향곡선을 그린다.

당신이 유혹에 굴복하고 자신의 성격이 나빠지고 있다고 느낄 때마다–말하자면 직장에서 부정행위를 하거나, 다른 사람을 희생시키면서 자신의 즐거움을 추구할 때– 악명 높은 불명예의 이야기에서 교훈을 얻을 수 있다. 종종 자신에 대한 거짓말, 모든 합리화와 자기식의 변명은 추락을 지속시키고 결국은 자신이 한 일을 은폐하고 정당화하게 된다. 이런 악순환을 깨기 위해서는 자신의 실수를 인정하는 것이 낫다. 솔직한 인정은 실수의 방지를 위한 개선과 계획의 첫걸음이다. 여기서 중요한 점은 나와즈, 코베트, 또한 다른 사람이 이룩한 구원의 이야기를 고려하면서 당신의 성격 특성과 야망이 보다 건설적인 방향으로 채워질 수 있는 방식에 대해 생각해 보는 것이다.

몰락한 많은 유명인들의 이야기는 섹스, 권력, 혹은 더 큰 성공을 추구하기 위해서 이전의 영웅들이 유혹에 빠지는 것으로 시작된다. 그러나 좋은 사람을 나쁘게 만들 수 있는 또 다른 형태의 유혹이 있다. 사람을 위험한 이데올로기로 부패시켜 극단주의로 치닫게 하는 것이다. 이런 형태는 더 지적이고 철학적인 모습을 띤다. 어떤 면에서는 이것은 나와즈와 코베트의 회복 이야기와는 반대되는 방식으로 도덕을 타락시키는 개인 프로젝트의 사례이다. 악성적인 이데올로기, 신념, 야망은 친화적 성향, 개방적 성향, 외향적 성향을 감소시키는 방향으로 성격 특성을 변화시킨다.

사람이 어떻게 정치적이거나 종교적으로 급진적이게 변하는지에 대한 대부분의 심리학 이론들은 이전에 숨겨져 있던 정신병의 출현이나 근본적인 정신 질환에 의한 것이 아니라(급진적인 폭력성이 정신 질환과 연관되어 있을 가능성은 거의 없다), 관점과 충성도의 변화로 야기되는 성격의 변화를 지적한다. 그들은 불만과 정의의 상실을 느끼면서 어둡고 잘못된 해결방식으로 나아가게 되는데, 이런 배경에는 유혹적이고 새로운 세계관 및 집단 정체성이 있다.

폭력적인 극단주의자가 된, 한때 "평범"하던 사람도 딱 스위치를 눌러 좋은 사람에서 나쁜 사람으로 바뀌는 게 아니다. 오히려 그들은 더 높은 목표에 근거해서 도덕적으로 정당하다고 확신하는 어두운 길로의 유혹을 받는다. 예를 들면 급진적인 설교자는 더 선한 일을 하기 위해 폭력적인 행동을 해야 한다고 말할지도 모른다. 이런 경우 마음가짐과 믿음의 변화가 먼저 온다. 그다음 더 극단화되어서 폭력과 범죄 행동을 정당화하면서 성격의 변화가 일어난다.

이런 사람들을 급진적 태도에서 구출하는 가장 효과적인

방법은 그들에게 달갑지 않은 성격 변화를 시도하는 것이 아니라 그들의 왜곡된 믿음에 맞서고, 일부에서 주장하는 바와 같이 이런 믿음을 조장한 사회적 부정의를 다루는 것이다. 심리학에서 가장 악명 높은 실험 중 일부를 재해석한 연구들을 보면, 이전에 선했던 사람이 나쁜 행동을 하기 시작하는 것은 어떤 종류의 잠재적인 악이 출현해서가 아니라 자신의 행동이 더 큰 목적에 기여한다는 믿음에서 나온다는 생각을 뒷받침하는 것을 알 수 있다.[35]

나는 믿을 만하고 이타적인 사람이 나쁘게 변할 수 있다고 주장했다. 이것은 보통 성격의 변화에서 시작하는 것이 아니라 자기 합리화, 회피 및 유해한 파급 효과를 초래하는 판단 또는 의지력의 잘못된 실수들에 의해서 일어난다. 또한 이것은 자신의 견해, 믿음, 우선순위에 변화를 초래하여 어떤 고상한 이유나 왜곡된 명예심을 위해서 개인의 도덕성을 해치고, 범죄적 사고방식을 받아들이며, 나쁜 행동을 정당화한다.

물론 이것이 이야기의 끝일 필요는 없다. 만약 나쁜 사람이 좋게 변할 수 있다면, 나쁘게 변한 좋은 사람이 다시 좋은 사람으로 변하지 못할 이유는 없다. 타이거 우즈의 사례를 바로 보도록 하자.

이미 1장에서 일부 심리학자들은 빅5의 성격 특성이 성격의 완전한 스펙트럼을 포괄하지 않는다는 것, 그리고 어두운 반사회적 성격 특성에 세 가지, 즉 나르시시즘, 사이코패스, 마키아벨리즘이 있다고 설명하였다. 아마도 추락한 많은 우상들이 이런 어두운 특징들을 지니고 있었을 것이다. 사실 이런 특성들이 결국 그들을 곤경에 빠트리기 전에 기존의 성공에 기여했을지도 모른다. 예를 들면, 불명예스러운 정치가인 존 에드워즈는 ABC 뉴스와의 인터뷰에서 자신의 추락을 나르시시즘 탓으로 돌렸다. "[나의 경험들은] 원하는 것은 무엇이든 할 수 있다고 믿게 하는 자기 착각, 이기주의, 나르시시즘을 낳았다. 넌 천하무적이야. 그러나 얻는 것은 없을 것이다."[36]

많은 논평가들은 비슷하게 실패한 스포츠 아이콘 랜스 암스트롱을 나르시시스트라고 불렀다. 또한 다른 사람은 한 걸음 더 나아가서 그의 오랜 따돌림과 거짓말, 속임수를 자백한 후의 지속적인 자기정당화를 근거로 그가 사이코패스일지도 모른다고 말했다.[37]

다음 장에서 어두운 성격 특성을 좀 더 자세히 살펴볼 것이다. 또한 이런 성격 특성을 가진 사람이 재활의 가능성이 있는지, 그리고 이런 사람이 어두운 방향으로 나아가지 않고도 유용한 어떤 것을 배울 수 있는지 들여다볼 것이다.

성격 변화를 위한 실행 가능한 10가지 단계

신경증적 성향 줄이기

흑백적 사고(예, 정말 끔찍한 면접 결과 보기), 그리고 불가능한 기준을 달성하도록 스스로에게 권하는 것(예, 항상 정직하거나 재치 있게 행동하기), 또한 과잉일반화(예, 한 번의 실수로 완전히 나쁜 엄마라고 자기 비난하는 경우)가 특징인 부정적인 자기 대화를 피한다. 자신에게 더 연민을 갖고 이런 사고방식에 도전하라.

부정적인 감정의 목적과 이런 감정이 무엇을 말하는지 생각해 보라. 예를 들면 죄책감과 수치심은 더 나아지도록 동기를 부여한다. 슬픔은 세부사항에 대한 주의를 예리하게 해주고 또한 기쁨을 경험하게 되었을 때 행복한 대조를 이루게 한다. 연구에 의하면, 더 나은 정신적·신체적 건강을 누리는 사람이 부정적인 감정을 덜 경험하는 것은 아니지만, 이런 감정들에 대해 더 수용적이다.

외향적 성향 늘리기

Meetup.com은 자신이 기획하고 있는 지역 행사를 홍보하고 사람들을 초대하는 앱이다. 앱을 다운로드하고 이번 주에 흥미로운 모임에 참여하라. 자신감이 생기면 자신의 이벤트를 준비하고 다른 사람을 초대하라. 다른 앱은 Eatwith.com이다. 이 앱은 주최자의 집에서 함께 먹는 맛있는 음식을 즐기는 플랫폼이다.

경쟁적인 스포츠와 게임 또는 흥미진진한 책, 영화, 극장을 통해 아드레날린과 흥분을 몸에 익혀라. 내성적인 사람은 이런 것들에 더 민감하다. 그러나 만약 재미있는 활동을 통해 높은 수준의 자극에 익숙해지면 사회적 모임과 활동이 덜 도전적임을 알게 될 것이다.

성실한 성향 늘리기

소셜 미디어 및 지속적인 스마트폰 알림은 생산성을 크게 저하시킬 것이다. 사용 가능한 앱(예, Freedom 또는 Self Control)을 활용하여 집중할 수 있는 시간을 활용하라. 예를 들면 이런 앱들은 일정 시간 동안 인터넷 연결을 끊게 해준다. 또한 자신을 위한 간단한 규칙을 만들어라. 예를 들면 2시간에 한 번씩만 이메일을 확인하는 것이다.

좀 더 질서정연하고 절제된 삶을 살고 싶다면, 종종 기초부터 시작하는 것이 도움이 된다. 예를 들면 외모에 더 신경을 쓰는 것으로 시작한다. 그러면 통제력과 집중력을 더 느낄 수 있을 것이다. 심지어 "의상 인지"라고 불리는 현상도 있다. 이것은 입는 옷이 마음가짐에 영향을 미칠 수 있다는 것이다. 옷을 말쑥하게 입으면, 당신은 더 프로답게 느끼고 행동하기 시작할 것이다.

친화적 성향 늘리기

리더의 입장이라면 부하 직원에게 너무 지배적으로 대하지 마라. 대신 부하 직원이 뭘 원하는지, 그들을 어떻게 지원할 것인지, 그리고 당신이 보여주는 모범에 집중하라. 이것은 혁신 또는 명예에 기반을 둔 리더십이다(업무나 지배적인 리더십과는 대조적이다). 이렇게 하면 부하들은 당신을 존경하게 될 것이다.

앞으로 일주일 동안 자신이 처한 상황, 근무하는 회사, 자신이 노출되는 미디어에 전략적으로 행동하라. 연구에 의하면 매우 친화적인 사람이 따뜻하고 친근한 이유는 그들이 갈등과 부정에 노출되는 것을 피하기 때문이라고 한다.

개방적 성향 늘리기

매주 낱말 맞추기와 스도쿠 같은 퍼즐게임을 하면서 시간을 보내라. 이것은 지적 자신감을 키우는 데 도움이 되고, 새로운 아이디어를 수용하고 새로운 지식을 추구하게 해준다.

규칙적인 운동을 통해 신체적 활력을 유지하라–가능하면 적어도 일주일에 두세 번 운동하라. 신체적 능력에 자신감을 갖는 것은 새로운 활동을 시도하고 새로운 장소를 방문하도록 격려해 준다.

7장

어둠의
교훈

2017년 9월 20일, 가장 강력한 대서양 폭풍 중 하나가 푸에르
토리코에 상륙하였다. 시속 100마일이 넘는 강풍과 집중호우
를 동반한 허리케인 마리아는 그 주변 지역을 쓸어버렸다. 그
다음 해에 이루어진 하버드 대학의 한 연구에 의하면, 이 허리
케인으로 인해 의료 서비스 손실과 같은 간접적인 피해를 포
함하여 최대 8천 명의 사망자가 발생했다고 추정하였다.[1]

그런데 10월 4일, 당시 미국 대통령이었던 도널드 J. 트럼
프는 푸에르토리코를 방문하여 피해자들에게 "카트리나와 같

은 진짜 재앙"을 겪지 않은 것을 "매우 자랑스러워해야 한다"고 말하였다. "지금 현재 사망 건수는 얼마입니까?" 그는 물었다. "17명? 16명의 사망자는 확인되었군요. 수천 명 대 16명이네요."[2] 산후안에서 열린 또 다른 행사에서 트럼프가 미소를 지으며 파티 선물처럼 종이 타월을 군중에게 던지는 장면이 찍혔다. 많은 사람이 명백하게 결여된 대통령의 눈치와 공감에 충격을 받았다. 동기가 무엇이든 간에 자신의 몸짓과 단어 선택이 희생자들을 화나게 할 수도 있다는 것을 모르는 것 같았다. 산후안 시장인 카르멘 율린 크루즈는 수건 던지기 사건을 "끔찍하고 혐오스러운 일"이라고 묘사했다.[3]

트럼프의 공감 문제는 대통령 재임 기간 중 일종의 패턴이 되었다. 허리케인 마리아가 발생한 직후 그가 니제르에서 매복하다 죽은 미군 특수부대 병사 4명의 가족에게 전화를 걸지 않았다는 비난을 받으면서 더 많은 논란이 이어졌다. 마침내 트럼프 대통령이 위로의 전화를 걸었을 때 그는 다시 공감 능력이 부족하다는 비판을 받았다. 왜냐하면 라 데이비드 존슨 병장의 미망인에게 "그가 스스로 지원했다는 것을 알고 있다"고 말하며, 장병의 이름을 제대로 기억하지 못했기 때문이다.[4]

우리는 트럼프 대통령의 마음을 알 수 없다. 그리고 그가 어떤 의도를 가지고 있었다고는 할 수 없을지도 모른다(당시 백악관 비서실장이며 4성급 해병대 장성이었던 존 켈리가 트럼프에게 죽은 장병은 그들이 사랑하는 일을 하고 있었다는 것을 언급하라고 충고했다고 말했다).[5] 그러나 성격적인 측면에서 보면, 트럼프가 힘들어한 것은 공감이 없다는 것만이 아니다. 언론의 비판으로부터 자신을 방어할 때 그는 그만의 독특한 스타일과 태도를 보여주었다. 즉, 자기 과장, 극단적인 예민함, 타인에 대한 호전적인 경멸이 뒤섞여 있었다.

트럼프가 이런 식으로 자주 행동하는 것을 보고 많은 심리학자와 정신과 의사들은 그가 매우 '나르시시즘적인 성격'의 소유자라고 믿고 있다.[6] 이 용어는 그리스 신화의 인물인 나르시스에서 차용된 것으로, 그는 연못에 비친 자신의 모습과 사랑에 빠졌다. 자아도취적 성격narcissistic personality은 타인에 대한 공감의 부족과 외적인 용감함과 과장됨이 결합되어 있는데, 이것은 깊이 내재된 불안정감을 숨기고 있다.

나르시시즘은 성격 특성의 이른바 어두운 세 가지 중 하나이다. 다른 두 가지는 마키아벨리즘과 사이코패스이다. 어두운 세 가지 성격 특성은 빅5 성격특성과 연관되어 있고, 그리고 빅5와 마찬가지로 특별한 특성 또는 하위 특성으로 구성되어 있다(267쪽의 표를 보라). 그러나 일부 전문가들은 인간 성격의 본질을 포착하기 위해 이런 세 가지 성격 특성을 주장하는 것에 대해서 회의적이다. 또 다른 사람은 H-요인이나 "정직-겸손함Honesty-Humility"으로 알려진 빅5 성격 특성에 하나를 추가할 것을 제안하는데, 이것은 어두운 세 가지를 포함한다는 점에서 낮은 점수를 얻는다.

이 챕터에서는 나르시시스트와 사이코패스의 기저 심리에 대해 언급할 것이다. 어두운 성격 특성을 통해 인생에서 성공한 사람에게서 얻을 수 있는 교훈이 무엇인지(결국 트럼프는 미국 대통령이 되는 데 성공하였다), 이런 성격 특성을 가진 사람이 변화하는 것이 가능한지를 살펴보겠다.

마키아벨리즘에 대해 간단히 말하자면, 이것은 16세기 이탈리아 정치인 니콜로 마키아벨리의 이름을 딴 것으로, 그는 항상 목적이 거짓말과 배신을 포함한 수단들을 정당화한다고 믿었다. 단도직입적으로 말해서, 이 성격 특성에서 높은 점수를 받은 사람은 교활하고 부정직하며 이기적인 바보들이다. 그들은 다음과 같은 진술에 동의한다. 즉 "1분마다 잘속는 바보들이 태어난다," 그리고 "너의 계획이 자신에게 도움이 되게 하고, 다른 사람에게는 도움이 되지 않도록 하라"와 같은 것이다. 나르시시스트와 사이코패스 둘 다 마키아벨리즘 항목에서 높은 점수를 받는 경향이 있다.[7] 사실 일부 전문가들은 이것이 정말로 별개의 성격 특성인지 의문을 제기한다.[8] 이런 이유로 나는 마키아벨리즘을 더 이상 탐구하지 않는 대신 우리 가운데 있는 나르시시스트와 사이코패스에게 초점을 맞출 것이다.

당신은 나르시시스트인가요?

평균적으로 남자들은 여자들보다 더 자아도취적이다. 나르시시스트들은 셀카를 더 많이 찍으며 소셜 미디어에서 다른 나르시시스트들을 팔로우할 가능성이 높다.[9] 제1장에서 테스트를 한 주요 5가지 성격의 측면에서 나르시시즘은 높은 외향적 성향과 낮은 친화적 성향의 조합으로 나타나는 경향을 보인다.

어두운 성격 특성 세 가지와 빅5 성격 특성과의 관계

	하위 특성들	빅5 특성과 연관
나르시시즘	자격, 자부심, 허영심, 자신의 리더십 기술에 대한 믿음, 과시 행위, 웅장함, 조작성	낮은 친화적 성향, 높은 외향적 성향
마키아벨리즘	냉소적인 세계관, 조작성, 통제욕, 공감 부족	낮은 친화적 성향, 낮은 성실한 성향
사이코패스	피상적인 매력, 두려움 없는 지배욕구, 공감 능력 부족, 충동성, 범죄성	낮은 신경증적 성향, 낮은 친화적 성향, 낮은 성실한 성향, 높은 외향적 성향

돌이켜보자. 당신은 대학에서 수업을 빼먹는 경향이 있는 가? (오늘도 늘 비슷하게 일을 빼먹었는가?) 당신은 욕을 많이 하고 성적인 말을 많이 하는가? 만약 그렇다면 이것은 당신이 나르시시스트라는 신호일 수 있다. 4일 동안 녹음기로 학생들의 행동을 관찰했을 때 나르시시즘과 상관관계가 있는 것은 다름 아닌 일상적 행동들이었다. 이에 대한 심리적인 설명은 나르시시스트들이 특권 의식 때문에 수업이나 일을 빼먹을 가능성이 더 높고, 더 문란한 경향이 있기 때문에 성적 언어를 더 많이 사용한다는 것이다.[10]

자신을 표현하는 방식에서도 드러날 수 있다. 한 연구에 따르면, 남성 나르시시스트들은 단정하고 화려한 옷을 입는 경향을 보이고, 여성 나르시시스트들은 화장을 하고 가슴을 드러내는 경향을 보인다.[11] 사인을 크게 하는 것도 분명히 은연중에 드러내는 또 하나의 표시이다.[12] 그래서 눈썹도 짙고 덥수룩하다.[13] 인정하건데 이것들은 많은 사람을 잘못 분류할 가능성이 있는 다소 조잡한 표시들이다! 좀 더 과학적으로 말하자면, 아래에 짧은 나르시시즘 설문지가 있다.[14] 각 항목 설명에서 아주 아니면 1, 아주 잘 맞으면 5에 가능하면 정직하게 표시하고, 이도 저도 아니라면 3을 적으면 된다.

- 사람들은 나를 타고난 지도자로 본다. ___

- 나는 관심의 대상이 되는 것을 좋아한다. ___

- 많은 그룹 활동은 내가 없으면 지루한 경향이 있다. ___

- 모두가 나에게 계속 그렇게 말하므로 나는 특별하다. ___

- 중요한 사람들과 친해지는 것을 좋아한다. ___

- 누가 칭찬해 주는 것을 즐긴다. ___

- 나는 유명한 사람들과 비교되어 왔다. ___

- 나는 재능 있는 사람이다. ___

- 나는 내가 마땅히 받아야 할 존경을 받아야 한다고 주장한다. ___

합계 ___

각 항목에 대한 점수를 합산하고 9로 나눈다. 당신은 얼마나 자아도취적인가? 수백 명의 대학생을 대상으로 시험한 결과 평균 점수는 2.8이 나왔다. 이 점수를 당신의 점수와 비교해 보라(대학생들이 평균이라는 점에 대해서는 논란이 있지만 지금은 이 문제는 제쳐놓자). 학생 평균보다 조금 높거나 조금 낮으면 그렇게 문제는 아니지만 3.7점 이상이면 아마 대부분의 다른 학생들보다 나르시시즘이 더 강하다고 본다. 4.5점 이상이었다면 나는 이렇게 표현하고 싶다. 즉 거울을 보거나 인스타그램에 또 다른 셀카 사진을 올리기보다 이 책을 읽고 있는 것이 인상적이라고!

　주변 사람은 어떤가? 당신의 자랑스러운 친구나 거만한 여동생이 자아도취적일 수도 있다고 의심하지만 그들이 위에 있는 테스트를 할 기회가 없다면, 그들에게 단 한 가지 질문을 해 볼 수 있다. "'나는 나르시시스트이다'라는 말에 너는 어느 정도 동의하는가?" (참고: '**나르시시스트**'란 단어는 이기적이고, 자신에게만 집중하고, 허영심이 많다는 뜻이라는 것에 주목하라.) 수천 명을 대상으로 한 연구에 따르면, 이런 간단한 진술에 동의하는 정도가 40개 문항으로 되어 있는 포괄적인 나르시시즘 테스트와 상당히 높은 상관관계가 있음을 보여주었다.[15]

　다시 말해서 만약 누군가가 자아도취자인지 알고 싶다면 그 사람에게 솔직하게 물어보라. 대부분의 나르시시스트들은 자신이 나르시시스트라는 사실에 대해 부끄러워하지 않고 오히려 자랑스러워한다. 이것은 자신들이 어쨌든 특별하다고 주장하는 또 다른 방법이기 때문일 것이다. ("당신은 나르시시스트인가?"라고 물어야지 "당신은 나르시시스트적인가?"라고 물어서는 안 된다. 전자의 질문에 잠재적인 나르시시스트가 솔직하게 답할 가능성이 높다. 이것은 "나르시시스트적"이라고 인정하는 것보다는 나르시시스트가 자신의 특별한 정체성을 잘 드러내는 것이라고 생각하고, 이것을 은근히 비꼰 것이라고 인식하지 않기 때문이다.)

나르시시즘의 장단점

사람들은 트럼프 대통령의 장단점에 대해 여러 가지 논의를 할 것이다. 그러나 그의 행동이 비용, 이익, 행동을 포함해 매우 명백하고 극적인 사례를 보여준다는 점은 논쟁의 여지가 없다. 트럼프가 화려한 TV 경력과 엄청난 사업 성공의 이미지를 만들어 낼 수 있는 능력뿐만 아니라 세계에서 가장 높은 지위에 올랐다는 사실은 의심의 여지가 없다. 이것은 이런 성격이 몇 가지 긍정적인 점들을 가졌다는 것을 시사한다. 분명한 것은 이런 나르시시스트들은 다른 사람을 희생시키더라도 기꺼이 자신을 홍보할 준비가 되어 있다는 점이다.

　숨진 장병 가족과의 전화통화(또는 통화 부족)를 놓고 격앙된 직후인 2017년 10월 16일 열린 기자회견에서 트럼프 대통령이 오바마 대통령을 비롯한 대통령들이 유가족에게 전화를 걸지 않았다고 거짓 주장을 하며 신속하게 공격에 나선 경위를 따져보자. 며칠 후 그는 언론에 "나는 매우 똑똑한 사람입니다…. 모든 분들이[즉 기자들이 접촉한 가족] 나에 대해 믿을 수 없을 정도로 좋은 말을 했습니다. 나보다 더 존경받는 사람은 없습니다"라고 말하고 자신의 머리를 가리키며 "역대 최

고의 기억력 중 하나"라고 설명하면서 라 데이비드 존슨이라
는 이름을 잊어버렸다는 것은 상상도 할 수 없는 일이라고 덧
붙였다.[16] 그 외에 다른 많은 발언들에 흐르는 메시지는 자신
은 특별하고, 흠이 없으며, 거의 모든 면에서 누구보다 뛰어나
다는 것이었다(연구들은 나르시시스트들이 자신의 능력과 성
과를 과대평가하는 경우가 많다는 것을 보여준다).

　　대통령직을 시작하기 전에 그리고 종종 자신의 스타일을
3인칭 시점에서 묘사하면서 트럼프는 《뉴욕 타임스》 기자 마
크 라이보비치에게 말하였다. 비평가들이 자신에게 가장 부족
하다고 말하는 성격 특성, 즉 공감은 "트럼프에게 가장 강한 성
격 특성 중 하나가 될 것"이라고.[17] 그는 허리케인 마리아가 발
생한 푸에르토리코를 방문한 직후 트리니티 방송과의 인터뷰
에서 자신이 받은 환대에 대해 자랑했다. "군중이 환호하며 열
광했습니다…. 나는 즐거웠고, 그들도 즐거워했습니다…. 환영
의 소리는 귀를 먹게 할 정도로 믿을 수 없었습니다…. 내가 거
기에 간 것에 대한 사랑이었습니다."[18] 언론 비판은 "가짜 뉴
스"라고 주장하면서 이것은 "내가 제시한 가장 위대한 용어들
중의 하나"라고 트럼프는 덧붙였다.

　　트럼프를 관찰하는 사람은 이것이 종종 그가 비판에 대
응하는 방식이라는 것을 알 것이다. 그는 비판자들을 공격하
고, 그리고 나서 자신의 생각은 놀라운 능력과 기량의 증거라

고 선전한다. 교과서에 실린 나르시시스트처럼 트럼프의 거의 모든 발언은 자아에 대한 집착, 특히 특별해지고 싶은 욕망을 표출한다.

그의 대통령직은 바로 이런 스타일로 취임식 관중의 규모에 대한 논쟁으로 시작되었다.[19] 트럼프는 정반대의 증거에도 불구하고 취임식 관중이 "취임 연설 역사상 최대 규모"라고 주장하였다.[20] 또 지난 2018년 영국 언론인 피어스 모건 Piers Morgan으로부터 영국 극우단체의 리트윗에 대한 질문을 받았을 때 자신은 인종차별주의자가 아닐 뿐만 아니라 "누구보다도 인종차별과 거리가 먼 사람"이라고 답변하였다.[21]

트럼프의 또 다른 거창한 주장들은 다음과 같다. 즉 "누구도 나보다 여자를 존경하는 사람은 없다"(그가 여성에 대해 음담패설을 하는 비디오 영상이 나온 후 언급한 말),[22] "누구도 나보다 성공한 사람은 없다", "세계의 역사에서 나만큼 세금에 대해 더 잘 아는 사람은 없다", "나는 누구보다 대통령에 적합한 사람이다."

트럼프의 이런 나르시시즘 스타일은 2018년 1월 극에 달했다고 한다. 이는 당시 미국 백악관 내부의 솔직한 생활을 담은 마이클 월프의 『화염과 분노 Fire and Fury』에서 발췌한 것을 보면 알 수 있다. 이후 대통령의 정신상태에 대한 우려가 고조되었다. 이에 대해 트럼프는 "마이클 월프는 정말 지루하고 거짓투성이인 책을 팔기 위해 이야기를 지어낸 완전 패배자"라고 트윗하며 이 책을 비하하기 시작하였다. 그런 다음 트럼프는 평소 스타일대로 자신의 인생에서 가장 큰 두 가지 자산은 "정신적 안정과 정말 똑똑한 것"이었다고 트윗하며 과장된 자기 자랑으로 나아갔다. 그는 즉시 "똑똑한 것이 아니라 천재적이고 그것도 매우 안정된 천재"라고 분명하게 말하였다. 이러한 노골적인 자기 홍보가 특히 대통령은 겸손해야 한다는 많은 사람의 생각과 배치되지만, 도덕적 판단은 제쳐두고 연구 결과를 보면 나르시시스트들이 적어도 처음에는 이런 으스댐을 통해 이득을 본다는 것을 시사한다.

트럼프의 이야기와 일관되게, 나르시시스트는 남들보다 지도자로 떠오를 가능성이 높고 처음에는 호감을 사는 경향을 보인다.[23] 영국 연구원들은 학생들에게 성격 설문지를 작성한 후 12주 동안 매주마다 그룹의 문제 해결 과제를 함께 수행해 달라고 요청하면서, 이 기간 동안 주기적으로 서로 평가를 한 결과 이런 경향을 발견하였다. 자아도취적 성향이 더 많은 학생들은 처음에는 특히 그룹의 좋은 리더로 평가되었다. 그러나 결정적으로 그들의 호감은 시간이 지나면서 급격히 줄어들었다.[24] 연구원들은 나르시시즘적인 리더들이 초콜릿 케이크 같다고 하였다. "초콜릿 케이크를 첫입에 먹으면 보통 맛과 질감이 풍부하고 매우 만족스럽다. 그러나 얼마 후 풍부한 맛은 점점 메스꺼움으로 변해간다. 나르시시스트의 지도력도 이와 비슷한 경험이 될 수 있다."

　나르시시스트가 적어도 어떤 맥락에서 첫인상이 좋게 보이는 것은 이성애자 데이트 앱인 스피드 데이팅에 대한 연구에서도 나타났다. 이 연구에서 나르시시스트의 경우 비-나르시시스트보다 더 매력적인 것으로 평가되었다.[25] 나르시시스트 남성은 더 사교적이고 외향적으로 보이기 때문에 스피드 데이팅에서 호소력을 갖는다. 이 연구에서 나르시시스트 여성은 육체적으로 더 매력적으로 보이는데 이것은 아마도 그들이 외모에 더 많이 신경을 쓰고 더 자극적으로 옷을 입기 때문으로 보인다.

　친구들 사이에서도 나르시시스트는 시끌벅적하게 등장한다. 대학 1학년생 사이에서 인기도를 평가하기 위해 3개월간 연구한 결과, 나르시시스트 학생들이 처음에는 인기를 끌지만 연구가 끝날 무렵에는 친구들이 그들에게 질려버린다는 것을 알 수 있다.[26]

　나르시시즘의 다른 장점은 대단한 끈기이다. 끈기를 통한 성공만이 영광의 유일한 기회인 경우는 특히 더 그렇다.[27] (상사의 유일한 관심지표가 이윤인 사업에서 나르시시스트가 목표 달성에 매진하는 모습을 상상해 보라.) 이와 마찬가지로 나르시시스트들은 부정적인 피드백을 받으면 그 사람이 틀렸다는 것을 증명하기 위해 대단한 결심을 한다.[28] 그들의 허세와 노골적인 자신감도 자신들의 아이디어를 파는 데 도움이 되는 것 같다.[29] 의심할 여지없이 이런 점은 트럼프의 선거 유세장에서 큰 도움을 주었다. 실제로 2016년 공화당 대선 경선 때 언론이 얘기하고 싶은 것은 트럼프뿐이었고 이것으로 경쟁자들이 큰 대가를 치렀다.

우리가 나르시시스트들에게서 얻을 수 있는 분명한 교훈은 데이트의 경우나 리더로서 명성을 날리기 시작할 때 외향적이고 자신감 있는 행동은 이점이 있다는 것이다. 또한 인생에서 겸손을 버리고 자신의 생각과 업적을 자신 있게 파는 것이 적절하고 유익한 중요한 순간들이 있다. 나르시시스트들의 문제는 그들이 다른 사람의 희생으로 이런 행동을 한다는 것과 이것을 멈출 시점을 모른다는 것이다.

어두운 쪽으로 넘어가지 않고 나르시시스트의 장점을 획득하기 위해서, 당신은 친화적 성향을 감소시키지 않고 외향적 성향을 증가시키는 장기 계획을 세울 수 있다(5장의 단계를 참고하라). 좀 더 구체적으로 말하면, 다른 사람과 비교하지 말고 자신의 과거와 유리하게 비교하여 자신을 홍보하라(예를 들면 "내가 이전보다 잘 하고 있다"고 상사에게 말한다). 또는 다른 사람을 비하하지 않고 간단한 자기 칭찬을 하라("나는 동료들보다 잘 가르친다"라는 표현보다 "나는 좋은 선생"이라고 말한다). 또 다른 자기 홍보 전략은 윙맨wingman

을 사용하는 것이다. 당신의 성과를 보여줄 수 있는 친구나 동료에게 도움을 요청하라.

또한 자신의 업적에 만족하는 것은 아무런 문제가 없다. 자부심은 분명히 동기를 유발한다(그리고 자부심의 상실은 인생 목표가 잘못되었다는 것을 보여준다). 그러나 6장에서 이미 언급한 바와 같이, 심리학자들이 말하는 "오만한 자부심"과 "진정한 자부심" 사이의 차이를 구별하는 것이 중요하다. 나르시시스트들은 다양하게 전개되는 오만한 자부심을 추구하는 경향을 보이는데 이것은 자신들이 원래 천부적으로 특별하다고 자화자찬하는 데서 볼 수 있다. 예를 들면 고객들의 대단한 피드백은 자신들이 너무나 매력적이고, 카리스마가 있기 때문이라고 주장한다. 트럼프 대통령은 위대한 유전자를 포함하여 자신의 타고난 자질들을 자랑하며 종종 이런 주장을 편다. 이와는 대조적으로 진정한 자부심은 자신이 기울인 노력과 일에 대한 인식에 기초한다. 예를 들어 고객에게서 좋은 피드백을 받았다면 이것은 자신이 좋은 서비스를 제공하기 위해 열심히 일했기 때문이라고 생각한다.

한편 분명히 피해야 할 한 가지 전략은 얄팍한 불평에 자랑을 감추는 겸손한 허풍 같은 것이다. 예를 들면 "이런, 내가 다이어트와 운동 프로그램을 시작한 이후로 옷이 너무 헐렁해졌네."라는 것이다. 연구에 따르면 이런 종류의 진술은 자기

자랑으로 보여서 효과가 별로 없고, 겸손하지도 인상적이지도 않으므로 모든 측면에서 실패한다.[30]

하지만 강한 첫인상의 중요성을 인식하고 적절할 때 스스로를 홍보하고 자부심을 가질 수 있는 용기를 갖는 것 외에 삶에 대한 접근에서 나르시시스트들에게서 배울 수 있는 것은 아무것도 없다. 이들의 매력은 빠르게 줄어들 뿐만 아니라 심각한 문제들을 안고 있다.

상식적으로 생각해 볼 때 자신이 위대하다는 것을 계속해서 옥상에서 외쳐대야 한다면, 다른 사람이 생각하는 것만큼 스스로 자신감과 확신이 있다고는 할 수 없다. 예를 들면 2018년 초 트럼프 대통령이 트위터를 통해 자신이 "안정적인 천재"였다고 말하자, 댄 래더 기자는 "대통령 각하, 경험에 따르면 당신이 정말 그렇다면 그것을 말할 필요가 없다는 것입니다. 사람들이 다 아는 것이니까요"라고 말했다. 실제로 나르시시즘이 근본적인 불안감을 감추는 경우가 많다는 생각은 수많은 연구에 의해 뒷받침되어 왔다. 일부 전문가들은 "취약한 나르시시즘"과 소위 "거대한 나르시시즘"을 구별하는데, 이는 아마도 거대한 나르시시즘은 그러한 내적 취약성이 없다고 여겨지지만 이런 구별은 논쟁의 여지가 있다.

여러 단어 범주에 대응하여 피험자들이 가능한 한 빨리 특정 컴퓨터 키를 누르는 정교한 실험을 생각해 보자. 실험집단 내 나르시시스트들은 자신과 관련된 단어(**나를/나의 것/ 나**)와 부정적인 의미(**고뇌**와 **죽음**)에 할당된 키를 매우 빠르게 눌렀다. 이런 빠른 응답은 자아와 부정성이 나르시시스트들의 마음속에 연관되어 있다는 것을 나타낸다. 다시 말해서 그들은 잠재의식적인 자기 혐오감을 가진 것 같았다.[31]

신경과학은 이런 해석을 뒷받침한다. 연구자들은 자신의 사진을 보는 고도의 나르시시스트인 남성들의 뇌를 스캔했을 때, 비-나르시시스트들과는 달리 쾌락보다는 부정적인 감정과 일치하는 신경 활동의 패턴을 보인다는 것을 발견했다.[32] 또 다른 연구에서는 나르시시스트들이 얼마나 사회적 인정을 갈망하는지 보여주기 위해, 나르시시즘 설문지에서 높은 점수를 받은 십 대 소년들이 비디오 게임에서 다른 선수들에게 거절당하는 느낌을 갖도록 하였다. 그 당시 그들의 뇌를 스캔한 결과 나르시시스트 십 대들은 신경 쓰지 않는다고 말했지만, 비-나르시시스트 십 대보다 감정적인 고통과 관련이 있는 것으로 알려진 영역의 활동이 더 많이 증가하였다.[33]

이 모든 것은 나르시시스트들이 말은 번지르르하게 하지만 자신들의 허세 아래에서 궁핍과 자기 의심에 시달린다는 것을 시사한다. 이런 허영심이 트럼프가 2018년 공식 건강 검진을 받은 뒤 몸무게가 비만의 기준에서 1파운드 아래에 있는 이유를 설명해 줄 수도 있다. 영화감독인 제임스 건은 트럼프가 대중 앞에서 신체검사를 받는다면 트럼프가 선택한 자선단체에 10만 달러를 기부하겠다고 말하면서 #girthers movement로 알려진 회의론자들의 비난을 주도했다.

당연히, 이런 방식으로 세상 사람과 관계를 맺는 것은 대가를 치르게 된다는 증거가 있다. 6개월 동안 자원봉사자들을 추적한 한 연구는 그들 중 나르시시스트들이 인간관계 문제나 건강 악화와 같은 심한 스트레스를 경험하는 경향이 있다는 것을 발견하였다.[34] 설상가상으로 나르시시스트들은 스트레스에 대한 생리적 반응이 고조되어 있고, 자신들의 허풍에도 불구하고 민감하고 취약하다.[35]

트럼프가 미국 대통령으로서 세계 무대에서 신나게 움직인 것을 보면 이런 모습이 그에게 적용된다는 것을 믿기 힘들지만, 전기 작가 해리 허트에 따르면 트럼프는 자기 자신에 대해 좀 더 솔직했던 시절에 자살에 대해 이야기했다고 한다. 그리고 전직 백악관 비서실 참모는 트럼프에 대해 말하기를, "그는 근본적으로 다른 사람의 호감을 지독할 정도로 받아야 하기 때문에… 모든 것은 그에게 하나의 투쟁이다."[36] 트럼프의 취약한 면은 아마도 정치 칼럼니스트 매튜 단코나Matthew D'Ancona가 가장 잘 요약하고 있을 것이다. 그는 트럼프를 "최강의 유리멘탈snowflake in chief "[37]이라고 불렀다.

장기적으로는 나르시시즘이 역효과를 낸다는 개념은 다

른 정치 지도자들에게도 마찬가지로 적용된다. 조지 W. 부시 대통령까지 42명의 미국 대통령을 조사한 연구 결과를 보면 나르시시즘의 점수가 높을수록(전문가의 채점 결과에 따랐다) 공직에서 비윤리적인 행동으로 비난받거나 탄핵을 당했을 가능성이 크다고 한다.[38] 이와 마찬가지로 나르시시스트 CEO를 가진 기업들도 소송을 당할 가능성이 더 높고 이런 일이 일어날 때 법정 다툼이 더 길어지는 경향이 있는데, 이는 부분적으로 나르시시스트 CEO의 지나친 자신감과 전문가의 도움받기를 꺼리는 경향 때문이다.[39]

피상적인 자기사랑을 누그러뜨리다

나르시시스트의 결점을 고려해 볼 때, 자신이나 다른 사람이 덜 나르시시즘적이 되도록 돕기 위해 어떤 것을 할 수 있을까? 좋은 소식은 나르시시즘적 특성이 청년기와 중년기 사이에 자연스럽게 퇴색하는 경향이 있다는 것이다.[40] 극단적인 나르시시스트에게 보다 적극적으로 접근하기 위한 가장 중요한 목표는 나르시시스트의 공감 능력 부족을 파악하는 것이다. 왜냐하면 이것이 그들이 죄책감이 없고 사과하지 않는 이유이기 때문이다.[41]

다행히도 예비적 연구 결과는 나르시시스트들이 공감할

능력이 없는 것은 아니라고 보여준다. 오히려 그들은 공감할 수 있는 동기나 자발적인 능력이 부족하다. 이와 관련된 한 연구에서는 수전이라는 여성이 경험한 가정 폭력의 충격적인 장면을 묘사한 비디오를 본 학생들의 반응을 측정하였다.[42] 당신이 예상하는 바와 같이 연구원들이 개입하지 않았을 때 나르시시스트 피험자들이 수전에 대한 공감 능력이 부족하다는 것을 발견하였다. 그들은 그녀에게 무슨 일이 일어났는지에 대해 크게 많이 신경 쓰지 않을 뿐만 아니라 그녀가 이 상황을 어느 정도 초래하였다고 말하였다. 그리고 생리적인 차원에서 그녀의 고통에 대한 반응으로 그들의 심장 박동수는 증가하지 않았다.

일부 학생들에게 비디오 앞에서 특정한 지시를 내려서 수전에게 공감하도록 격려하였다, 즉 "수전이 어떻게 느끼는지 상상해 보라. 그녀의 입장에서 현재 일어나고 있는 일에 대해서 어떻게 느끼고 있는지를 상상하라"라고 하였다. 이후 나르시시스트들은 수전에게 보다 더 자연스러운 공감을 느꼈다고 보고하였고, 수전의 고통에 대해 자연스러운 생리적인 반응도 보였다고 한다. "나르시시스트들의 낮은 공감능력이 상대적으로 무의식적이고 생리적인 차원에서 반영된 것으로 보이지만 변화의 가능성이 있다"고 연구원들은 결론지었다.

이것은 당신 자신의 삶에서 나르시시스트들을 다룰 때

(혹은 당신이 나르시시즘적인 성향을 가지고 있다면) 희망이 있다는 것을 암시하기 때문에 좋은 조짐이다. 나르시스트들이 다른 사람의 입장에서 생각하도록 장려함으로써 그들의 이기심을 줄이도록 도울 수 있으며, 당신이 알고 있는 나르시스트들이 5장에 열거한 몇몇 활동을 하도록 격려할 수 있다. 예를 들면 더 많은 소설을 읽거나 명상을 하는 것이다. 이 두 가지 모두 공감을 증진시키는 데 도움이 된다.

이것과 연관된 또 다른 접근 방식은 나르시스트들에게 자신의 사회적 소속과 의무를 상기시키는 것이다. 즉, 그들이 어떻게 혼자가 아니라 집단의 일부인지, 가족과 친구의 일원이고 팀을 이루어서 일하는지 말이다. 심리학자들은 이것을 "공동체 집중"이라고 부른다. 이런 마음 자세는 다음과 같은 질문을 함으로써 촉발된다. 즉 "친구와 가족과 비슷한 점이 무엇인가?", "친구와 가족은 미래에 당신이 무엇을 할 것으로 기대하는가?" 공동체적 사고방식의 수용은 나르시스트적인 경향을 줄이고 다른 사람의 고통에 대한 공감을 증가시키며 명성이나 개인적 영광에 관심을 덜 갖는 데 도움이 된다. 이와 마찬가지로 나르시스트들에게 공동체적 사고를 장려하는 것도 자기 집착을 줄이고 공감을 높이는 데 도움이 된다.

나르시시즘을 줄이기 위한 두 번째 목표는 나르시스트에게 깊게 뿌리내린 불안과 인정에 대한 갈구이다. "나를 바라

보라"는 터무니없는 행동을 줄이는 효과적인 방법은 내면의 허약함을 치유하는 것이다. 이것은 사소한 일이 아니다. 나르시시스트들은 일반적으로 매우 허영에 가득 차고 거만하게 행동하기 때문에 그들의 표피적인 자기사랑에 기름을 붓는 일은 더는 하고 싶지 않다.

나는 이것을 직접 경험해 본 적이 있다. 이전에 같이 일했던 나르시시스트는 스스로에게 매혹되었고, 승진을 위해서 모든 기회를 잡았다. 거의 모든 대화를 자신이 시작하고 모든 글과 이야기는 자신에 대한 것이었고, 미리 준비된 농담과 재담을 통해 관심과 웃음을 끌어냈다. 처음에는 자발적인 것처럼 보이지만 그와 함께 하루만 시간을 보내면 당신은 곧 그가 대본대로 움직인다는 것을 알 수 있다. 반사적으로, 혹은 유혹적으로 사람들은 이들의 콧대를 꺾어버린다. 그러나 실제로 나는 이 남자를 칭찬하고 그의 업적을 인정하는 것이 그의 나르시시트적인 성향을 줄이고, 원만한 관계를 유지하는 데 도움이 된다는 것을 깨달았다.

당신은 사이코패스인가요?

나르시시즘은 지겹고 다루기 어렵지만 이른바 세 가지 어두운 성격 특성 중의 하나에 불과하다. 나르시시스트보다 훨씬 더 골치 아픈 것은 사이코패스 테스트에서 높은 점수를 받는 사람들이다. 이들은 혈관에 얼음이 흐를 만큼 차갑고, 최악의 경우는 악몽에 나올 법한 사람들이다. 그렇다 해도 우리가 그들의 삶에 접근해서 얻을 수 있는 몇 가지 교훈이 있을지도 모른다.

루릭 저팅은 특별한 성장과정을 거쳤다. 그는 잉글랜드 서리Surrey의 녹음이 우거진 마을의 동화 같은 집에서 자랐다. 그는 명문 사립학교인 윈체스터 대학에 다녔는데 그 당시 한 친구는 그를 "그냥 평범한 학생"으로 기억했다. "그는 유머감각이 있었고, 매우 날카롭고, 매우 똑똑하고, 통찰력이 뛰어났다."[43] 그리고 그는 케임브리지 대학에서 역사학을 공부하였고 그곳에서 조정 경기 선수이자 역사학회 총무가 되었다.

케임브리지를 졸업한 다음 저팅은 금융 분야에서 고공행진을 시작했으며 홍콩 메릴린치의 은행원이 되어 연간 약 70만 달러를 벌었다. 2014년 10월 저팅은 홍콩에 있는 자신의 아파트에서 과도한 코카인에 중독되어 젊은 인도네시아인 2명을 잔인하게 고문·강간하고 살해한 장면을 찍었다. 2016년 저팅에게 형을 선고한 홍콩 판사는 그를 "사디스트적인 사이코패스"라고 표현하면서 영국 당국(저팅의 변호인단은 그가 영국에서 교도소 생활을 하도록 영국으로 이송되기를 희망하고 있었다)에 그의 "피상적인 매력"에 속지 말라고 경고했다.[44]

겉으로 보기에 매우 유능하고 매력적인 모습은 사이코패

스의 특징 중 하나이다. 심리학자 케빈 더튼Kevin Dutton이『사이코패스의 지혜The Wisdom of Psychopaths』에 쓴 것처럼 "사이코패스의 공통점 중 하나가 있다면 평범한 일상 속의 사람들처럼 행세하면서 본성을 완벽하게 속인다는 것이다. 즉 그런 겉모습 뒤에는—잔인할 정도로 화려한 위장— 무자비하고 빙하와 같은 차가운 포식자의 심장이 박동하고 있다."[45] 이러한 이유로 이 분야의 선구자 중 한 명인 허비 클렉클리Hervey Cleckley는 1941년 사이코패스에 대한 자신의 책 제목을『광기의 가면 The Mask of Sanity』으로 지었다.[46]

외면상의 자신감과 뒤섞인 이런 평범함의 베일은 그의 끔찍한 범죄 이전에 저팅을 알았던 사람들의 이야기에 등장하는 하나의 주제이다. 대학 시절의 한 친구는 그를 "균형 잡힌 태도와 절제된 우쭐함, '뛰어난' 분위기, 그러나 약간은 피곤한… 굉장히 똑똑하고… 매우 매력적"이라고 묘사하였다.[47]

피상적인 매력과 함께 사이코패스는 다음의 세 가지 특성을 보인다. 즉 "자기중심적 충동성"(속임수, 거짓말, 일반적으로 이기적이고 충동적), "두려움이 없는 지배욕구"(불안을 느끼지 않는 극도의 자신감과 위험과 모험에 대한 사랑), "냉혈함"(감정의 결핍)이다.

연구에 의하면, 사이코패스는 이러한 주요 특징과 함께 특히 보상에 끌린다고 한다(극단적인 형태의 외향적 성향은 술, 마약, 여자라는 바람둥이 라이프스타일과 일치한다). 그들은 또한 수치심이나 죄책감 같은 감정이 없고, 비상할 정도의 침착함과 낮은 불안감을 보인다. 달리 말하자면 그들은 신경증적 성향이 매우 낮다. 이것이 저팅 같은 사람들이 주식 거래와 같이 스트레스가 높은 환경에서 종종 우수한 성적을 내는 이유이다. (저팅처럼 그들은 신경과민성이 극도로 낮기 때문에 주식 거래와 같은 높은 스트레스 환경에서 뛰어난 경우가 많다.) 그리고 사이코패스는 종종 사람의 감정을 완벽하게 읽을 수 있는 반면 다른 사람의 두려움이나 고통을 느끼지 못하는 것처럼 보인다. 더튼이 말한 바와 같이, "그들은 감정의 음악이 아니라 감정의 단어만을 알아듣는다."

이런 모든 것은 신경학적 수준에서도 나타난다. 사이코패스의 뇌는 말 그대로 고통에 빠진 다른 사람을 보고도 거의 반응을 보이지 않는다.[48] 그들은 또한 공포와 같은 감정에 관여하는 뇌의 한 쌍의 구조인 편도체가 축소되어 있다.[49] 심리적인 전문 용어로 사이코패스는 "인지적 공감"(다른 사람의 관점을 파악하는 데 유능하다)을 할 수 있지만, "감정적 공감"(다른 사람들을 느끼지만 자신의 관점에서 사물을 보기 위해 고군분투하는 자폐인과는 정반대이다)이 결여되어 있다.

매력적이고 바쁘게 살았던 가학적인 살인범 저팅은 할리우드 영화에 나오는 전형적인 사이코패스(덱스터나 한니발 렉

터의 모습)와 일치한다. 현실에서는 이런 병적이고 범죄적인 사이코패스는 상대적으로 드물다. 흥미롭지만 다소 혼란스러운 것은 심리학자들이 사이코패스의 어떤 성격 특성들이 많은 사람에게 나타나지만 폭력과 범죄성으로 이어지지 않는다는 것을 알아냈다는 점이다. 이러한 "성공적인 사이코패스"(다른 용어로는 "고기능" 또는 "무임상" 사이코패스)는 동일한 매력, 냉정함, 무자비한 결단력을 가지고 있다. 그들은 또한 높은 수준의 자제력을 가지고 있지만 보통 신체적인 공격성은 없다. 과학적 측면에서 보면 그들은 전형적으로 두려움이 없는 지배 욕구에서는 매우 높은 점수를 얻지만, 자아중심적 충동성에서는 낮거나 또는 평균 수준의 점수를 얻는다. 영화에서 좋은 예를 찾아보면, 1987년 영화 〈월 스트리트 Wall Street〉에 나오는 무자비한 금융가인 고든 게코 Gordon Gekko를 그려보라. 그는 "탐욕은 선한 것"이라고 한다.

당신은 어떤가? 남보다 앞서 나가기 위한 단지 하나의 방법으로 이 책을 읽는 사이코패스인가? 아마 당신은 다음과 같이 인터넷에서 볼 수 있는 사이코패스 테스트를 하게 될지도 모른다. 즉 '한 여성이 어머니의 장례식에서 전에 만난 적이 없는 한 남자와 사랑에 빠진다. 장례식이 끝난 후 그녀는 그의 행방을 모른다. 그녀는 자신의 여동생을 죽인다. 왜?'

만약 당신이 그녀가 다른 가족 장례식에서 남자를 유혹

하기 위해 이런 일을 저질렀다고 답한다면, 인터넷 전설에 따르면 당신은 사이코패스이다. 왜냐하면 이런 대답은 무자비한 교활함을 보여주기 때문이다. 하지만 전문가들이 사이코패스 범죄자에게 실제로 이런 질문의 실험을 해보았지만, 그들은 이런 식으로 대답하지 않는다. 많은 평범한 사람들처럼 대부분의 사이코패스들은 그 이유가 자매간의 사랑 경쟁 때문일 것이라고 말했다. 그렇다면 그 테스트는 정말 재미있는 수수께끼에 불과하다.

사이코패스라고 추정할 수 있는 또 다른 징후는 타인의 불행을 즐기고, 이런 불행을 그들을 조종하는 기회라고 여기는 경향이다. 좀 덜 분명한 징후는 사이코패스는 다른 사람의 비웃음을 받는 것을 좋아한다는 것이다.[50] 사실 이것은 피상적인 매력의 일부를 형성할 수 있다. 자신을 비하하는 농담을 몇 마디 하고 곧 직원들을 손바닥 안에서 갖고 노는 자신감 넘치는 직장 상사를 그려보라.

《사이언티픽 아메리칸 마인드Scientific American Mind》의 약 4000명의 독자들을 대상으로 한 성격과 직업 조사에 따르면, 사이코패스적 경향이 높은 성격을 가진 사람이 리더의 역할과 위험한 직업을 가질 가능성이 더 높다. 즉 정치적으로 보수적이고, 무신론자이고, 미국보다는 유럽에 거주한다(왜 이런지는 분명하지 않다).[51] 만약 당신이 대학을 다녔거나 지금 대학에 있다면 당신이 선택한 전공조차도 이런 점을 드러낼 수 있다. 즉 경영학과 경제학 전공자가 심리학 전공자보다 사이코패스 성격 특성에서 보다 높은 점수를 받는 경향이 있다.[52]

당신의 전반적인 사이코패스 성향을 좀 더 신뢰성 있게 측정하기 위해서 짧은 퀴즈를 푸는 것이 좋겠다. 이 퀴즈는 사이코패스 전용 설문지를 기반으로 한 것이다. 개별적인 항목에 1-5점까지 점수를 매긴다. 전혀 맞지 않으면 1점, 아주 잘 맞으면 5점, 이도 저도 아니면 3점을 준다.

- 권위에 대한 복수를 좋아한다. ___
- 위험한 상황에 끌린다. ___
- 신속하고 위험한 투자 회수가 필요하다. ___
- 사람들은 종종 내가 통제 불능이라고 말한다. ___
- 내가 다른 사람에게 무례한 것은 사실이다. ___
- 나를 괴롭히는 사람들은 항상 후회한다. ___
- 법적인 문제가 있다. ___
- 잘 모르는 사람과 섹스를 즐기는 편이다. ___
- 원하는 것을 얻기 위해 무엇이든 말할 것이다. ___

합계 ___

각 항목별 점수를 합산하여 9로 나눈다. 당신은 전체적으로 얼마나 사이코패스인가? 나르시시즘과 마찬가지로 당신은 수백 명의 대학생들이 낸 답과 당신의 결과를 비교하여 평균 점수를 파악할 수 있다. 그들의 평균 점수는 2.4였다. 다시 말하지만, 이 수치보다 약간 위나 아래는 평범하다. 하지만 3.4점을 넘으면 아마 약간 사이코패스 쪽으로 기울어진 것이다. 만약 당신이 4.4점을 넘는다면, 나는 당신을 화나게 하고 싶지 않다!

그러나 전체 점수보다 더 중요한 것은 당신이 두려움이 없는 지배욕구를 보여주고 있는가의 여부이다. 이런 두려움이 없는 지배욕구는 성공한 사이코패스가 나타내는 성격 특성이다. 이런 특성을 보여주는 다른 테스트 항목을 살펴보자. 즉 나는 책임을 진다, 나는 모험을 추구한다, 나는 압박감 속에서도 침착하다, 나는 흥분을 좋아한다.[53] 여기 항목 모두에 동의한다면 당신은 성공적인 사이코패스의 성향을 갖고 있다는 신호이다! 반면에 다음 항목에 동의하는 것은 범죄와 공격성과 연관된 사이코패스의 한 측면인 자기중심적 충동성의 표시이다. 즉 나는 멋진 싸움을 좋아한다, 나는 출세하기 위해 속임수를 쓴다, 나는 규칙을 어긴다, 나는 생각 없이 행동한다. 당신이 항목 모두에 동의하였다면, 당신은 이 책을 아마 교도소 도서관에서 읽고 있을 것이다.

사이코패스의 공격적이고 범죄적인 요소가 당사자와 사

회에 나쁜 소식이라는 것은 두말할 나위 없다. 하지만 두려움 없는 지배욕구와 냉혈함이라는 사이코패스의 성격 특성은 어떤가? 나처럼 당신도 스펙트럼의 다른 끝에 있는 소심한 편의 점수를 받는다면 이 세상의 성공한 사이코패스에게서 우리가 배울 만한 점이 있을까?

성공적인 사이코패스의 교훈

올바른 종류의 사이코패스 성격 특성을 갖는 것은 일부 사람에게는 도움이 되는 듯이 보인다. 물론 그것은 성공을 어떻게 보느냐에 달려있기는 하다. 하나의 주목할 만한 연구에서 영국 버크셔의 브로드무어 중범죄 보안 병원(이전 요크셔 리퍼의 본거지이다)에 수감된 수백 명의 사이코패스 범죄 수감자들과 영국의 고위 경영자들, CEO들을 비교하였다.[54] 놀랍게도 CEO들은 피상적인 매력과 조작력에서 범죄 사이코패스보다 앞섰고, 공감 능력 부족에서는 그들과 비슷하였지만, 결정적으로 충동성과 공격성에서 더 낮은 점수를 받았다.

이것은 이상한 결과가 아니었다. 미국에서 심리학자들은 경영 개발 프로그램에 등록된 200명 이상의 기업 전문가들로부터 사이코패스 테스트 점수를 얻을 수 있었다. 영국의 조사 결과와 일치했고, 매니저들은 일반인보다 사이코패스에 가까운 더 높은 점수를 받았다. 높은 점수를 받을수록 카리스마와 프레젠테이션 기술에서 더 나은 평가를 받았다(그러나 팀 플레이와 실제 수행에 있어서는 더 나쁜 점수를 받았다).[55] 뉴욕 심리학자 폴 바비악은《가디언》에서 25명 중 1명이 사이코패스일 가능성이 높다고 말했다.[56]

일부 전문가들은 심지어 가장 성공한 미국 대통령들이 어느 정도는 사이코패스적인 측면을 보인다고 주장하기도 한다. 성공적인 사이코패스에 대한 주요 연구자 중 한 명인 에모리 대학의 스콧 릴리언펠트(지금은 사망하였다)는 역사 전기 작가들에게 조지 W. 부시 대통령까지 포함하여 역대 미국 대통령의 성격적 특성을 평가해 줄 것을 요청했고, 이 평가를 대통령 재임 기간의 대통령직 수행 능력의 역사적 평가와 비교하였다. 다시 말하지만, 두려움이 없는 지배욕구가 핵심이었다. 이런 성격 특성에 높은 점수를 받은 대통령들(가장 높은 점수를 받은 4명은 시어도어 루스벨트, 존 케네디, 프랭클린 루스벨트, 로널드 레이건이었다. 윌리엄 태프트는 가장 낮은 점수를 받았다)은 명성, 선거 결과, 재임 기간 통과된 법률 측면에서 보다 더 효과를 발휘한 것으로 나타났다.[57]

고위 지도자의 역할 외에도 성공적인 사이코패스는 경쟁적이고 고위험 직업에서 찾아볼 수 있을 가능성이 더 높다. 여기에는 금융계를 포함하여 군 특수부대, 응급 서비스, 극한 스포츠, 심지어 수술까지도 해당된다. "의심할 것 없이 사회에는 사이코패스를 위한 장소가 분명히 있다"라고 더튼은 말한다.

사실 왕립외과대학에서 출판된 최근 논문의 제목은 〈스트레스가 심한 직업: 외과의는 사이코패스인가?〉였다.[58] 그 대답은 애매모호하였지만 '예'였다. 200명에 가까운 의사들이 사이코패스 테스트를 하였는데, 비록 그들이 사이코패스의 모든 면에서 높은 점수를 얻지는 못했지만, 스트레스 내성이나 두려움 없음의 항목에서 일반인보다 높은 점수를 받았고, 그중에서 가장 높은 점수를 받은 것은 외과 의사였다. 이것은 『사이코패스의 지혜』라는 책에 인용된 신경외과 의사의 이야기와 일치한다, "그렇다, 어려운 수술 전에 손 소독을 할 때 두려움이 없는 것이 사실이다. 냉엄함이 혈관을 가로지른다."

그렇다면 왜 그렇게 많은 사이코패스, 아니 적어도 사이코패스 성향의 사람이 리더의 자리에 있고 수술과 같은 고액 연봉의 직책에 있는가? 사이코패스들은 극단적인 외향적 성향의 소유자들이고 보상의 약속과 위협의 면역에 의해 움직인다.[59] 그들은 심지어 각성제에 대한 높은 반응을 보인다. 예를 들면 그들에게 스피드(암페타민)를 먹이면 비-사이코패스와 비교하여 거의 네 배의 도파민(기대와 보상에 관여하는 뇌의 신경전달물질)을 뇌에서 방출한다. 그리고 이와 유사하게 그들의 뇌는 현금 보상의 기대에 더 높은 반응을 보인다.[60] 하지만 고기능 비-범죄 사이코패스가 성공한 가장 중요한 이유는 적절한 시기에 자신들의 두려움과 불안의 스위치를 끄고 심장 수술을 하거나, 화재에서 희생자들을 구출하거나, 수백만 달러의 거래를 하거나, 적군의 배후에서 대담하게 습격하는 그 능력 때문이다.

어떻게 어두운 면으로 넘어가지 않고 사이코패스에게서 배울 수 있을까? 장기적으로, 그리고 빅5 성격 특성에서 보면 그 답은 신경증적 성향을 가능한 한 낮추고 외향적 성향을 최대화하는 것이다.

자신의 삶을 정직하게 성찰하라. 만약 당신이 사이코패스가 아니라고 가정한다면 당신이 도전을 극복하지 못할까 봐 혹은 심지어 스스로 당황할지도 모른다는 두려움 때문에 기회를 회피하는 경우가 있을 것이다. 예를 들면 직장에서 동료들과의 대화 모임에 초대받았거나, 업무 승진을 제안받았지만 안전함을 선택하고 그 기회를 피하였을지도 모른다. 개인적인 삶의 측면에서 어쩌면 당신은 동료나 친구에게 데이트를 신청하는 방법을 고민하며 며칠 혹은 몇 주 동안 머릿속으로 역할극을 했을지도 모르지만, 결국 당신은 끝내 용기를 내지 않았을지도 모른다. 이럴 때가 당신의 내면에 있는 사이코패스 성향을 불러내야 할 순간이다.

앞에서 설명한 바와 같이, 이렇게 하는 한 가지 방법은 스트레스와 불안감을 유발하는 상황을 흥미롭게 재구성하는 것이다. 당신의 시스템에서 아드레날린 홍수를 공포라기보다 일종의 분주함으로 해석하라. 이것은 당신의 행동 수행에 도움이 될 것이다. 사이코패스에게는 이런 것이 자연스럽지만 당신은 이런 상황에서 적절하게 행동하기 위해 자신을 훈련시켜야 한다.

한 걸음 더 나아가기 위한 유용한 전략은 심리학자들이 말하는 위협적인 마음 자세가 아닌 도전적인 마음 자세를 채택하는 것이다. 비-사이코패스인 당신이 위협적인 마음 자세를 갖고 있으면 스스로 업무수행을 잘할 수 없을 것이라고 믿게 된다. 자제력을 잃을까 봐 두려워하고, 실패해서 창피당할까 봐 두려워한다. 그럴 때 도피하는 것은 자연스러운 반응이다.

이와는 대조적으로 도전적인 마음 자세를 갖는 것은 당신의 능력을 믿는 데서 온다(도움 포인트, 당신이 한 훈련을 상기하라. 훈련하지 않았다면 다음을 위해 이제라도 시작하라). 당신이 해낼 수 있는 업무의 측면에 집중하라(힘든 일에 직면하기 이전 및 그 과정 중에 그 일의 통상적인 과정을 리허설하라-엘리트 운동선수들이 시합 전에 하는 리허설을 생각하라). 결과에 상관없이 업무를 연습같이 하고 거기에서 배울 점을 더 찾아라. 간단히 말해서 잃을 것보다 얻을 것에 집중하라. 그 일을 해서 얻는 최대치가 배우게 되었다는 경험밖에 없다고 해도 마찬가지이다. 이렇게 하라. 그리고 당신의 혈관에서 냉엄함을 느끼지는 않을지 모르지만(더튼에게 말한 외과 의사처럼), 당신은 불안을 이점으로 전환시키고 기회를 잡을 가능성이 높은, 더 유리한 위치에 서게 될 것이다. 그리하여 사이코패스 또는 건방진 바람둥이에게 당신의 데이트 기회를 뺏기지 않을 것이다.

만약 당신이 도전적인(위협이 아니라) 마음 자세를 취하게 되면 당신이 성공을 위해 필요한 어떤 훈련이나 연구라도 기꺼이 하게 된다는 것이 중요한 점이다. 최근 200명 정도의 직원을 대상으로 한 조사에서 이것이 확인되었다. 도전적인 하루를 보낸 사람은 자신의 스펙을 향상시키고 건설적인 단계를 취하는 식으로 반응하는 경향을 보인다. 예를 들면 시간의 우선순위를 정하고 도움을 요청한다. 그러나 이런 사람이 도전적인 마음 자세와 유사한, 연구자들이 "긍정적인 스트레스 마음 자세"라고 부르는 것을 가진 경우에만 그러하였다.[61] 힘든 날을 위협으로 보는 부정적인 스트레스 마음 자세를 가진 사람은 상황을 회피하려 했다.

성공한 사이코패스가 갖는 장점은 자발성과 중요한 기회를 잡아내려는 의지이다. 당신이 그 직업을 지원할 것인지 아니면 그 집을 팔 것인지를 놓고 고민하는 동안 성공적인 사이코패스들은 이미 자신의 이력서를 보내거나 부동산 중개인을 부른다. 그들은 보상의 기회를 보고 위험에 개의치 않는다. 간단히 말해서 사이코패스는 꾸물거리지 않는다. 당신은 꾸물거리고 미루는 심리를 이해하게 됨으로써 문제를 정확하게 볼 수 있다. 불편한 공포와 부정적인 감정(또는 적어도 비합리적으로 그럴 것이라는 생각으로)에 사로잡혀서 시간이 없다는 핑계를 대지만 사실은 회피하고 싶은 심정 때문에 우리가 마땅히 해야 할 일을 못하면서 실제로 자주 그 일을 회피하고 있다는 것을 생각해 보라.

　　그러므로 꾸물거림을 피하는 성공적인 접근은 당신의 두려움을 해소하거나 감정을 모두 배제하는 것이다. 중요한 결정에 대한 찬반양론을 도출하고, 필요하다면 친구와 가족들과 상의하면서 도움을 구하라. 이제 당신이 앞으로 나아가겠다고 결심한 이상 결과가 어떻게 될지 예상하지 말고, 취해야 할 바로 그 다음 행동이 무엇인지에만 초점을 맞춰라. 그러고 나서 바로 실행에 옮겨라. 이력서를 메일로 보내라. 그리고 전화기를 들어라.

사이코패스를 밝은 빛으로

직장에서 강압적이고 두려움이 없는 성공적인 사이코패스와 경쟁하거나 어렵고 이기적인 친지들을 다룰 때처럼, 인생의 목표에 따라서 사이코패스의 전략을 일부 차용하는 것이 도움이 되는 순간과 상황이 있다. 그러나 나르시시즘과 마찬가지로, 어두운 면으로 자신을 몰아가는 것은 권장하지 않는다!

사이코패스는 우리 인간의 본질인 감정이 결여된 것과 연관되어 있다는 점을 반드시 기억하라. 인생의 의미는 쾌락과 자기만족 이외의 다른 것에 관심을 기울이는 데 있다. 다른 무엇보다도 인생의 의미는 사랑하는 사람과의 관계에서 온다. 남을 배려하는 것이 발목을 잡을 수도 있지만 냉정한 자동기계로 변신하는 데 성공한다면 그다음 삶은 도대체 어떤 것이 될까?

비록 직업 성취가 인생에서 가장 중요한 것이라 할지라도 직원들이 사이코패스 상사 때문에 고통을 받고,[62] 어떤 조직이 사이코패스에 의해 주도되었을 때 장기간에 걸쳐서는 실패한다는 증거가 있다는 것을 명심하라.[63] 이것은 효과적인 리더십이란 지나친 위험 감수 이상을 요구하기 때문이다. 무엇보다도 특히 우수한 인재들의 성장을 돕고 직원들의 업무 성취를 가로막는 장애물을 제거하는 데에는 이해와 공감도 역시 중요하다.

그리고 당연히, 일반적으로 사이코패스는 폭력적인 죽음을 맞이할 가능성이 더 많다.[64] 그리고 물론 법을 위반할 가능성도 평균보다 훨씬 더 높다.

그러면 어떻게 사이코패스 성향이 덜 되도록 도울 수 있을까? 한 가지 접근 방식은 그들의 특성을 그 자체로 바꾸는 것이 아니라 그들을 더 건설적으로 이끄는 것이다. 동일한 사이코패스 성격 특성이 이기적인 야망이나 영웅주의를 부추길 수 있다. 유타주에 본사를 둔 인터넷 마케팅 백만장자였던 제러미 존슨은 도박으로 재산을 잃고 순진한 사람을 등쳐먹었으며, 2016년 은행 사기 사건으로 징역 11년을 선고받았다. 판사는 존슨에게 "자신만 중요하고, 자신이 원하는 일만 하려는 욕심이 이 사건의 근원이다"라고 말했다. 그러나 존슨은 수백만 달러를 벌었을 뿐만 아니라 2010년 지진 희생자들을 돕기 위해 자신의 항공기를 아이티로 보내는 등 과감한 구조 활동으로 유명한 지역 영웅이었다. 그의 평생 친구는 그를 "내가 아는 사람 중 가장 그리스도와 닮은 사람"이라고 묘사한다.[65]

존슨과 같은 경우는 드물지 않다. 어떤 연구에서는 사이코패스 성격 특성과 미지의 사람을 돕거나 길거리 사기꾼을 쫓는 것과 같은 일상의 영웅주의적 성향 사이의 상관관계를 발견하였다.[66] 그렇다면 사이코패스 성격 특성을 가진 사람을 도울 수 있는 중요한 방법은 가능한 한 그들이 영웅이 될 기회를 극대화하고 파멸적인 범죄의 유혹에서 벗어나게 할 수 있는 직업과 역할로 인도하는 것이다.

사이코패스를 빛으로 유도하는 것 이외에 어떤 사람의 사이코패스 특성을 고치거나 줄여 그들이 다양한 범죄가 아니라 성공을 향하게 하는 다른 방법은 없는가? 미국 연구원들은 최근 사이코패스가 보여주는 일반적이지 않은 정신 과정에 초점을 맞춤으로써 어느 정도 성공을 거두었다. 이 접근방법의 전제는 사이코패스가 후회하는 감정을 포함한 부정적인 감정을 경험할 수 있다는 것이다. 단지 그들이 어떤 희생을 치르더라도 늘 하는 식으로 목표를 향해 돌진하는 것은 미래에 감당해야 할 후회를 고려하지 못하기 때문이다.[67] 다른 사람의 감정에 집중하는 반복된 훈련을 수 주간 시행하는 인지 재활 훈련은 사이코패스가 오로지 자신의 목표에만 집중하지 않고 자신의 행동이 야기할 정서적 맥락을 더 고려하게 해준다.[68] 예를 들면 자신의 이익을 위해 누군가를 속이고 피해자의 감정을 무시하는 사이코패스를 상상해 보라.

"그들은 냉혈한이 아니다. 단지 그들은 멀티태스킹에 아주 서툴 뿐이다. 그래서 우리는 그들이 자신의 환경에서 더 많은 정보를 발견하고 감정적 경험을 활용할 수 있도록 돕기 위해 사이코패스의 마음을 어떻게 다루어야 할지에 대해 생각해 볼 필요가 있다"라고 예일 대학의 선임 연구원이자 과학자인 아리엘 배스킨–소머스Arielle Baskin-Sommers는 말한다.[69] 이런 접근 방식은 매우 실험적이지만 이 책의 핵심 메시지 중 하나와 잘 어울린다. 그 메시지는 다음과 같다. 즉 성격은 부분적으로 생각 습관에서 비롯되기 때문에 이러한 습관을 바꾸면 당신의 성격 특성을 변화시킬 수 있다.

성격 변화를 위한 실행 가능한 10가지 단계

신경증적 성향 줄이기

많은 만성적인 걱정쟁이들은 건강하지 못한 완벽주의적 경향을 보인다. 그들은 모든 문제가 해결될 때까지-이것은 거의 불가능하다- 걱정을 멈출 수 없다. 걱정이 감당할 수 없을 정도로 커지면 생각-멈춤 기법을 시도해 보라. 정지 신호를 그려보거나 이제 멈추어도 될 정도로 충분히 자신이 할 일을 다했다고 스스로에게 말해보라.

비판적이고 부정적인 생각을 별로 심각하지 않게 받아들이는 연습을 하라. 모든 사람이 이런 생각을 갖고 있지만 그것은 복음이 아니니 그 때문에 의기소침할 필요가 없다. 도움이 되는 연습은 마인드버스mind bus 기법이다. 비판적이고 부정적인 생각을 스쿨버스에 탄 버릇없는 애들이라고 간주하고 그것들이 바보같이 떠든다고 생각하라. 그렇게 떠드는 것이 좀 산만하거나 재미있을 수도 있지만, 버스 운전사가 가고자 하는 곳으로 향하는 것을 멈추게 할 수는 없을 것이다.

외향적 성향 늘리기

개를 키우거나 자원해서 친구 또는 이웃의 개를 정기적으로 산책시키는 것을 고려해 보라. 개 주인은 다른 개 주인과 종종 우연히 마주치고 잡담을 하기 때문에 평균 이상의 사회적 만남을 경험하게 된다.

다음번 파티나 행사에 갈 때 구석에 앉아서 다른 손님이 말을 거는 것에 초조해하지 말고 먼저 겸손하고 재미있고 확실한 목표를 세우도록 하라. 예를 들면 새로 들어온 두 사람의 이름과 직업을 알아내는 것이다. 모임 행사를 사회적 모임이라기보다 탐정 행동같이 취급하게 되면 자신을 의식하는 것이 줄어들고 결국에는 일종의 성취감을 느끼게 된다. 이렇게 하면 할수록 더 익숙해질 것이다.

성실한 성향 늘리기

시험 준비, 체육관 훈련, 집안 정돈 등 무엇이든 자기 주도적인 활동을 할 때 보상받을 수 있는 것-예를 들면 활동을 하는 동안 좋아하는 음악 또는 팟캐스트를 듣는 것 등-과 결합하라. 또한 주요 활동 이정표를 작성할 때 진행 상황과 계획을 계속 살펴보라.

가장 중요한 가치와 목표를 되새기는 데 시간을 할애하라. 현재 에너지를 올바른 방향으로 사용하고 있는가? 그렇지 않다면 방향을 바꿀 시간이다. 삶의 전반적인 가치와 일치하는 목표를 추구하고 있다면 그에 맞는 훈련과 결심을 하기가 더 쉬울 것이다.

친화적 성향 늘리기

만약 자신에게 관대하면 다른 사람에게 따뜻하고 신뢰성 있게 대하기 쉬울 것이다. 자기연민을 훈련하는 많은 방법들이 있다. 한 가지 시도해 볼 만한 것은 나를 지지하고 이해하는 친구에게서 편지를 받는 것처럼 자신에게 편지를 써보라.

더 많은 소설을 읽어라. 이것은 공감 능력 향상과 관련이 있다. 왜냐하면 독서는 우리가 다른 등장인물들의 관점에서 볼 수 있게 해주기 때문이다.

개방적 성향 늘리기

새로운 언어를 배워라. 다른 문화에 몰입하는 것(외국어를 배우면 더 몰입이 잘 된다)은 세상을 새롭게 보게 해준다.

절정경험을 추구하라. 산에 오르는 것이 꼭 극적인 경험으로 이어질 필요는 없다. 노을을 보기 위해 기다리는 시간일 수도 있고, 인근 숲을 산책하는 것일 수도 있고, 미술관을 가보는 것일 수도 있다. 목표는 세상과 하나가 되어가는 과정에서 마음이 열려 있다는 것을 느끼는 것이다.

8장

성격 재발명의
10가지 원칙

나는 이 책을 통해 삶의 많은 장단점을 포함하여 당신의 성격을 끊임없이 형성하는 다양한 영향에 대해 자세히 설명하였다. 또한 당신이 성격을 바꾸고자 한다면 성격의 주요한 특성의 전부 또는 일부를 원하는 방향으로 바꿀 수 있는 다양한 활동과 훈련들을 설명하였다. 또한 이런 성격의 유연성을 어느 정도 조절할 수 있는 힘이 당신의 내면에 어떻게 존재하는지를 보여주었다. 그리고 나는 성공적인 의도적 성격 변화를 위한 몇 가지 기본 원칙들에 대해서도 언급하였다.

이번 마지막 장에서는 이전의 충고들을 확장하여 당신의 성격을 최고로 성공적으로 만들 수 있는 열 가지 핵심 원리를 설명하고자 한다. 당신은 이것들을 명심하고 성격의 변화를 위해 노력하면서 힘들 때마다 언제든지 이 원리로 다시 돌아오기를 바란다. 계속해서 이번 장을 읽기 전에 1장의 성격 테스트를 다시 해볼 좋은 시간이다. 그래서 이전의 성격 특성이 변화하였는지, 변화하였다면 당신이 바라는 방향으로 바뀌었는지를 살펴보기 바란다. 그리고 또한 글쓰기 훈련(2장 참조)을 할 수도 있다. 이것은 당신이 성찰한 전체적인 논조가 더 긍정적이 되었는지를 알게 해줄 것이다. 별다른 진전이 없다고 해서 절망할 필요는 없다. 여기 제시하는 열 가지 규칙이 성공하는 방법에 대해 더 많은 아이디어들을 제공해 줄 것이다.

성격의 재발명을 위한 10가지 원칙

1. 목표가 높을수록 성공 가능성이 높다.
2. 자신을 정직하게 평가하지 않으면 나아질 수 없다.
3. 진정한 변화는 행동에서 시작된다.
4. 변화를 시작하는 것은 쉽다. 그것을 고수하는 것이 어렵다.
5. 변화는 항상 진행 중이므로 계속해서 추적해야 한다.

6. 변화의 가능성 정도를 현실적으로 생각할 필요가 있다.

7. 다른 사람의 도움을 받으면 성공할 가능성이 더 높다.

8. 일상의 삶이 때로는 거추장스럽지만 이런 점을 예상하고 잘 처리하는 것이 삶의 비결이다.

9. 자책보다 자기친절이 지속적인 변화로 이어질 가능성이 더 높다.

10. 성격 변화의 잠재성−및 지속성−을 믿는 것은 지켜야 할 철학이다.

원칙 1. 목표가 높을수록 성공 가능성이 높다.

조사에 의하면, 대부분의 사람은 자신의 성격이 조금 달라지기를 원한다고 한다. 우리는 종종 변화하게 되면 인생이 더 행복해지거나, 직장에서도 더 성공적이 되거나, 대인관계에서도 더 만족할 것이라고 막연히 생각한다. 의도적으로 외향적 성향, 성실한 성향, 개방적 성향, 친화적 성향, 정서적 안정감을 향상시키는(또는 이런 성향들 중 하나라도) 당신은 더 건강하고 행복한 삶을 살 수 있다. 하지만 만약 당신이 더 지속적이고 급진적인 변화를 원한다면 목표와 정체성을 더 높게 두는 것이 좋다.

연구에 의하면, 개인적인 가치관의 변화(당신의 인생에서 가장 중요한 것)가 성격 변화보다 먼저 일어나는 경우가 더 흔하다고 한다.[1] 더 좋은 아버지가 되고, 가난과 싸우고, 예술을 함께 나누고, 마을을 개선하고, 해외 자원봉사를 하거나, 새로운 기술을 배워라. 이런 동기 부여를 무엇이라고 불러도 아무 상관이 없다(심리학자들은 이것을 "개인적 프로젝트," "높은 소명," "궁극적 관심"이라고 부른다). 만약 이런 일들이 당신의 열정이나 현재의 목적과 가치에 도움이 된다면 의도적인 성격 변화가 성공할 가능성이 더 높고 진정으로 느껴질 것이다.

이 책에서 공유한 많은 고무적인 변화의 이야기들은 보다 높은 목표 덕분에–자기교육, 새로운 관계들, 취미들, 습관들을 통해서– 심오하고 새로운 정체성이나 소명을 발견한 사람에 관한 것이었다. 그리고 이것은 자기–지속적인 효과로 이어진다. 자기–지속적인 효과란 사회적 소명과 역할을 다 함으로써 성격은 유익해지고 이어서 기존 성격의 장점이 발휘된다는 것이다.

만약 현재 당신에게 열정이나 소명이 없다면, 스스로에게 "나의 성격을 어떻게 바꾸어야 하는가?"라고 묻기보다는 "나에게 중요한 것은 무엇인가?" 또는 "나는 어떤 사람이 되고 싶은가?"라고 묻는 것이 더 유익하고 효과적일 것이다. 물론 대답은 인생의 시기마다 달라질 수 있기 때문에 필요할 때마다 이 질문을 다시 해야 할지도 모른다. 예를 들면 당신은 오랫동안 헌신적인 부모였고 그것이 당신의 존재 이유였을지 모르지만, 자녀들이 성장하고 독립하게 되면 인생에 구멍이 생긴 것 같아 새로운 목표를 찾아야 한다고 느낄 것이다.

당신이 인생의 어느 시기에 있든지 간에 안락의자에 편안히 앉아서 이 질문을 곰곰이 생각해서는 답을 얻지 못할 것이다. 일어나서 밖으로 나와 실험을 통해 내면의 불꽃을 발견해야 할지도 모른다. 인내심을 가져라. 이것은 당신이 처음 시도하는 것도 아닐 것이다. 설사 당신이 진정한 소명(당신에게 지속적인 매력과 의미를 주는 어떤 것)을 찾았다고 하여도 처음에는 그것을 깨닫지 못할 수도 있다. 보통 열정이 불타기 위해서는 시간이 걸린다.

일단 소명을 찾았으면 다음과 같은 질문을 할 시간이다. 즉 "이런 도전에 더 잘 부응하거나 또는 이런 가치관에 맞게 살기 위해서 나의 성격을 어떻게 계발할 것인가?" 또한 이런 소명의 실현을 위한 성격 변화는 당신 자아에 완전히 흡수되어 온전함을 느끼며 지속된다는 것을 기억하고 명심하라.

핵심 사항 ㅣ 소명을 찾거나 또는 당신에게 가장 중요한 가치에 대해 곰곰이 생각해 보라. 이것을 기반으로 의미 있고 온전한 성격 변화가 이루어질 것이다.

원칙 2. 자신을 정직하게 평가하지 않으면 나아질 수 없다.

만약 당신이 직장이나 대인관계에서 어려움을 겪고 있다면, 책임을 회피하고 주위 상황과 다른 사람의 탓으로 돌리고 싶은 유혹을 받을 것이다. 하지만 만약 당신이 정직하다면, 적어도 부분적으로 당신 책임도 있다는 것을 알 것이다. 게으름, 감정 변화, 독단주의와 같은 별로 좋지 않은 성격 특성이 여러 차례 반복적으로 나타났을지도 모른다. 이런 별로 도움이 되지 않는 성격 특성을 개선하기 위한 첫 번째 단계는 우선 그것을 인정하고 받아들이는 것이다(절망하거나 심하게 자기를 비난할 필요는 없다. 333쪽의 원칙 9를 보라).

그러나 거울 속의 남자(또는 여자)를 정직하게 보는 것은 말처럼 쉽지 않다. 자신을 괜찮은 사람으로 보는 것은 인간 본성의 일부이다. 우리 대부분-아주 우울하고 극도로 신경질적인 때를 제외하고-은 자신의 능력과 지식을 과대평가한다.[2]

통상적인 이런 자기평가는 자신의 자존심과 낙천주의를 유지하는 데 도움이 되기 때문에 조심해서 다루어야 하고 불속에 던져버려서는 안 된다. 그러나 만약 이로 인해 정직한 자기평가가 방해된다면 이것은 효과적인 성격 변화의 장애가 될 수 있다. 이를 극복하는 한 가지 방법은 이 책에 있는 성격 테

스트(또는 온라인으로 응시하는 다른 모든 테스트)에 가능한
한 진실하게 대답하는 것이다. 이렇게 하면 자신의 성격에서
어느 부분을 발달시켜야 하는지 알게 될 것이다.

하지만 당신이 자신의 성격을 솔직하게 볼만큼 대담하다
고 할지라도 자신이 알지 못하는 어떤 것, 또는 적어도 다른 사
람은 알아도 자신이 모르는 부분-소위 말하는 맹점-이 있을
가능성이 높다.

이것은 피험자들에게 자신의 성격과 다른 사람이 자신의
성격을 어떻게 보는지를 평가한 후 그 대답을 친한 친구나 가
족이 실제로 그 사람의 성격을 평가한 것과 비교한 연구에서
밝혀졌다.[3] 연구 결과는 자신의 평가와 타인의 평가에는 겹치
는 부분도 많이 있지만 대개는 중요한 맹점들, 즉 다른 사람은
볼 수 있지만 정작 자신은 전혀 모르고 있는 점들(예를 들면
아침에 까칠하다든지, 재치가 있다든지, 너무 비위를 맞춘다
든지 하는 것 등)이 있었다.

이러한 잠재적인 맹점을 탐색할 때는 조심해야 한다. 특
히 당신이 취약하거나 심리적으로 예민한 경우에는 더욱 그렇
다. 이런 계통의 연구들이 제시하는 것은 만약 당신이 성격 변
화에 진지하다면 자신의 성격 평가에만 의존할 것이 아니라
주변의 가까운 친구, 가족, 동료들에게 당신의 성격 특성을 평
가해 달라고 부탁하는 것이 좋은 생각이라는 점이다. 만약 당

신이 솔직한 답을 원한다면 혹시 있을지 모르는 충돌을 피하기 위해 익명으로 하는 것도 도움이 된다.

누구에게 부탁할지 신중해야 한다. 당신은 이런 평가 때문에 완전히 풀이 죽어버리기를 원치 않을 것이다. 심리학자 타샤 유리크가 "사랑하는 비평가"라고 부르는 사람, 즉 당신을 진정으로 마음에 품고 있는 사람을 선택하는 것이 좋다. 이런 평가를 기반으로 하여 당신의 성격에서 개선하고 발달시켜야 할 영역을 탐색하는 것이 좋다.

만약 당신이 정말 용감하다면 유리크의 훌륭한 책『자기통찰Insight』을 본받을 수 있다. 이 책에서 그녀는 "진실의 저녁 식사"라고 알려진 훈련에 대해 썼다. 말하자면 당신을 사랑하는 비평가와 식사를 하면서 정말로 당신의 성격 중 어떤 점이 비평가를 힘들게 하는지 물어보는 것이다.[4]

만약 이것이 너무 위험하다면 다른 방법을 선택할 수 있다. 자기통찰을 위해 스스로에게 "기적의 질문"을 던지는 것이다(칩과 댄 히스의 책『스위치Swich』에 언급된 바와 같이). 오늘 밤 당신이 잠든 동안 당신의 성격에 기적적인 변화가 일어났다고 상상해 보라. 미래에 당신의 삶과 인간관계의 많은 부분에 유익한 영향을 미칠지도 모른다. 이런 기적적인 변화는 무엇일까? 자세하게 무엇이 변한 것인지 그리고 그런 변화가 삶에 어떤 영향을 미치고 있는지를 성찰해 보라. 잠에서 깨어났을 때 인생이 달라졌는가, 그렇다면 어떻게 달라졌는가? 그다음 이런 기적을 어떻게 현실로 만들기 시작할 것인지를 생각해 보라.

> **핵심 사항** ｜ 당신의 가까운 친구나 가족(사랑하는 비평가)이 당신의 성격을 어떻게 보고 있는지 알아보자. 그러면 현재 당신이 어떤 사람인지 더 완전하게 알 수 있다.

원칙 3. 진정한 변화는 행동에서 시작된다.

성격 변화의 열망은 마음에서 시작되지만 내면의 야망 그 자체만으로는 결코 충분하지 않다. 가장 간단하면서도 가장 강력한 교훈 중 하나는 변화된 무엇을 하지 않으면 아무것도 변하지 않는다는 것이다. 이 책을 읽은 이후 행동이 변한 것이 있는지 잠시 생각해 보라.

만약 당신이 같은 일상, 같은 취미, 같은 회사, 같은 습관, 같은 이웃을 고수한다면 마음으로 더 성실하고, 더 개방적이고, 더 외향적이고 또는 다른 어떤 성격 특성이 되고 싶다는 욕망을 품어도 아무 일도 일어나지 않는다. 인생의 모든 것을 그대로 유지하고, 이전에 하던 행동 그대로 하고 있다면 당신은 이전과 똑같은 사람이 될 것이다. 반대로 당신이 그런 오래된 패턴에서 벗어나는 순간 바로 그때 변화의 과정이 시작된다. 어디서부터 시작해야 할지 모르는 경우 변화의 과정을 시작하기 위해 첫 번째 단계에서 무엇을 해야 하는지 자문해 보라. 그리고 실행하라. 윌리엄 제임스가 말했듯이, "바로 여기서 네가 되고 싶은 사람이 되는 거야."

혼자서 많은 시간을 보내는 작가인 나는 이 때문에 더 내성적으로 되지 않을까 하고 곰곰이 생각한다. 나는 한동안 외향적 성향을 강화하여 균형을 잡으려고 노력하였다. 내성적 성향이 원래 나쁜 것이라고 말하고자 하는 것이 아니라, 나의 상황이 내가 원하는 것보다 더 내성적으로 만들고 있다는 것을 감지한 것이다. 혼자 일하는 많은 사람과 마찬가지로 내가 취한 조치는 집에서 나와 정기적으로 카페에 가서 일을 하는 것이었다. 나는 수년 동안 이렇게 하였다. 나는 세상으로 나가려고 노력하였지만 세상이 시큰둥하게 반응하는 것을 때로는 한탄하곤 하였다. 물론 카페 방문은 기분 좋은 변화를 주었지만, 솔직히 말해서 커피를 주문하고 나면 나는 거의 누구와도 말을 하지 않았다. 내가 하는 또 다른 규칙적인 일은 체육관에 가는 것이지만 거기서도 항상 헤드폰 안에 몸을 담근다. 나는 밖으로 나가지만 사실상 또다시 혼자인 것이다.

올해 초 이 책에 서술된 나 자신의 조언에 귀를 기울여서 뭔가 다른 일을 시작하지 않는다면 아무것도 변하지 않을 것이라는 생각이 들었다. 수년 동안 카페와 체육관의 반복된 일과를 해오면서 나 자신의 내성적 성향뿐만 아니라 아무것도 변하지 않는 것을 불평했다.

나는 다르게 행동해야 했다. 자주 다니는 카페 근처에 있는 레저 컨트리클럽에서 일주일에 몇 번 운동 수업에 참여하기 시작하였다. 그중에는 파트너가 없으면 안 되는 복싱 수업도 포함되어 있었다. 다른 말로 하면, 사람을 만나지 않을 수 없는 사회적 상황이 된 것이다. 처음에는 모르는 사람과 함께 하는 것이 조금 불편했지만 이미 다르게 느끼며 행동하고 있다고 감히 말할 수 있다. 지금으로서는 미세한 변화에 불과하지만 약간은 나의 껍데기에서 벗어난 느낌이다. 그리고 내가 변하려고 하면 다른 행동을 해야만 한다는 것을 실감하기 시작한다.

새로운 행동과 습관의 변화 의지의 중요성은 여러 연구에 의해 뒷받침되었다. 연구는 피험자들에게 변화를 성취하기 위해 연관성이 있는 구체적인 행동을 부여했는데, 예를 들면 "만약 상황 X에 있다면, 나는 Y를 할 것이다"와 같이 명확한 '구체적인 실현' 전략이 있는 경우, 자신이 원하는 성격 변화를 성공적으로 이루는 경향이 더 많다는 것을 보여준다.

또 다른 최근의 연구는 성격 변화를 원하지만 실제로 아무것도 하지 않는다면 심지어 해로운 결과를 낳는다는 것을 보여준다.[5] 피험자들에게 변화의 의지와 이에 맞는 추천된 행동을 하였는지를 기록하게 하였다. 실제적인 행동을 더 많이 한 피험자는 자신이 원하는 변화를 더 많이 성취하였지만, 안타깝게도 약속은 했지만 자신의 행동을 바꾸지 않은 피험자는 실패하였다는 생각 때문인지 오히려 더 퇴보하였다. 이런 연구는 나의 개인적인 경험을 뒷받침한다. 즉 변화의 열망은 행동의 변화가 마련되어 있지 않으면 실패한다는 것이다.

> **핵심 사항** | 성격 변화는 행동에서 시작된다. 어떤 변화된 행동을 할 것인가?

원칙 4. 변화를 시작하는 것은 쉽다. 그것을 고수하는 것이 어렵다.

매일, 특히 새해에 전 세계 수백만 명의 사람이 더 나아지겠다고 결심한다. 그런 목표는 칭찬할 만하다. 더 날씬해지고, 담배를 끊고, 더 많은 책을 읽고, 심지어 성격을 바꾸든 간에 냉혹한 진실은 이런 노력들이 이전의 오래된 습관으로 되돌아가면 바로 사라진다는 것이다.

심리치료사이자 작가인 제프리 코틀러는 자신의 책『변화Change』에서 도박이나 과식 같은 습관을 고치려고 한 사람들이 90퍼센트의 실패율을 보인다는 연구를 인용한다.[6] "삶의 변화를 시작하는 것은 장기적으로 변화를 유지하는 것에 비하면 상대적으로 쉽다"라고 그는 쓰고 있다. 변화를 고수하는 것이 그렇게 어려운 이유는 당신이 생각하고 행동하는 많은 것들이 습관화되어 있기 때문이다(당신의 성격 특성이라는 것은 어떤 의미에서는 현재의 당신을 만든 수많은 습관의 결과라는 것을 명심하라). 만약 어떤 것이 습관적이라고 하면 그것은 자동적이고 힘들이지 않는다는 것을 의미한다. 의식적으로 개입하지 않고 생각하고 느끼고 행동하는 것이다.

아침 커피 휴식 시간에 담배를 피우는 사람(낮은 성실한 성향)이 담배를 피우려고 손을 뻗는 것은 그가 애써서 하는 일이 아니다. 그것은 단지 반사 행동일 뿐이다. 사교계 인사(높은 외향적 성향)가 낮선 사람으로 가득 찬 파티에 걸어 들어갈 때, 그녀는 처음 마주친 사람에게 말을 걸어 보라고 스스로에게 지시하지 않는다. 그것은 그녀가 아무 생각 없이 하는 행동일 뿐이다.

지속적인 성격 변화의 획득은 기존의 습관을 뒤흔들고 자신의 성격 일부가 된 습관과 일상에서 탈피하여 새로운 습관과 일상을 덧씌우는 것을 의미한다. 그것은 당신이 매일매일 깨어 있는 매 순간마다 갑자기 새로운 방식으로 행동하고 생각해야만 한다는 것을 의미하지 않는다. 성격 변화는 당신의 행동 경향을 바꾸는 것이다. 이것은 당신이 다양한 상황에서 생각과 행동의 새로운 습관이 제2의 본성-즉 본능적이고 자동적인-이 될 때까지 매우 열심히 노력해야 한다는 것을 의미한다.

새로운 사고와 행동이 습관화되기 위해서는 지속적인 끈기가 핵심이다. 새로운 습관이 어떻게 형성되는지에 대한 연구는 많지 않다. 그러나 지속적인 끈기의 중요성을 파악하기 위해서 2010년 한 연구는 습관 수행의 여부와 그 자동성을 기록하기 위해 학생들에게 매일 웹 사이트에 로그온을 하는 구체적인 과제를 주었다.[7] 로그온의 구체적인 예는 저녁 식사 전에 매일 달리기를 하거나 점심과 함께 과일 한 조각을 먹는 것이었다(이런 행동이 성공적으로 수행되면 성실한 성향이 향상될 것이다). 여러 차이는 있었지만 새로운 행동이 완전히 새로운 습관(확실히 자동적인 것에 도달하는 것)이 되기까지의 평균 시간은 66일이었다.

새로운 성격에 기초한 습관이 유지될 가능성을 높이고 오래된 습관이 재발하는 것을 막기 위해서 사용 가능한 다양한 방법들이 있다. 많은 습관은 특정한 자극에 반응한다. 당신은 어떤 일을 하루 중 특정한 시간에 하는 경향이 있거나(예를 들면 퇴근하자마자 TV를 켠다), 또는 당신이 특정한 장소에 있을 때 행하고(예를 들면 머핀을 항상 모닝커피와 함께 주문한다), 또는 특정한 일이 일어날 때 생각한다(예를 들면 어떤 일이 잘못되면 즉시 자신을 실패자로 생각하기 시작한다). 습관을 바꾸는 데 중요한 점은 이런 자극들을 인식하여 피하고, 오래된 반사적 행동을 새로운 행동으로 대체하는 것을 배우는 것이다.

또한 유익하지 않은 현재의 습관이 어떤 목적이나 필요에 바탕을 두고 있는지 알아보는 것도 중요하다. 만약 이런 목적이나 필요성을 충족시킬 수 있는 더 건강한 행동으로 대체한다면 나쁜 습관을 고치는 것이 더 쉬워질 것이다. 예를 들면 퇴근 후의 TV 습관은 당신의 긴장을 풀도록 도와주고, 오전의 머핀은 당신을 기분 좋게 해주고, 자기비판은 다음에는 더 잘하려는 욕망에서 비롯된다. 이런 습관들을 깨는 것은 성실한 성향을 높여주고 결국은 신경증적 성향을 줄이는 보다 광범위한 변화의 일부를 이루게 된다. 기존의 습관 파괴는 비슷한 보상을 주는 더 건강한 습관으로 대체하면 더 쉬울 것이다. 예를 들면 친구나 동료와 대화하여 기분을 좋게 하거나, 휴식을 취하기 위한 방법으로 퇴근 후 즐거운 스포츠나 취미를 즐기거나, 실패를 배우고 발전시키는 기회로 보는 것이다.

물론 새로운 습관을 수행하지 못하거나 오래된 습관으로 돌아가는 실수를 할 것이다. 이것 때문에 기가 꺾이거나 포기하지 말라. 이것이 당신의 사기를 떨어뜨리고 포기하도록 유혹하지 않도록 하라. 미국의 위대한 심리학자 윌리엄 제임스가 『심리학 원리』에서 단 한 번의 실수-운동을 안 하고, 대화를 피하고, 유혹에 굴복하는 것-는 습관 형성에 치명적이라고 말하였지만 이것은 연구로 뒷받침되지 않았다. 내가 앞에서 언급했던 연구에서 학생들이 새로운 습관을 익히면서 비록 여러 번의 실패가 누적된 역효과를 낳기는 했지만 단 하루의 실패는 그리 큰 문제가 아니라는 것을 보여주었다. 처음의 실수를 용서하고 더 심각한 무엇인가에 휘둘리지 않도록 하는 것이 중요하다. 끝까지 밀고 나가겠다는 의지를 확인하면서 새롭고 건강한 습관을 고수하라. 중요한 것은 초기 실수가 아니라 그다음에 무엇을 하는가이다. 작가이자 습관 전문가인 제임스 클리어 James Clear가 말했듯이, "성공한 사람은 실패했을 때 빠르게 되돌아온다. 빠르게 회복한다면 습관을 변화시키는 것은 문제가 아니다."[8]

핵심 항목 | 성격 변화가 지속적으로 이루어지기 위해서는 새로운 행동과 성향이 완전히 습관이 될 때까지 꾸준히 끈기를 가져라.

원칙 5. 변화는 항상 진행 중이므로 계속해서 추적해야 한다.

당신은 벤저민 프랭클린처럼 극단적일 필요는 없을 것이다. 그는 불과 스무 살 때 13개의 인격 덕목(겸손, 성실, 질서 등)을 매일 기록하기 시작했는데 실패할 때마다 수첩에 검은 표시를 하였다. 프랭클린은 진전 과정의 추적이 갖는 중요성을 인식하는 데 빈틈이 없었다. 만약 성격 변화의 노력을 기록하지 않는다면 어떤 진전을 이루고 있는지, 지금처럼 지속할 것인지, 혹은 방법을 달리해야 하는지를 알기가 매우 어려울 것이다.

불행히도 실제로 잘 되어가는지를 확인도 하지 않고 방법을 변경하고자 하는 유혹을 받을 수 있다. 심리학자들은 이런 경향을 '타조문제'라고 부른다. 만약 당신이 변화를 시도한 것에 만족한다면, 생각만큼 잘 해내지 못했거나 노력이 헛수고였다는 것을 발견하고 싶지 않을 것이다. 즉 당신이 바라던 긍정적인 혜택으로 이어지지 않았거나, 최악의 경우, 그것들이 역효과를 일으켜서 심각한 고통을 초래한 경우에는 말이다. 하지만 장기적으로 성공하려면 정기적으로 점검하여 진전이 있는지의 여부 그리고 변화가 유익했는지 알아내는 것이 필수적이다.

수학을 공부하는 학생에서부터 새롭고 건강한 행동을 선택하는 환자에 이르기까지 다양한 맥락에서 행해진 연구는 변화의 노력을 추적하는 사람이 학습과 변화에 더 성공하는 경향이 있다는 것을 보여주었다. 성격 변화의 맥락에서 보면 지속적인 기록은 습관을 추적하는 모습을 취하게 된다. 성격 특성의 변화를 위해 수행하는 새로운 행동과 여러 활동들을 지속적으로 기록하는 것은 새로운 일상과 함께 하는 것(이것을 수월하게 하기 위해 오늘날 많은 앱들과 스마트워치들이 개발되어 있다)이고, 원하는 성격 특성의 여부를 파악하기 위해 정기적인 성격 테스트를 하는 것이다. (다음의 웹 사이트 https://yourpersonality.net에서는 무료로 성격테스트를 제공한다.)

사람들이 진전 상황을 추적하지 않는 가장 흔한 이유는 자신의 노력이 헛된 것이거나 또는 성취한 것이 환상이라는 것을 알게 될까봐 두렵기 때문이다. 가끔 실수를 해도 괜찮다는 것을 스스로에게 상기시키고(앞의 원칙 4 참조), 이것을 할 수 있다, 없다는 식의 흑백논리의 마음 자세에서 벗어나라. 현실은 더 복잡할 수 있다. 어떤 점에서는 성공하기도 하고 다른 점에서는 그렇지 않을 수도 있고, 어떤 종류의 진전은 빠르고 쉽지만 또 다른 목표들은 애매하고 별로 진전이 없을 수도 있다. 목표 달성이 항상 선형적으로 이루어지는 것은 아니라는 점을 기억하라.

새로운 일상을 확립하는 것은 그 자체로 하나의 성취이다. 때로는 현실로 드러나는 데 다소 시간이 걸릴지도 모른다. 궁극적인 목표가 기술을 배우는 것이든, 체중을 줄이는 것이든, 성격의 특성을 바꾸는 것이든, 아니면 인생에서 당신의 소명에 대답하는 것이든 말이다. 노력하는 동안 새로운 일상과 습관의 이정표를 마련한 것 자체가 강력한 동기가 될 것이다. 물론 이렇게 되기 위해서는 자신의 진전을 계속 추적해야 한다. 한편 비즈니스 맥락에서, 심리학자들은 성공적인 팀을 이끄는 가장 중요한 요소 중 하나는 개별 팀원들이 목표를 향해 나아가는 감각이라는 사실을 발견했다. 이는 개인 목표 달성에 도움이 될 수 있는 전진의 법칙이라고 알려진 현상이다.

> **핵심 사항** ┃ 자신의 노력이 효과적인지 진전 상황을 추적하라. 그렇게 하면 지속적인 성격 변화의 이정표라는 보상을 받을 것이다.

원칙 6. 변화의 가능성 정도를 현실적으로 생각할 필요가 있다.

현실을 생각하기 전에 다시 한 번 확인하고자 한다. 즉 당신은 변화할 수 있고 또한 변화할 것이다. 나이에 상관없이 성격은 일생 동안 성숙하여 갈 것이다. 그리고 당신은 의식적으로 이런 변화 가능성을 활용하여 원하는 방식으로 자신을 변화시킬 수 있다.

이런 적응성은 생물학적 의미가 있다. 이 행성의 많은

다른 생물들처럼 우리는 처한 환경에 맞게 행동의 기질을 변화시키는 능력을 발전시켜 왔다. 그러나 다른 동물들과 달리 우리는 이러한 내재된 유연성을 의식적으로 통제할 수 있고 스스로 선택할 수 있다.

가장 변하지 않는다고 여겨지는 것-변화가능성에 한계를 설정하는 것-은 부모로부터 물려받은 유전자이다. 물론 당신을 형성하는 인생의 고난과 역경도 있다. 흥미로운 후생유전학적 연구는 인생의 경험들이 유전자의 발현 방식과 시기를 변화시킬 수 있다는 것을 보여준다. 그러므로 성격의 유전적 뿌리조차 한때 생각했던 것만큼 고정적이지 않을 수 있다.

세계 최고의 성격 유연성 학자인 일리노이 대학의 브렌트 로버츠는 이것을 "표현형 유연성phenotypic pliability"이라고 부른다(즉 성격 형성은 유전자와 환경의 상호작용에 의한 것이다). 그는 "우리는 유연성을 비유적으로 사용한다. 왜냐하면 DNA의 변형은 결국 형태와 기능의 변화로 이어지기 때문이다. 이것은 마치 배관 청소 파이프를 구부려서 적당한 형태로 사용할 수 있는 것과 같다"라고 한다.[9]

이러한 연구 결과는 성격을 바꾸기 원하는 모든 사람에게 흥미를 주고 강한 동기부여를 한다. 그러나 나는 여전히 성공적인 성격 변화의 근본적 원칙은 변화의 가능성에 대한 현실적이고 솔직한 판단이라고 믿는다. 잠시 멈추고, 변화를 이루기 위해 얼마나 멀리 갈 준비가 되었는지 생각해 보라.

내가 이렇게 요청하는 이유는 최근의 과학적 연구 결과들은 의도적인 성격 변화는 대체로 가능하지만, 그러한 변화는 쉽지 않으며 마술처럼 일어나는 것이 아니라고 말하고 있기 때문이다(그리고 일부 책의 제목과는 달리 30초나 59초 이상 걸릴 것이다).[10] 그 변화는 지속적인 끈기와 일상-어디에 가고, 무엇을 하고, 누구와 사귀는지 등의 습관-의 변화를 통해서 일어난다. 달리 말하면 그것은 많은 혼란을 수반한다. 솔직히 말해서 당신의 생활 방식을 얼마나 바꾸고자 하는가? 같은 직업, 같은 친구, 같은 취미, 일상의 반복적 행동을 계속할 것인가? 관성의 힘은 강력하다. 당신의 환경을 그대로 지속할수록, 동일한 사람과 함께 움직이는 일상을 그대로 유지할수록 당신의 성격 특성은 그대로 유지될 가능성이 높다.

따라서 우리는 성격 변화의 대단한 잠재력을 가지고 있지만, 진정으로 삶과 상황을 변화시킬 준비가 되지 않았다면 성취할 수 있는 변화의 수준은 미미할 것이다. 제프리 코틀러는 『변화』에서 "이것은 우리가 꿈을 포기해야 한다는 말이 아니라, 우리의 진정한 모습, 바라는 것, 가능한 것, 하고자 하는 것 사이의 타협이 필요하다는 말이다"라고 한다.[11]

명심해야 할 또 다른 문제는 당신이 성격의 한 측면을 수정하느라 바쁜 동안 이것이 성격의 다른 측면과 복잡한 문제를 일으킬 수 있다는 것이다. 예를 들면 나 자신의 경우 신경증적 성향을 줄이기 위해 성실한 성향을 높이고자 하였는데 이런 시도가 다른 걱정거리를 안겨주었다. 이것은 변화에 대한 매우 구체적인 목표를 가지고 있더라도 전체적인 관점을 취하는 것이 중요하다는 것을 보여준다. 나는 성실한 성향과 신경증적 성향을 함께 다루는 법을 배웠다.

이 때문에 침울할 필요는 없다. 앞에서 말했듯이, 성공적인 성격 변화는 전부 아니면 제로라는 양자택일이 아니다. 심지어 미세한 변화도 의미 있는 영향을 미친다. 이런 긍정적인 효과가 눈덩이처럼 불어나서 잠재적으로 더 유익한 방향으로 나아갈 수 있다.

여기서 중요한 점은 비현실적인 기대가 성공적인 변화를 가로막는 주요 장애가 될 수 있기 때문에 변화의 수준에 대해 현실적이 되어야 한다는 것이다. 거짓된 희망은 필연적으로 실망으로 이어지며 이것은 결국 악순환으로 이어져 변화의 시도를 포기하게 된다. 변화의 계획과 과정에 대한 비현실적인 환상은 초기에는 기운을 북돋아 줄지도 모르지만, 이것은 잘못된 자신감을 유발하고 결국은 자신이 힘든 일을 해냈다는 식으로 마음을 속이게 된다.

이와는 대조적으로 장애에 대한 현실적인 인식은 장기적으로 더 큰 성공으로 이어진다. 변화를 결심하는 과정에서 직면할지도 모르는 좌절들을 의도적으로 고려하는 것은 심리학자들이 "정신적 대조mental contrasting"라고 부르는 유익한 훈련이 될 수 있다. 시도해 보라. 변화의 방법들 중 하나를 생각하면서 성공의 유익한 점 세 가지를 적어보라(사기를 진작시켜 줄 것이다). 그리고 잠시 멈추어서 그 과정에서 부딪히게 되는 세 가지 장애를 생각하고 적어보라. 늘 이런 방식으로 하면 보다 현실적인 전망을 갖고, 필요한 동기부여와 에너지를 확보하는 데 도움이 된다.

> **핵심 사항** | 성격 변화를 추구하기 위해 얼마나 준비되어 있는지 스스로에게 솔직해지라. 비현실적인 기대를 품는 것보다 현실적이 되는 것이 낫다.

원칙 7. 다른 사람의 도움을 받으면 성공할 가능성이 더 높다.

잠시 동안 당신이 가족이나 친구 사이에서 주로 하는 역할을 생각해 보라. 그런 만남에서 우리는 종종 피상적인 정체성이나 역할들을 맡게 된다. 즉 괴짜, 건방진 역할 등(스파이시 걸스가 멤버들에게 "스포티 스파이스Sporty Spice"와 "포쉬 스파이스Posh Spice"와 같은 별명을 붙이듯이)이다. 그런 다음 우리는 마치 드라마의 배역처럼 혹은 록 밴드의 역할을 하는 것처럼 이런 사회적 역할을 수행한다.

그런 캐리커처나 평판은 애정 어린 농담에서 나오는 것이다. 성격 발달 측면에서 만약 친구와 가족들이 당신이 되고자 하는 사람으로 당신을 바라본다면(당신의 이상적 자아), 타인의 평가는 성장하는 데 도움이 되는 해방적이고 동기부여적인 역할을 할 것이다. 하지만 반대로 만약 그들이 당신을 당신의 이상적인 자아와 전혀 다르게 보고 당신이 맡은 역할을 별로 좋아하지 않는다면, 이것은 자신을 향상시키고자 하는 노력을 훨씬 더 어렵게 만들 수 있다.

가장 친밀한 인간관계가 갖는 이런 역동성을 고려해 볼 때 연구자들이 다음과 같은 사실을 발견하는 것은 그리 놀랄 일은 아니다. 즉 사람들이 심리치료에 가져오는 일화적인 내용들은 정작 자신들이 가까운 친구들과 가족들에게 수용되고 이해받고 싶지만 실제로는 "거부되고, 반대" 당하고, "통제받는" 내용이라는 점이다.[12] 그래서 성공적인 성격 변화의 중요한 원칙은 만약 가장 가까운 가족과 친구들이 당신을 이해하고, 지지하고, 믿어준다면 성격 변화는 더 쉬울 것이라는 점이다. 주위의 도움 없이도 성공할 수 있지만 당신의 편이 되는 소중한 사람들이 있거나 당신이 되고자 하는, 성격 특성을 존중하고 가치부여를 해주는 친구를 새로 사귄다면, 확실히 성격 변화를 이루는 데 유리하다. 제프리 코틀러는 『변화』에서 "성공적인 변화를 위한 노력의 가장 좋은 예측 인자는 다른 사람으로부터 어느 정도 지원을 받는가 하는 점이다"라고 말한다.[13]

사회적 지지의 중요성은 또한 가장 개인적이고 로맨틱한 인간관계에도 적용된다. 심리학자들은 "미켈란젤로 효과"라고 부르는 현상을 기록한다. 이 용어는 미켈란젤로가 자신의 조각은 이미 돌 속에 존재하는 형상을 드러내는 과정이라고 묘사한 데서 붙여진 이름이다. 만약 당신의 파트너가 당신을 당신이 되고자 하는 사람처럼 대하고 또한 그렇게 되도록 돕는다면(또한 파트너가 이상적인 모델이라면), 연구는 당신이 이상적 자아와 더 닮기 쉬움을 발견하게 될 것이라고 말한다. 덤으로, 아마 당신은 미켈란젤로 스타일의 관계가 더 보람 있고 진실되게 느껴질 것이다.

개인적인 발전에 영향을 미치는 것은 가장 가까운 사람의 기대와 인식만이 아니다. 당신의 직장 또는 친구관계에 존재하는 문화적 및 행동의 규범(인간관계의 도덕적 가치)도 성격 형성에 영향을 미친다. 이는 당신이 원하는 변화를 퇴보시키기도 하고 촉진시키기도 한다. 예를 들면 서로를 저격하는 비우호적인 사무실에서 일하며 거기에 영향을 받지 않고 친화적 성향이 증가하고 신경증적 성향이 감소한다면, 그것은 기적이다. 실제로 작가이자 심리학자인 알렉스 프라데라는 이런 무례한 분위기를 "직장의 점액질"이라고 부른다. 왜냐하면 이것은 마치 감기처럼 직장에서 퍼져나가기 때문이다.[14] 친구관계에서도 다르지 않다. 예를 들면 만약 당신의 친구들이 대부분 야망이나 자기훈련이 부족하다면 당신도 이런 자질을 발달시킬 동기부여가 되지 않을 것이다.

　다행히 이와 반대되는 효과도 사실이다. 한 연구에서 선한 행동-호의와 작은 친절-을 베푸는 소수의 직원을 고용하여 몇 주 동안 나머지 직원들의 행동과 감정을 관찰하였다. 그 결과 주는 자와 받는 자 모두 더 행복해지고 자율적이 되었다. 그리고 가장 중요한 점은 친절을 받는 자가 다른 사람을 돕고 친절해졌다는 것이다. 이것은 이타주의와 친화성은 무례한 분위기가 퍼지는 것처럼 전염성이 있다는 것을 보여준다.[15]

　이러한 다양한 사회적 효과-다른 사람이 부과하는 역할과 기대 및 직업과 인간관계의 영향-를 고려하면 당신이 생활하는 사회적 환경이 성격 변화의 노력에 중요하다는 것을 알 수 있다. 이런 환경을 통제하는 당신의 선택권은 제한적일 수 있지만 소중한 사람과 함께 하면 긍정적인 성격 변화를 이루기가 더 쉽다.

핵심 사항 ｜ 당신이 가장 많이 시간을 보내는 사람들이 성격 변화를 도와주는지 아니면 방해가 되는지를 생각해 보라.

원칙 8. 일상의 삶이 때로는 거추장스럽지만
이런 점을 예상하고 잘 처리하는 것이 삶의 비결이다.

우리의 일상을 지배하는 것은 대부분 자질구레한 일들이다. 이런 것들의 영향을 수동적으로 받아들이기보다는 주도권을 훈련하고, 새롭고, 건강한 습관과 일상을 선택하여 매일의 주위 상황과 인간관계를 보다 의도적이고 전략적으로 수립해야 한다. 그렇게 하면 원하는 방향으로 성격을 변화시키는 통제력을 확보할 수 있다. 하지만 성격 변화를 원하는 자신의 의도와는 별개로 우리에게 영향을 미치는, 때로는 강력한 또 다른 힘들이 있다는 것은 피할 수 없는 사실이다.

물론 인생 최대의 위험과 위기를 미리 예방하는 어떤 보장책도 존재하지 않는다. 그러나 당신이 할 수 있는 한 가지는 평범한 경험들이 당신에게 어떻게 영향을 미치고 있는지에 대해서 스스로 교육하는 것이다. 2장에서 언급한 바와 같이, 어떤 것들은 예측 가능하다. 예를 들면 이혼으로 인해 더 내성적이 되고 고독해질 위험성이 높아질 수 있다는 것, 그리고 성실한 성향이 줄어들면 해고될 뿐만 아니라 실업의 위험에 지속적으로 노출되는 것 등은 어느 정도 예측할 수 있다. 심지어 아기의 출산과 같은 인생 최고의 순간도 성격 발달의 장애로 작용할 수 있다. 예를 들면 출산 후 아기의 부모는 자신감이 떨어지고 신경증적 성향이 증가한다는 연구 결과도 있다. 성격 발달에 대한 이런 효과를 잘 인식하고 예측하면서 부정적인 충격을 줄여나가는 완화적 조치를 취할 수 있다.

그렇지만 이런 상황은 여전히 파괴적인 위험성, 즉 당신을 혼란에 빠뜨리는 치명적인 여파를 남긴다. 이런 격동의 시기에 대처하는 것은 항상 고통스럽고 충격적이다. 최선의 방어는 회복력을 기르는 것이다. 즉 정서적 안정, 개방적 성향, 친화적 성향, 성실한 성향을 기르고 또한 의미 있고 지지적인 대인관계를 형성하는 것이다. 이런 성격 특성과 사회적 관계망으로 인해 당신은 생존할 수 있고 처참한 쓰나미에서 벗어날 수 있다.

트라우마를 입은 다음 성장한 예를 기억하는 것도 위안이 될 수 있다. 사실 많은 사람은 극도의 고통스러운 경험을 한 다음 자신의 삶이 더 나아졌고, 인간관계도 더 깊어졌으며, 또한 인생의 의미와 전망이 새로워졌다고 말한다. 데이비드 쿠슈너는 『앨리게이터 캔디Alligator Candy』라는 회고록에서 형제 존의 납치·살해와 그 후유증을 기록한다.[16] 물론 쿠슈너의 가족은 그런 일이 일어나지 않기를 바랐지만 어쨌든 그들은 마음을 가다듬고 살아남았으며 그 경험을 잊을 수는 없다. "우리는 존의 죽음에 항상 사로잡혀 있었다. 아마도 그런 이유로 우리는 거기서 빠져나오고자 하는 공감대를 공유하였다"라고 그는 쓰고 있다.

다시 말하지만 잘 발달된 성격은 재난의 위험성을 잘 방지하면서 긍정적인 변화의 희망과 기회를 잘 확보할 것이다. 연구에 의하면, 더 큰 회복력, 개방적 성향, 특히 성실한 성향(또한 외향적 성향 및 친화적 성향)은 트라우마 이후 개인적인 성장 잠재력을 동원할 기회를 증가시킨다.[17]

> **핵심 사항** | 당신의 회복력을 기르고 확보하라. 그리고 혼란스럽고 힘들 때 이것이 변화를 위한 최고의 기회라는 것을 명심하라.

원칙 9. 자책보다 자기친절이 지속적인 변화로 이어질 가능성이 더 높다.

당신이 여전히 자신이 되고 싶은 사람과 거리가 있다고 생각된다면-심리학자들은 이것을 실제적인 자아와 이상적인 자아 사이의 큰 갭이라고 설명한다- 조심스럽게 헤쳐나가야 한다. 이런 개인적인 불만을 사려 깊게 다루지 않으면 불행을 초래하고 우울증에 걸릴 위험에 처한다. 이에 대처하기 위해서는 체념, 안일함, 의욕 상실에 빠져들지 않는 올바르고 균형 잡힌 수용(정직함, 인내심, 현실감각이 필요하다. 원칙 2와 6 참조)

이 필요하다. 당신은 변화의 잠재적인 가능성을 인식하면서도 현재의 자신에 대한 솔직함, 연민, 이해를 가져야만 한다.

이런 균형 유지에 핵심적인 것은 일이 불가피하게 계획대로 잘 되어가지 않을 때 보이는 반응양식이다. 당신의 목표 중 하나가 더 성실하게 되는 것이라고 상상해 보자. 하지만 어젯밤 방탕한 시간을 보냈고, 일요일 아침 게슴츠레한 눈으로 거울을 보고 있다고 하자. 당신은 어떻게 반응하는가? 수치심을 느끼고 통렬한 자기비판을 하는가? 어젯밤의 실패에 자신을 할퀴고 스스로가 의지박약의 전형이라고 생각하는가? 다른 사람도 자신을 그렇게 볼 것이라고 염려하는가?

이와는 대조적으로 당신이 건강한 완벽주의자가 된다면 성공적인 성격 변화를 위한 동기유발을 지속적으로 유지할 수 있을 것이다. 실수를 용서하고, 다른 사람의 기대에 대해 크게 걱정하지 않고, 후퇴를 야기한 상황과 행동(또는 파티 초대의 누락, 시험 실패, 파트너와의 언쟁-이것들은 외향적 성향, 개방적 성향, 친화적 성향의 길에서 전형적이고, 예측되는 실망들이다)을 고려해 보자.

그렇다, 자신의 현재 성격 특성에 솔직해지는 것은 중요하다(원칙 2를 보라). 왜냐하면 자신이 훌륭하고 완벽한 사람이라고 속이는 것은 성공적인 발전을 위한 방향이 아니기 때문이다. 당연히 자신의 실수에 책임을 지는 것은 옳은 일이다.

하지만 모든 실패나 실수를 당신의 변치 않는 성격 특성의 탓이라고 진단하지는 마라. 잠시 한숨 돌리면서 실수를 인정하고 그 실수의 경험에서 무엇을 배울 수 있는지에 집중하라. 다음에 더 나은 결과를 가져올 수 있는 것은 무엇인가? 그렇다, 실수에 대해 약간의 죄책감과 책임을 느껴라. 이런 실수 때문에 현재의 자신과 미래의 자신이 원래 그런 사람이라고 생각하는 비난까지 나아가지는 말아야 한다.

달리 말하면, 일이 계획대로 되지 않거나 자신의 열망에 미치지 못할 때 너무 자책하지 마라. 성격 변화의 과정이 실망스러운 고통으로만 점철된다면 당신은 지금 빨리 포기해 버리고 싶을 것이다. 이런 과정은 적어도 견딜 수 있는 정도여야만 한다. 보상이 크다면 더욱 좋다. 친구에게 하듯이 인내와 공감으로 자신을 대하고 스스로와 대화하라. 당신에게 소중한 습관과 삶의 기술(이른바 마스터 목표)을 배우고 발전시키는 계속되는 도전에 더 집중하라. 또한 고착되고 임의적인 결과를 충족시키기 위해서, 다른 사람의 부당한 기대를 만족시키기 위해서가 아니라(이른바 수행 목표), 자신의 소명들에 어울리는 올바른 방향으로 나아가고 있는지를 고려하라.

> **핵심항목** | 성공적인 성격 변화를 추구할 때 친한 친구를 대하듯이 연민의 마음으로 자신을 대하라.

원칙 10. 성격 변화의 잠재성-및 지속성-을 믿는 것은 지켜야 할 철학이다.

"사람은 변하지 않는다." 이것은 대개 어떤 사람이 실수한 다음 흔히 듣는 비관적인 말이다. 그러고는 "… 너무 깊게 생각하지 마"라고 한다. 다른 건 몰라도 이제 이 책의 마지막 부분에 이르렀으니 이런 말에 동의하지 않길 바란다. 많은 일화들이 사람은 변화할 수 있고 변화하고 있다는 것을 보여주며 또한 이 책에서 내가 인용한 수많은 과학적 연구 결과도 이를 증명한다.

2018년 말 발표된 미국의 한 연구에서 2000명 가까운 사람의 성격을 50년 간격, 즉 16세에 한 번, 66세에 한 번 모두 두 번을 측정하였다. 성격 측정 점수는 완전히 뒤집히지는 않았으며, 앞에서 언급한 바와 같이 연속성의 실마리가 있었다. 그러나 피험 대상자의 98%는 측정된 10가지 성격 특성 중 적어도 하나에서 의미 있는 변화를 보였고, 거의 60%는 네 가지 성격 특성에 의미 있는 변화를 보였다. 게다가 이런 변화는 대체로 긍정적이었다. 예를 들면 유연성과 성실한 성향이 증가했다. 연구자들은 "개개인들은 평생을 통해 핵심 성격의 일부는 유지되었지만 변화된 것도 있었다"라고 말하였다.[18]

변화의 가능성을 인식하는 것은 엄청난 힘을 준다. 상황을 변화하지 않는 것으로 받아들일 필요는 없다. 당신은 삶,

일, 관계를 개선하기 위해 생각, 행동, 감정의 습관을 바꾸는 작업을 할 수 있다. 사람들의 긍정적인 변화는 어떤 목적의식 없이 일생 동안 자연스럽게 일어난다는 수많은 연구 결과를 기억하라. 성격을 개선하기 위해 의도적으로 노력하고, 이 책에 제시된 충고를 실천하면 연구 결과가 제시하는 것보다 더 큰 변화를 일으킬 수 있다.

성격은 어느 정도 유동적이며 평생을 통해 계속 변화한다는 생각은 심리학자 캐롤 드웩이 제안한 성장을 위한 마음 자세 접근법뿐만 아니라 무아無我라는 불교의 가르침을 상기시킨다. 많은 연구는 성격에 대해 이렇게 생각하는 것이 유익하며 인생의 좌절에 대처하고 적응할 수 있는 가능성을 더 높여 준다고 한다. 우울하고 불안한 십 대들을 대상으로 한 연구에서 성격의 유연성에 대한 30분간의 교육이 그들의 증상을 줄이는 데 도움이 되고 (절망감보다는) 힘든 역경에 대처하고 행동을 변화시켰다는 것을 발견하였다.[19]

이런 접근법의 중요한 점은 변화가 멈추지 않는다는 것을 수용하는 것이다. 당신이 원하는 성격을 안정되게 확보하는 것은 "임무의 완수"가 아니다. 좋은 집을 사고, 목에 훈장을 거는 것과는 다르다. 이 책의 서두에 인용한 앤서니 조슈아가 인정한 바와 같이, "쭉 뻗은 좁은 길을 가고자 하는 노력은 쉽지 않다."[20] 최고의 자신이 되고자 하는 노력은 평생 동안 하는 것이다. 그렇게 노력하는 동안 실패, 질병, 질투, 변덕스런 연인처럼 힘든 일, 책임감, 함정들을 만날 것이다. 때로는 별로 좋지 않은 성격 특성을 보일 것이고, 이럴 때마다 다시 한 번 긍정적인 변화에 매진할 필요가 있다. 당신이 충분한 지원과 노력을 통해 일보 후퇴와 이보 전진으로, 나이가 들면서 지속적인 성숙과 풍성함을 이루기 바란다.

핵심 사항 | 변화는 지속적이다. 그리고 최고 버전의 자신을 찾는 노력은 평생 하는 것이다.

● 에필로그

네딤 야사르는 자신이 무엇에 맞았는지 알 길이 없었다. 코펜하겐은 이른 저녁이었고, 이미 한기가 감돌고 있었다. 자전적 삶에 대한 책의 출간을 축하하는 칵테일 파티에서 여전히 부산스러웠던, 키가 크고 문신을 새긴 야사르는 머리에 총 두 발을 맞고서 차 의자에 웅크린 채 발견되었다. 그는 응급구조대에 의해 병원으로 급히 이송되었으나 그날 밤 늦게 사망하였다.

이날 파티는 라디오 쇼 진행자인 야사르가 청소년들의 멘토로 있던 덴마크 적십자 청년 지부에서 열렸다. 이 단체의 책임자인 안데르 폴머 부헬트Anders Folmer Buhelt는 "그는 영감을 주었지만 가르치지는 않았어요. 이것은 큰 차이예요"라고 《뉴욕 타임스》에 말했다. "네딤은 가치를 굳게 믿었고, 자신이 만들고자 하는 사회가 무엇인지 매우 명확했어요. 그리고 자신이 누구였는지 또한 분명히 알고 있었죠."[1]

네딤 야사르는 로스 게레로즈라는 악명 높은 범죄 조직의 지도자였다. 그는 7년 전에 갱단을 떠나 교도소 재활 프로그램의 도움을 받고, 아들의 탄생을 계기로 한때 무자비하고 폭력적이었던 성격을 성공적으로 고쳤다. 하지만 비극적으로 그를 따라다니던 자신의 과거를 지울 수 없었다.

그럼에도 불구하고 야사르의 고무적인 이야기는 생생히 살아남아 사람의 변화 가능성에 대한 강력한 증거가 되었다.[2] 그의 라디오 쇼 편집자인 요르겐 람소브Jørgen Ramsov는 야사르가 죽은 후 다음과 같이 말했다. 그가 교도소의 재활프로그램을 마치고 출소한 후 "완전히 다른 사람이 되어… 갱단에 대항하여 목소리를 높이기로 결심했으며, 젊은이들에게 범죄 생활이 좋지 않다는 것을 이해시키고자 하였다"[3]고. 나는 야사르와 비슷한 일화들과 성격 변화가 현실이라는 것을 보여주는 최근의 연구 결과들로 이 책을 채웠다. 사실 새로운 심리학적 발견을 다루는 웹 사이트의 편집자로 지낸 이전 직장에서는 일주일이 멀다하고 성격 변화의 다양한 측면을 기록한 하나 이상의 새로운 연구들이 속속 나왔다.

그러나 성격은 유연하다는 개념, 즉 사람이 정말로 변할 수 있다는 개념에 대한 반발은 여전히 일반적이다. 성격 연구의 지도자인 브렌트 로버츠가 최근 말했듯이, "성격 특성이라는 것은 존재할 뿐만 아니라 바꿀 수도 있다. 성격은 모든 사람의 세계관에 얽혀있다."[4]

나는 종종 회의론을 직접 경험한다. 최근 영국 신경과학협회가 개최한 리셉션에서 뇌의 신화에 대한 공개 강연을 마친후 나는 국제적으로 이 분야의 원로로 인정받고 영국에서 가장 유명하고 매력적인 심리학자 중 한 명과 이야기를 나누는 기쁨을 누렸다. 내가 이 책의 주제를 말했을 때, 그녀의 즉각적인 반응은 극단적인 회의론 중 하나였다. 성격 연구를 전문으로 하지 않는 많은 심리학자처럼 그녀는 사람이 변하지 않는다고 믿었다. "하지만 성격 특성은 안정적이어서 변하지 않는다는 게 요점이죠?"라고 그녀는 말했다. 그리고 특유의 정신적인 민첩성으로, 비타협적인 성격으로 잘 알려진 두 사람을 빠르게 언급하였다. 즉 도널드 트럼프와 테리사 메이 전 영국 총리였다.

순간 나는 허를 찔렸다. 그들은 성격의 유연성에 반대하는 사람에게는 완벽한 예이다. 트럼프와 메이 총리는 서로 확연히 다른 성격을 지니고 있었지만, 공통점인 경직성 때문에 재임 중 비판을 자주 받았다. 둘 다 변화할 수 있을 것 같지 않았다.

나는 몇 가지 반대되는 예를 생각해 내려고 하였지만 당황스럽게도 내 머릿속은 멍해졌다. (변명하자면, 내 정신은 공개 강연하였던 뇌의 신화에 머물러 있었다.) 대화가 다른 주제로 넘어가자마자 내 머릿속은 이 책에 기록된, 변화된 많은 이들의 이름으로 가득 찼다—이슬람 근본주의자인 마지드 나와즈 같은 사람은 평화 운동가로 변신하였고, 좀도둑인 앤서니 조슈아는 청소년의 롤모델이 되었고, 범죄자 닉 야리스는 연민이 넘치는 생활을 하는 독서 챔피언으로 변하였고, 극도로 수줍은 십 대였던 엠마 스톤은 할리우드 대스타가 되었고, 마약 중독자인 캐트라 코베트는 울트라러너ultrarunner가 되었다.

이런 모든 변화는 그들의 성격 특성에 반영되었다. 특히 개방적 성향, 성실한 성향, 친화적 성향의 증가와 신경증적 성향의 감소로 나타났다.

또한 나는 했어야만 하는 많은 다른 반박들을 떠올렸다. 첫째, 트럼프나 메이와 같은 공인은 몇 가지 변화가 있었을지도 모르지만 그것들을 대중에게 드러낼 필요는 없다(누구나 지적하는 것은 트럼프의 나르시시즘이나 메이의 카리스마 부족과 같은 별 볼 일 없는 성격 특성의 지속이다). 그러나 내가 지적하고 싶었던 가장 중요한 점은 중요한 성격 변화는 단지 그 사람이 변화하기 원할 때만 일어날 수 있다는 것이다. 메이와 트럼프, 그리고 그들과 같은 많은 사람은 있는 그대로의 모습에 행복해하며, 어떤 면에서는 강점이지만 가장 약점인 완고함을 바꾸고 싶지 않다는 것을 강하게 전달한다.

또한 이 책에서 언급한 일화와 연구에서 볼 수 있듯, 상습적인 범죄자들, 사이코패스, 수줍은 학생들, 심지어 극단적 근본주의자들이 더 좋게 변화될 수 있다면, 당신 또한 당신이 원하는 사람이 될 수 있다고 확신한다.

- **감사의 말**

이 책이 세상에 나오는 데 특별히 신세를 진 두 사람을 나는 만난 적이 없다. 그 두 사람은 인트웰 매니지먼트 회사에 근무하는 에이전트인 냇 잭스와 사이먼 앤 슈스터에 근무하는 편집자 아마르 데올이다. 이런 이례적인 상황이 일어난 이유는 어느 누가 극단적으로 내성적이거나 회피적이어서가 아니다. 사실 냇과 아마르는 뉴욕에 있고 나는 영국의 서식스 교외에 근거지를 두고 있기 때문이다.

나의 첫 번째 "말도 안 되는 생각"을 책으로 쓰라고 부드럽게 격려해 주었던, 대서양 너머에 있는 냇에게 감사한다. 나는 당시 계속 박차를 가할 필요가 있었다. 쌍둥이가 태어난 해였고, 시간과 수면이 부족한 해였다. 그 이후의 삶은 롤러코스터였지만 냇은 끊임없이 친절한 조언과 응원의 원천이 되어주었다.

아마르가 이 책을 믿고 집필 과정에서 나를 인도해 준 것에 감사한다. 내내 따뜻함과 좋은 유머, 특히 이 책에서 나 자신을 표현할 수 있는 자신감을 준 것에 경의를 표한다.

언젠가 냇과 아마르를 만나서 개인적으로 감사를 표할 수 있기를 기대한다.

사이먼 앤 슈스터 출판사의 트지포라 배치에게 감사한

다. 그는 이 책의 출판 과정을 안내해 주었고 또한 베벌리 밀러와 이베트 그랜트는 주의 깊은 편집과정을 책임져 주었다.

나의 집 가까이에 있는 리틀 지방에 사는 앤드류 맥아리어와 브라운(영국 출판사 관계자이다)은 이 출판을 열정적으로 지도해 주었다. 또한 런던에 있는 에이전트인 벤 클라크에게도 감사한다.

수년 동안 나는 대중들을 위해 성격 심리학에 대한 책을 집필하였다. 수많은 심리학자들의 놀라운 연구 결과와 이론들에 신세를 지고 있다. 다음과 같은 분들이다. 브렌트 로버츠, 로디카 다미안, 줄리아 로러, 사이민 바지르, 스콧 배리 카우프만, 브라이언 리틀, 댄 맥아담스, 비프케 블레이돈, 올리버 로빈슨, 케빈 더턴. 이 외에도 언급하지 못한 많은 분들이 있다.

또한 이 책에서 언급된 고무적인 분들에게 대단히 감사하다. 그들은 성격 변화에 대한 약속과 도전을 보여주었다.

이 책을 쓰기 시작하고 얼마 되지 않아 나는 《BBC Future》에도 성격 심리학 칼럼을 연재했다(이 책의 내용 일부가 들어있다). 그리고 나는 거기 편집자들, 즉 데이비드 롭슨, 리처드 피셔, 자리아 고르벳, 아만다 루게리에게 신세를 졌다. 그들은 내가 생각을 다듬는 것을 도와주었고, 심리학 연구 결과들을 일상생활로 끌고 올 수 있게 해주었다.

2019년에 이 책을 마무리하였을 때 나는 다른 일을 맡게 되었다. 의미 있는 변화였다. 16년 이상 일했던 영국 심리학회 편집자 역할을 떠나서 《사이키》의 새로운 자매지 《에온》에 합류하였다. 언제나 환영해 주고 영감을 주었던 《에온》과 《사이키》의 모든 동료에게 감사한다. 특히 나를 믿어주고 지적인 엄밀함과 따뜻하고 열린 마음이 어떻게 결합되는지 보여준 브리지드와 폴 하인스에게 감사한다.

나는 존 켐프 포터에게도 감사하고 싶다. 이 책을 쓰는 몇 년 동안 매주 열렸던 탁구 경기는 정말 즐거웠고, 나의 신경증적 성향을 점검하는 데 도움을 주었다.

가장 깊이 감사를 표하고자 하는 사람은 가족이다. 친절하고 사랑스런 어머니는 항상 내 곁에 있어주셨고, 위로와 지혜를 제공해 주셨다. 아버지는 나의 경쟁심을 북돋워 주셨다. 나의 아름답고 사랑스러운 쌍둥이 로즈와 찰리, 이들이 성장하고 빛나는 것을 지켜보는 것은 비교할 수 없는 기쁨이다. 사랑하는 아내이자 소울 메이트인 주드에게 감사한다. 내가 더 사랑해!

● 역자 후기

성격은 무엇인가? 이 질문에 대한 답을 둘러싸고 정신분석가들, 정신과 의사들, 심리학자들 수많은 사람이 논쟁을 벌여왔다. 그럼에도 아직 일치하는 답은 없다. 우리는 학문적으로 답을 내릴 수는 없어도 직관적으로 성격이 무엇인지 알고 있다. 편안한 성격의 소유자도 있고 거친 성격의 소유자도 있다. 우리는 대부분 스스로 만족하기도 하고 다른 사람에게도 호감을 주는 성격을 가진 사람이 되고 싶어 한다.

좋은 성격이란 무엇인가? 어떻게 하면 바람직한 성격이 될 수 있는가? 성격은 변할 수 있는가? 변하고 싶다면 어떻게 해야 하는가? 거창한 무엇을 해야 하는가? 일상적이면서 비교적 편히 접근할 수 있는 방법은 없는가? 있다면 무엇을 어떻게 실천해야 하는가?

이 책은 이런 문제에 답을 준다. 이 책의 장점은 실천적이고 구체적인 방법을 제시하는 것뿐 아니라 수많은 연구 결과에 기반을 두고 있다는 것이다. 저자의 개인적인 경험에 바탕을 두는 것이 아니라 객관적인 연구 결과에서 나름대로 성격 변화의 방법을 제시하고 있어서 믿을 만하다.

저자는 성격을 여러 차원으로 나누고 있다. 즉 신경증적,

성실한, 외향적, 친화적, 개방적 성향이다. 우리 모두는 다소간 이런 성향들의 복합체이다. 때로는 신경증적 성향이 우세하고 때로는 친화적인 성향이 우세하기도 하다. 외적인 상황에 따라서 이런 성향의 변화가 있기도 하고 지속적이고 만성적인 경향을 보이기도 한다.

우리 모두는 자신에게 익숙한 것을 선호한다. 성격 성향도 역시 마찬가지이다. 이전의 성향을 변화시키기보다는 고통스러운 감정과 상황을 피하고자 한다. 그러나 이런 부조화적인 측면은 늘 고통을 야기할 뿐만 아니라 다른 사람에게도 어려움을 준다. 상황에 의한 일시적인 신경증적 성향의 발로는 별로 문제가 되지 않는다고 하여도, 이런 성향이 지속되어 대인관계에 문제를 야기한다면 변화가 필요하다.

그렇다면 성격 변화를 위해서 무엇을 해야 하는가? 이 책에서는 실제적인 실천방안을 제시한다. 또한 풍부한 사례를 제시하여 설득력을 높인다. 사례를 제시할 뿐만 아니라 실천방안도 학문적인 근거에 바탕을 둔 것을 중심으로 논리를 전개한다. 예를 들면 신경증적 성향이 강한 사람은 외향적 성향을 강화할 수 있도록 충고하며 또한 고립에서 벗어나 대인관계를 부드럽게 풀어나가는 방법들을 제시한다.

이런 일상적인 성격 변화에 대한 논의뿐만 아니라 사이코패스, 자기애적인 성향을 가진 이상 성격에 대해서도 자세히 서술한다. 이런 부류의 사람을 파악하는 방법과 함께 대처 방안도 제시한다. 이런 부분이 다른 자기 계발서와의 차이점이다. 이런 성격의 사람을 제시하는 것은 우리가 생각하는 것보다 이런 성향을 보이는 사람이 많이 있다는 것을 방증한다. 이는 흥미로운 부분일 뿐만 아니라 대인 관계에서 중요한 사항들이다.

이 책을 읽는 독자 여러분들은 직관적인 성격 파악을 풍부하게 할 수 있을 뿐만 아니라 최신의 성격 연구에 대해서도 알 수 있을 것이고, 또한 일상적이고 평범하지만 효과 있는 성격 변화의 방법들을 배울 수 있을 것이다. 자신의 성격으로 고민하는 분들에게 일독을 권해드린다.

이 책의 번역과 수정 과정에서 많은 조력을 해준 이다인에게 깊은 감사를 표하는 동시에, 부족한 원고를 보완하고 수정해준 편집자에게도 고마운 마음을 전한다.

● 미주

1장 | 당신 안의 우리

1. "Anthony Joshua v Jarrell Miller: British World Champion Keen to Avoid 'Banana Skin,'" *BBC Sport*, February 25, 2019, https://www.bbc.co.uk /sport /boxing /47361869.

2. Michael Eboda, "Boxing Changed Anthony Joshua's Life. But It Won't Work for Eve ry Black Kid," the *Guardian*, May 5, 2017, https://www.theguardian.com / commentisfree /2017 /may /05 /boxing-changed-anthony-joshua-black-kid- education.

3. Jeff Powell, "Anthony Joshua Vows to Create Legacy in and out of the Ring with His Very Own Museum But Aims to Beat 'Big Puncher' Joseph Parker and Deontay Wilder First," *Daily Mail*, March 30, 2018, https://www.dailymail.co.uk /sport /boxing /article-5563249 /Anthony-Joshua-vows-beat-big-puncher-Joseph- Parker.html.

4. David Walsh, "How Tiger Woods Performed Sport's Greatest Comeback," the *Sunday Times*, July 14, 2019, https://www.thetimes.co.uk /magazine / the-sunday-times-magazine /how-tiger-woods-performed-sports-greatest- comeback-png7t7v33.

5. Jonah Weiner, "How Emma Stone Got Her Hollywood Ending," *Rolling Stone*, December 21, 2016, http:// www.rollingstone.com /movies /features / rolling-stone-cover-story-on-la-la-land-star-emma-stone-w456742.

6. Alex Spiegel, "The Personality Myth," NPR, podcast audio, June 24, 2016, https://www.npr.org /programs /invisibilia /482836315 /the-personality- myth.

7. "Noncommunicable diseases and their risk factors," WHO.Int, accesssed January 25, 2021, at https://www.who.int/ncds/prevention/physical-activity/ inactivity-global-health-problem/en/.

8. Gordon W. Allport and Henry S. Odbert, "Trait-Names: A Psycho-Lexical Study," *Psychological Monographs* 47, no. 1 (1949): 171.

9. 다른 전문가들은 이러한 어두운 특성이 겸손/정직함을 언급하는 여섯 번째 주요 성격 특성으로 가장 잘 포착된다고 생각한다.

10. Roberta Riccelli, Nicola Toschi, Salvatore Nigro, Antonio Terracciano, and Luca Passamonti, "Surface-Based Morphometry Reveals the Neuroanatomical Basis of the Five-Factor Model of Personality," *Social Cognitive and Affective Neuroscience* 12, no. 4 (2017): 671–684.

11. Nicola Toschi and Luca Passamonti, "Intra-Cortical Myelin Mediates Personality Differences," *Journal of Personality* 87, no. 4 (2019): 889–902.

12. Han-Na Kim, Yeojun Yun, Seungho Ryu, Yoosoo Chang, Min-Jung Kwon, Juhee Cho, Hocheol Shin, and Hyung-Lae Kim, "Correlation Between Gut Microbiota and Personality in Adults: A Cross-Sectional Study," *Brain, Behavior, and Immunity* 69 (2018): 374–385.

13. Daniel A. Briley and Elliot M. Tucker-Drob, "Comparing the Developmental Genetics of Cognition and Personality over the Life Span," *Journal of Personality* 85, no. 1 (2017): 51–64.

14. Mathew A. Harris, Caroline E. Brett, Wendy Johnson, and Ian J. Deary, "Personality Stability from Age 14 to Age 77 Years," *Psychology and Aging* 31, no. 8 (2016): 862.

15. Rodica Ioana Damian, Marion Spengler, Andreea Sutu, and Brent W. Roberts, "Sixteen Going On Sixty-Six: A Longitudinal Study of Personality Stability and Change Across Fifty Years," *Journal of Personality and Social Psychology* 117, no. 3 (2019): 674.

16. Rafael Nadal and John Carlin, *Rafa* (London: Hachette Books, 2012).

17. "Open Letter to Invisibilia," Facebook, June 15, 2016, https://t.co / jUpXPmcBWq.

18. Angela L. Duckworth and Martin E.P. Seligman, "Self-Discipline Outdoes IQ in Predicting Academic Performance of Adolescents," *Psychological Science* 16, no. 12 (December 2005): 939–944.

19. Avshalom Caspi, Renate M. Houts, Daniel W. Belsky, Honalee Harrington, Sean Hogan, Sandhya Ramrakha, Richie Poulton, and Terrie E. Moffitt, "Childhood Forecasting of a Small Segment of the Population with Large Economic Burden," *Nature Human Behaviour* 1, no. 1 (2017): 0005.

20. Benjamin P. Chapman, Alison Huang, Elizabeth Horner, Kelly Peters, Ellena Sempeles, Brent Roberts, and Susan Lapham, "High School Personality Traits and 48-Year All-Cause Mortality Risk: Results from a National Sample of 26,845 Baby Boomers," *Journal of Epidemiology and Community Health* 73, no. 2 (2019): 106–110.

21. Brent W. Roberts, Nathan R. Kuncel, Rebecca Shiner, Avshalom Caspi, and Lewis R. Goldberg, "The Power of Personality: The Comparative Validity of Personality Traits, Socioeconomic Status, and Cognitive Ability for Predicting Important Life Outcomes," *Perspectives on Psychological Science* 2, no. 4 (2007): 313–345.

22. Christopher J. Boyce, Alex M. Wood, and Nattavudh Powdthavee, "Is Personality Fixed? Personality Changes as Much as 'Variable' Economic Factors and More Strongly Predicts Changes to Life Satisfaction," *Social Indicators Research* 111, no. 1 (2013): 287–305.

23. Sophie Hentschel, Michael Eid, and Tanja Kutscher, "The Influence of Major

Life Events and Personality Traits on the Stability of Affective Well-Being," *Journal of Happiness Studies* 18, no. 3 (2017): 719–741.

24. Petri J. Kajonius and Anders Carlander, "Who Gets Ahead in Life? Personality Traits and Childhood Background in Economic Success," *Journal of Economic Psychology* 59 (2017): 164–170.

25. Rodica Ioana Damian, Marion Spengler, and Brent W. Roberts, "Whose Job Will Be Taken Over by a Computer? The Role of Personality in Predicting Job Computerizability over the Lifespan," *European Journal of Personality* 31, no. 3 (2017): 291–310.

26. Benjamin P. Chapman and Lewis R. Goldberg, "Act-Frequency Signatures of the Big Five," *Personality and Individual Differences* 116 (2017): 201–205.

27. David A. Ellis and Rob Jenkins, "Watch-Wearing as a Marker of Conscientiousness," *PeerJ* 3 (2015): e1210.

28. Joshua J. Jackson, Dustin Wood, Tim Bogg, Kate E. Walton, Peter D. Harms, and Brent W. Roberts, "What Do Conscientious People Do? Development and Validation of the Behavioral Indicators of Conscientiousness (BIC)," *Journal of Research in Personality* 44, no. 4 (2010): 501–511.

29. Anastasiya A. Lipnevich, Marcus Credè, Elisabeth Hahn, Frank M. Spinath, Richard D. Roberts, and Franzis Preckel, "How Distinctive Are Morningness and Eveningness from the Big Five Factors of Personality? A Meta-Analytic Investigation," *Journal of Personality and Social Psychology* 112, no. 3 (2017): 491.

30. "The Big Five Inventory-2 Short Form (BFI-2-S)," accessed October 7, 2019, at http:// www.colby.edu /psych /wp-content /uploads /sites /50 /2013 /08 /bfi2s-form.pdf.

31. 이 책에서 "extrovert"와 "extroversion"이라는 영어 단어 대신 "extravert"와 "extraversion"이라는 단어를 사용할 것이다. [한글 번역은 모두 "외향적"으로 번역되기 때문에 실질적으로 달라지는 것은 없다. 단지 저자가 융의 의견을 존중하는 의미로 해석된다. —옮긴이] 왜냐하면 칼 융은 자신의 심리학 문헌에서 이 단어를 성격 차원에 관해 언급할 때 계속 사용하기 때문이다

32. Michael A. Sayette, "The Effects32of Alcohol on Emotion in Social Drinkers," *Behaviour Research and Therapy* 88 (2017): 76–89.

33. Dan P. McAdams, *The Art and Science of Personality Development* (New York: Guilford Press, 2015).

34. Michelle N. Servaas, Jorien Van Der Velde, Sergi G. Costafreda, Paul Horton, Johan Ormel, Harriette Riese, and Andre Aleman, "Neuroticism and the Brain: A Quantitative Meta-Analysis of Neuroimaging Studies Investigating Emotion Processing," *Neuroscience and Biobehavioral Reviews* 37, no. 8 (2013): 1518–1529.

35. 또한 진화 심리학자들은 높은 신경증적 성향이 우리 조상들의 생존을 유리하게 하였을지 모른다고 지적한다. 특히 생명에 큰 위협을 받을 때 더 그리하였을 것이다.

36. Achala H. Rodrigo, Stefano I. Di Domenico, Bryanna Graves, Jaeger Lam, Hasan Ayaz, R. Michael Bagby, and Anthony C. Ruocco, "Linking Trait-Based Phenotypes to Prefrontal Cortex Activation During Inhibitory Control," *Social Cognitive and Affective Neuroscience* 11, no. 1 (2015): 55–65.

37. Brian W. Haas, Kazufumi Omura, R. Todd Constable, and Turhan Canli, "Is Automatic Emotion Regulation Associated with Agreeableness? A Perspective Using a Social Neuroscience Approach," *Psychological Science* 18, no. 2 (2007): 130–132.

38. Cameron A. Miller, Dominic J. Parrott, and Peter R. Giancola, Agreeableness and Alcohol-Related Aggression: The Mediating Effect of Trait Aggressivity," *Experimental and Clinical Psychopharmacology* 17, no. 6 (2009): 445.

39. Scott Barry Kaufman, Lena C. Quilty, Rachael G. Grazioplene, Jacob B. Hirsh, Jeremy R. Gray, Jordan B. Peterson, and Colin G. DeYoung, "Openness to Experience and Intellect Differentially Predict Creative Achievement in the Arts and Sciences," *Journal of Personality* 84, no. 2 (2016): 248–258.

40. Mitchell C. Colver and Amani El-Alayli, "Getting Aesthetic Chills from Music: The Connection Between Openness to Experience and Frisson," *Psychology of Music* 44, no. 3 (2016): 413–427.

41. Douglas P. Terry, Antonio N. Puente, Courtney L. Brown, Carlos C. Faraco, and L. Stephen Miller, "Openness to Experience Is Related to Better Memory Ability in Older Adults with Questionable Dementia," *Journal of Clinical and Experimental Neuropsychology* 35, no. 5 (2013): 509–517; E. I. Franchow, Y. Suchy, S. R. Thorgusen, and P. Williams, "More Than Education: Openness to Experience Contributes to Cognitive Reserve in Older Adulthood," *Journal of Aging Science* 1, no. 109 (2013): 1–8.

42. Timothy A. Judge, Chad A. Higgins, Carl J. Thoresen, and Murray R. Barrick, "The Big Five Personality Traits, General Mental Ability, and Career Success Across the Life Span," *Personnel Psychology* 52, no. 3 (1999): 621–652.

2장 | 고난과 시련

1. Helena R. Slobodskaya and Elena A. Kozlova, "Early Temperament as a Predictor of Later Personality," *Personality and Individual Differences* 99 (2016): 127–132.

2. Avshalom Caspi, HonaLee Harrington, Barry Milne, James W. Amell, Reremoana F. Theodore, and Terrie E. Moffitt, "Children's Behavioral Styles at Age 3 Are Linked to Their Adult Personality Traits at Age 26," *Journal of Personality* 71, no. 4 (2003): 495–514.

3. M. Spengler, O. Lüdtke, R. Martin, and M. Brunner, "Childhood Personality and Teacher Ratings of Conscientiousness Predict Career Success Four Decades Later," *Personality and Individual Differences* 60 (2014): S28.

4. Philip Larkin, "This Be The Verse," in *Philip Larkin*: Collected Poems, ed. Anthony Thwaite (London: Faber, 1988).

5. Alison Gopnik, *The Gardener and the Carpenter: What the New Science of Child Development Tells Us About the Relationship Between Parents and Children* (New York: Macmillan, 2016).

6. Gordon Parker, Hilary Tupling, and Laurence B. Brown, "A Parental Bonding Instrument," *British Journal of Medical Psychology* 52, no. 1 (1979): 1–10. 이것은 권위적인 양육 방식을 측정하는 공식적인 설문지이다.

7. Wendy S. Grolnick and Richard M. Ryan, "Parent Styles Associated with Children's Self-Regulation and Competence in School," *Journal of Educational Psychology* 81, no. 2 (1989): 143; Laurence Steinberg, Nancy E. Darling, Anne C. Fletcher, B. Bradford Brown, and Sanford M. Dornbusch, "Authoritative Parenting and Adolescent Adjustment: An Ecological Journey," in *Examining Lives in Context,* eds. P. Moen, G. H. Elder, Jr., and K. Lüscher (Washington, DC: American Psychological Association, 1995).

8. Irving M. Reti, Jack F. Samuels, William W. Eaton, O. Joseph Bienvenu III, Paul T. Costa Jr., and Gerald Nestadt, "Influences of Parenting on Normal Personality Traits," *Psychiatry Research* 111, no. 1 (2002): 55–64.

9. Angela Duckworth, *Grit: The Power of Passion and Perseverance* (New York: Scribner, 2016). (『그릿 – IQ, 재능, 환경을 뛰어넘는 열정적 끈기의 힘』, 앤절라 더크워스 지음, 김미정 옮김, 비즈니스북스, 2019)

10. W. Thomas Boyce and Bruce J. Ellis, "Biological Sensitivity to Context: I. An Evolutionary-Developmental Theory of the Origins and Functions of Stress Reactivity," *Development and Psychopathology* 17, no. 2 (2005): 271–301.

11. Michael Pluess, Elham Assary, Francesca Lionetti, Kathryn J. Lester, Eva Krapohl, Elaine N. Aron, and Arthur Aron, "Environmental Sensitivity in Children: Development of the Highly Sensitive Child Scale and Identification of Sensitivity Groups," *Developmental Psychology* 54, no. 1 (2018): 51.

12 Jocelyn Voo, "Birth Order Traits: Your Guide to Sibling Personality Differences," Parents.com, accessed October 7, 2019, at http:// www.parents.com /baby /development /social /birth-order-and-personality/.

13. "How Many US Presidents Were First-Born Sons?" Wisegeek.com, accessed October 7, 2019, at http://www.wisegeek.com/how-many-us-presidents-werefirst-born-sons.htm.

14. Julia M. Rohrer, Boris Egloff, and Stefan C. Schmukle, "Examining the Effects of Birth Order on Personality," *Proceedings of the National Academy of Sciences* 112, no. 46 (2015): 14224–14229.

15. Rodica Ioana Damian and Brent W. Roberts, "The Associations of Birth Order with Personality and Intelligence in a Representative Sample of US High School Students," *Journal of Research in Personality* 58 (2015): 96–105.

16. Rodica Ioana Damian and Brent W. Roberts, "Settling the Debate on Birth Order and Personality," *Proceedings of the National Academy of Sciences* 112, no. 46 (2015): 14119–14120.

17. Bart H. H. Golsteyn and Cécile A. J. Magnée, "Does Birth Spacing Affect Personality?" *Journal of Economic Psychology* 60 (2017): 92–108.

18. Lisa Cameron, Nisvan Erkal, Lata Gangadharan, and Xin Meng, "Little Emperors: Behavioral Impacts of China's One-Child Policy," *Science* 339, no. 6122 (2013): 953–957.

19. Jennifer Watling Neal, C. Emily Durbin, Allison E. Gornik, and Sharon L. Lo, "Codevelopment of Preschoolers' Temperament Traits and Social Play Networks Over an Entire School Year," *Journal of Personality and Social Psychology* 113, no. 4 (2017): 627.

20. Thomas J. Dishion, Joan McCord, and François Poulin, "When Interventions Harm: Peer Groups and Problem Behavior," *American Psychologist* 54, no. 9 (1999): 755.

21. Maarten H. W. van Zalk, Steffen Nestler, Katharina Geukes, Roos Hutteman, and Mitja D. Back, "The Codevelopment of Extraversion and Friendships: Bonding and Behavioral Interaction Mechanisms in Friendship Networks," *Journal of Personality and Social Psychology* 118, no. 6 (2020): 1269.

22. Christopher J. Soto, Oliver P. John, Samuel D. Gosling, and Jeff Potter, Age Differences in Personality Traits from 10 to 65: Big Five Domains and Facets in a Large Cross-Sectional Sample," *Journal of Personality and Social Psychology* 100, no. 2 (2011): 330.

23. Sally Williams, "Monica Bellucci on Life after Divorce and Finding Herself in her 50s," *Telegraph*, July 15, 2017, https://www.telegraph.co.uk /films /2017 /07 /15 /monica-bellucci-life-divorce-finding-50s.

24. Tim Robey, "Vincent Cassel: 'Women Like Security. Men Prefer Adventure," the *Telegraph*, May 28, 2016, http:// www.telegraph.co.uk /films /2016 /05 /28/vincent-cassel-women-like-security-men-prefer-adventure/.

25. Paul T. Costa Jr., Jeffrey H. Herbst, Robert R. McCrae, and Ilene C. Siegler, "Personality at Midlife: Stability, Intrinsic Maturation, and Response to Life Events," *Assessment* 7, no. 4 (2000): 365–378.

26. Emily Retter, "Oldest Ever Bond Girl Monica Bellucci Reveals How a Woman of 51 Can Have Killer Sex Appeal," *Irish Mirror*, October 20, 2015, http://www.irishmirror.ie /showbiz /celebrity-news /oldest-ever-bond-girl-monica-6669965.

27. Jule Specht, Boris Egloff, and Stefan C. Schmukle, "Stability and Change of Personality Across the Life Course: The Impact of Age and Major Life Events on Mean-Level and Rank-Order Stability of the Big Five," *Journal of Personality and Social Psychology* 101, no. 4 (2011): 862.

28. Marcus Mund and Franz J. Neyer, "Loneliness Effects on Personality,"

International Journal of Behavioral Development 43, no. 2 (2019): 136–146.

29. Christian Jarrett, "Lonely People's Brains Work Differently," *New York* magazine, August 2015, https://www.thecut.com /2015 /08 /lonely-peoples-brains-work-differently.html.

30. Christopher J. Boyce, Alex M. Wood, Michael Daly, and Constantine Sedikides, "Personality Change Following Unemployment," *Journal of Applied Psychology* 100, no. 4 (2015): 991.

31. Gabrielle Donnelly, "'I'd Have Sold My Mother for a Rock of Crack Cocaine': Tom Hardy on his Astonishing Journey from English Private Schoolboy to Drug Addict—and Now Hollywood's No 1 Baddie," *Daily Mail*, January 22, 2016, http:// www.dailymail.co.uk /tvshowbiz /article-3411226 /I-d-sold-mother-rockcrack-cocaine-Tom-Hardy-astonishing-journey-public-schoolboy-drug-addict-Hollywood-s-No-1-baddie.html.

32. Specht, Egloff, and Schmukle, "Stability and Change of Personality Across the Life Course," 862.

33. Christiane Niesse and Hannes Zacher, "Openness to Experience as a Predictor and Outcome of Upward Job Changes into Managerial and Professional Positions," *PloS One* 10, no. 6 (2015): e0131115.

34. Eva Asselmann and Jule Specht, "Taking the ups and downs at the rollercoaster of love: Associations between major life events in the domain of romantic relationships and the Big Five personality traits," *Developmental Psychology* 56, no. 9 (2020): 1803–1816.

35. Specht, Egloff, and Schmukle, "Stability and Change of Personality Across the Life Course," 862.

36. Tila M. Pronk, Asuma Buyukcan-Tetik, Marina M. A. H. Iliás, and Catrin Finkenauer, "Marriage as a Training Ground: Examining Change in Self-Control and Forgiveness over the First Four Years of Marriage," *Journal of Social and Personal Relationships* 36, no. 1 (2019): 109–130.

37. Jeroen Borghuis, Jaap J. A. Denissen, Klaas Sijtsma, Susan Branje, Wim H. Meeus, and Wiebke Bleidorn, "Positive Daily Experiences Are Associated with Personality Trait Changes in Middle-Aged Mothers," *European Journal of Personality* 32, no. 6 (2018): 672–689.

38. Manon A. van Scheppingen, Jaap Denissen, Joanne M. Chung, Kristian Tambs, and Wiebke Bleidorn, "Self-Esteem and Relationship Satisfaction During the Transition to Motherhood," *Journal of Personality and Social Psychology* 114, no. 6 (2018): 973.

39. Specht, Egloff, and Schmukle, "Stability and Change of Personality Across the Life Course," 862; Sarah Galdiolo and Isabelle Roskam, "Development of Personality Traits in Response to Childbirth: A≠ Longitudinal Dyadic Perspective," *Personality and Individual Differences* 69 (2014): 223–230; Manon

A. van Scheppingen, Joshua J. Jackson, Jule Specht, Roos Hutteman, Jaap J. A. Denissen, and Wiebke Bleidorn, "Personality Trait Development During the Transition to Parenthood, *Social Psychological and Personality Science* 7, no. 5 (2016): 452–462.

40. Emma Dawson, "A Moment That Changed Me: The Death of My Sister and the Grief That Followed," the *Guardian*, December 3, 2015, https://www.the guardian.com /commentisfree /2015 /dec /03 /moment-changed-me-sisters-death.

41. Daniel K. Mroczek and Avron Spiro III, "Modeling Intraindividual Change in Personality Traits: Findings from the Normative Aging Study," *Journals of Gerontology Series B: Psychological Sciences and Social Sciences* 58, no. 3 (2003): P153–P165.

42. Eva Asselmann and Jule Specht, "Till Death Do Us Part: Transactions Between Losing One's Spouse and the Big Five Personality Traits," *Journal of Personality* 88, no. 4 (2020): 659–675.

43. Michael P. Hengartner, Peter Tyrer, Vladeta Ajdacic-Gross, Jules Angst, and Wulf Rössler, "Articulation and Testing of a Personality-Centred Model of Psychopathology: Evidence from a Longitudinal Community Study over 30 Years," *European Archives of Psychiatry and Clinical Neuroscience* 268, no. 5 (2018): 443–454.

44. Konrad Bresin and Michael D. Robinson, "You Are What You See and Choose: Agreeableness and Situation Selection," *Journal of Personality* 83, no. 4 (2015): 452–463.

45. Christopher J. Boyce, Alex M. Wood, and Eamonn Ferguson, "For Better or for Worse: The Moderating Effects of Personality on the Marriage-Life Satisfaction Link," *Personality and Individual Differences* 97 (2016): 61–66.

46. Tasha Eurich, *Insight: The Power of Self-Awareness in a Self-Deluded World* (New York: Macmillan, 2017).

47. 댄 맥아담스가 개발하였다.

48. Dan P. McAdams, *The Art and Science of Personality Development* (New York: Guilford Press, 2015).

49. Jonathan M. Adler, Jennifer Lodi-Smith, Frederick L. Philippe, and Iliane Houle, "The Incremental Validity of Narrative Identity in Predicting Well-Being: A Review of the Field and Recommendations for the Future," *Personality and Social Psychology Review* 20, no. 2 (2016): 142–175.

50. Dan P. McAdams, *The Art and Science of Personality Development* (New York: Guilford Press, 2015).

3장 | 병리학적 변화

1. Chloe Lambert, "A Knock on My Head Changed My Personality: It Made Me a Nicer Person!" *Daily Mail*, January 14, 2013, https://www.dailymail.

co.uk /health /article-2262379 Bicycle-accident-A-knock-head-changed-personality-The-good-news-nicer.html.

2. Anne Norup and Erik Lykke Mortensen, "Prevalence and Predictors of Personality Change after Severe Brain Injury," *Archives of Physical Medicine and Rehabilitation* 96, no. 1 (2015): 56–62.

3. John M. Harlow, "Recovery from the Passage of an Iron Bar Through the Head," *Publications of the Massachusetts Medical Society* 2 (1868): 2327–2347.

4. Joseph Barrash, Donald T. Stuss, Nazan Aksan, Steven W. Anderson, Robert D. Jones, Kenneth Manzel, and Daniel Tranel, "'Frontal Lobe Syndrome'? Subtypes of Acquired Personality Disturbances in Patients with Focal Brain Damage," *Cortex* 106 (2018): 65–80.

5. Paul Broks, "How a Brain Tumour Can Look Like a Mid-Life Crisis," *Prospect*, July 20, 2000, https://www.prospectmagazine.co.uk /magazine /voodoochile.

6. Nina Strohminger and Shaun Nichols, "Neurodegeneration and Identity," *Psychological Science* 26, no. 9 (2015): 1469–1479.

7. Lambert, "A Knock on My Head."

8. 심지어 뇌손상이 성격에 영향을 미치지 않거나 설사 유익한 영향을 미친다고 하여도 뇌손상의 경험이 갖는 영향력을 과소평가하지 않는 것이 중요하다. 뇌손상을 입은 대부분의 사람들은 남은 인생 동안 적어도 몇 가지 어려움을 지속적으로 겪게 될 것이다. 이런 어려움은 기억력 장애 또는 사회적 관계의 어려움이라는 형태로 감추어져서 나타나기도 한다.

9. Damian Whitworth, "I Had a Stroke at 34. I Prefer My Life Now," the *Times*, October 14, 2018, https://www.thetimes.co.uk /article /i-had-a-stroke-at-34-i-prefer-my-life-now-59krk356p.

10. Sally Williams, "I Had a Stroke at 34, I Couldn't Sleep, Read or Even Think," *Daily Telegraph*, August 17, 2017, https://www.telegraph.co.uk /health-fitness /mind /had-stroke-34-couldnt-sleep-read-even-think/.

11. 이것은 다양한 종류의 뇌손상으로 인한 긍정적인 성격 변화의 발생 빈도를 측정하려는 최초의 체계적인 시도였다. 그러나 지난 문헌들을 검토해 보면 이보다 더 빠른 보고들도 있다. 예를 들면 영국 정신의학 잡지의 1968년 한 논문은 뇌동맥류(약해진 혈관) 파열 생존자 79명을 대상으로 실시한 평가에서 9명이 긍정적인 성격 변화를 경험했다고 보고하였다. 53세의 한 여성은 신경 손상 이후 더 친절하고 행복하고 걱정이 줄어들게 되었다고 보고하였다. 사실 그녀는 뇌동맥 파열이 발생한 이후 수년 동안 세 번의 청혼을 받았다고 주장했다.

12. Marcie L. King, Kenneth Manzel, Joel Bruss, and Daniel Tranel, "Neural Correlates of Improvements in Personality and Behavior Following a Neurological Event," *Neuropsychologia* 145 (2017): 1–10.

13. *Robin Williams* (In the Moment Productions, June 10, 2001).

14. Susan Williams, "Remembering Robin Williams," the *Times* (London), *November* 28, 2015, https://www.thetimes.co.uk /article /remembering-robin

-williams-mj3gpjhcrc2.

15. Susan Schneider Williams, "The Terrorist Inside My Husband's Brain," *Neurology* 87 (2016): 1308–1311.

16. Dave Itzkoff, *Robin* (New York: Holt, 2018).

17. 같은 책.

18. 같은 책.

19. American Parkinson Disease Association, "Changes in Personality," accessed October 20, 2019, at https://www.apdaparkinson.org /what-is-parkinsons /symptoms /personality-change; Antonio Cerasa, "Re-Examining the Parkinsonian Personality Hypothesis: A Systematic Review," *Personality and Individual Differences* 130 (2018): 41–50.

20. Williams, "The Terrorist Inside My Husband's Brain," 1308–1311.

21. Tarja-Brita Robins Wahlin and Gerard J. Byrne, "Personality Changes in Alzheimer's Disease: A Systematic Review," *International Journal of Geriatric Psychiatry* 26, no. 10 (2011): 1019–1029.

22. Alfonsina D'Iorio, Federica Garramone, Fausta Piscopo, Chiara Baiano, Simona Raimo, and Gabriella Santangelo, "Meta-Analysis of Personality Traits in Alzheimer's Disease: A Comparison with Healthy Subjects," *Journal of Alzheimer's Disease* 62, no. 2 (2018): 773–787.

23. Colin G. DeYoung, Jacob B. Hirsh, Matthew S. Shane, Xenophon Papademetris, Nallakkandi Rajeevan, and Jeremy R. Gray, "Testing Predictions from Personality Neuroscience: Brain Structure and the Big Five," *Psychological Science* 21, no. 6 (2010): 820–828.

24. Silvio Ramos Bernardes da Silva Filho, Jeam Haroldo Oliveira Barbosa, Carlo Rondinoni, Antonio Carlos dos Santos, Carlos Ernesto Garrido Salmon, Nereida Kilza da Costa Lima, Eduardo Ferriolli, and Júlio César Moriguti, "Neuro-Degeneration Profile of Alzheimer's Patients: A Brain Morphometry Study," *NeuroImage: Clinical* 15 (2017): 15–24.

25. Tomiko Yoneda, Jonathan Rush, Eileen K. Graham, Anne Ingeborg Berg, Hannie Comijs, Mindy Katz, Richard B. Lipton, Boo Johansson, Daniel K. Mroczek, and Andrea M. Piccinin, "Increases in Neuroticism May Be an Early Indicator of Dementia: A Coordinated Analysis," *Journals of Gerontology: Series B* 75 (2018): 251–262.

26. "Draft Checklist on Mild Behavioral Impairment," the *New York Times,* July 25, 2016, https://www.nytimes.com /interactive /2016 /07 /25 / health /26brain-doc.html.

27. Neil Osterweil, "Personality Changes May Help Distinguish between Types of Dementia," *Medpage Today*, May 31, 2007, https://www.medpagetoday.com/neurology /alzheimersdisease /5803; James E. Galvin, Heather Malcom, David Johnson, and John C. Morris, "Personality Traits Distinguishing

Dementia with Lewy Bodies from Alzheimer Disease," *Neurology* 68, no. 22 (2007): 1895–1901.

28. "Read Husband's Full Statement on Kate Spade's Suicide," CNN, June 7, 2018, https://edition.cnn.com /2018 /06 /07 /us /andy-kate-spade-statement /index.html.

29. National Institute of Mental Health, "Major Depression," accessed October 20, 2019, at https://www.nimh.nih.gov /health /statistics /major-depression.shtml.

30. American Foundation for Suicide Prevention, "Suicide Rate Is Up 1.2 Percent according to Most Recent CDC Data (Year 2016)," accessed October 20, 2019, at https://afsp.org /suicide-rate-1-8-percent-according-recent-cdc-datayear-2016/.

31. Patrick Marlborough, "Depression Steals Your Soul and Then It Takes Your Friends," *Vice*, January 31, 2017, accessed October 20, 2019, at https://www.vice .com /en au /article /4x4xjj /depression-steals-your-soul-and-then-it-takesyour-friends.

32. Julie Karsten, Brenda W. J. H. Penninx, Hariëtte Riese, Johan Ormel, Willem A. Nolen, and Catharina A. Hartman, "The State Effect of Depressive and Anxiety Disorders on Big Five Personality Traits," *Journal of Psychiatric Research* 46, no. 5 (2012): 644–650.

33. J. H. Barnett, J. Huang, R. H. Perlis, M. M. Young, J. F. Rosenbaum, A. A. Nierenberg, G. Sachs, V. L. Nimgaonkar, D. J. Miklowitz, and J. W. Smoller, "Personality and Bipolar Disorder: Dissecting State and Trait Associations between Mood and Personality," *Psychological Medicine* 41, no. 8 (2011): 1593–1604.

34. "Experiences of Bipolar Disorder: 'Every Day It Feels Like I Must Wear a Mask,'" the *Guardian*, March 31, 2017, accessed October 20, 2019, at https://www.theguardian.com /lifeandstyle /2017 /mar /31 /experiences-of-bipolar-disorder-every-day-it-feels-like-i-must-wear-a-mask.

35. Mark Eckblad and Loren J. Chapman, "Development and Validation of a Scale for Hypomanic Personality," *Journal of Abnormal Psychology* 95, no. 3 (1986): 214.

36. Gordon Parker, Kathryn Fletcher, Stacey McCraw, and Michael Hong, "The Hypomanic Personality Scale: A Measure of Personality and /or Bipolar Symptoms?" *Psychiatry Research* 220, nos. 1–2 (2014): 654–658.

37. Johan Ormel, Albertine J. Oldehinkel, and Wilma Vollebergh, "Vulnerability Before, During, and After a Major Depressive Episode: A 3-Wave Population-Based Study," *Archives of General Psychiatry* 61, no. 10 (2004): 990–996; Pekka Jylhä, Tarja Melartin, Heikki Rytsälä, and Erkki Isometsä, "Neuroticism, Introversion, and Major Depressive Disorder—Traits, States, or Scars?" *Depression and Anxiety* 26, no. 4 (2009): 325–334; M. Tracie Shea, Andrew C. Leon, Timothy I. Mueller, David A. Solomon, Meredith G.

Warshaw, and Martin B. Keller, "Does Major Depression Result in Lasting Personality Change?" *American Journal of Psychiatry* 153, no. 11 (1996): 1404–1410; E. H. Bos, M. Ten Have, S. van Dorsselaer, B. F. Jeronimus, R. de Graaf, and P. de Jonge, "Functioning Before and After a Major Depressive Episode: Pre-Existing Vulnerability or Scar? A Prospective Three-Wave Population-Based Study," *Psychological Medicine* 48, no. 13 (2018): 2264–2272.

38. Tom Rosenström, Pekka Jylhä, Laura Pulkki-Råback, Mikael Holma, Olli T. Raitakari, Erkki Isometsä, and Liisa Keltikangas-Järvinen, "Long-Term Personality Changes and Predictive Adaptive Responses after Depressive Episodes," *Evolution and Human Behavior* 36, no. 5 (2015): 337–344.

39. Barnett, "Personality and Bipolar Disorder: Dissecting State and Trait Associations Between Mood and Personality," 1593–1604.

40. Tony Z. Tang, Robert J. DeRubeis, Steven D. Hollon, Jay Amsterdam, Richard Shelton, and Benjamin Schalet, "A Placebo-Controlled Test of the Effects of Paroxetine and Cognitive Therapy on Personality Risk Factors in Depression," *Archives of General Psychiatry* 66, no. 12 (2009): 1322.

41. Sabine Tjon Pian Gi, Jos Egger, Maarten Kaarsemaker, and Reinier Kreutzkamp, "Does Symptom Reduction after Cognitive Behavioural Therapy of Anxiety Disordered Patients Predict Personality Change?" *Personality and Mental Health* 4, no. 4 (2010): 237–245.

42. Oliver Kamm, "My Battle with Clinical Depression," the *Times* (London), June 11, 2016, accessed October 20, 2019, at https://www.thetimes.co.uk /article /id-sit-on-the-stairs-until-i-was-ready-to-open-the-front-door-it-could-take-an-hour-z60g637mt.

43. Shuichi Suetani and Elizabeth Markwick, "Meet Dr Jekyll: A Case of a Psychiatrist with Dissociative Identity Disorder," *Australasian Psychiatry* 22, no. 5 (2014): 489–491.

44. Emma Young, "My Many Selves: How I Learned to Live with Multiple Personalities," *Mosaic*, June 12, 2017, https://mosaicscience.com /story /my-manyselves-multiple-personalities-dissociative-identity-disorder.

45. Bethany L. Brand, Catherine C. Classen, Scot W. McNary, and Parin Zaveri, "A Review of Dissociative Disorders Treatment Studies," *Journal of Nervous and Mental Disease* 197, no. 9 (2009): 646–654.

46. Richard G. Tedeschi and Lawrence G. Calhoun, "The Posttraumatic Growth Inventory: Measuring the Positive Legacy of Trauma," *Journal of Traumatic Stress* 9, no. 3 (1996): 455–471.

47. Michael Hoerger, Benjamin P. Chapman, Holly G. Prigerson, Angela Fagerlin, Supriya G. Mohile, Ronald M. Epstein, Jeffrey M. Lyness, and Paul R. Duberstein, "Personality Change Pre- to Post-Loss in Spousal Caregivers of Patients with Terminal Lung Cancer," *Social Psychological and Personality*

Science 5, no. 6 (2014): 722–729.

48. Scott Barry Kaufman, Twitter post, November 23, 2018, 7:35 p.m., https://twitter.com /sbkaufman /status /1066052630202540032.

49. Jasmin K. Turner, Amanda Hutchinson, and Carlene Wilson, "Correlates of Post-Traumatic Growth following Childhood and Adolescent Cancer: A Systematic Review and Meta-Analysis," *Psycho-Oncology* 27, no. 4 (2018): 1100–1109.

50. Daniel Lim and David DeSteno, "Suffering and Compassion: The Links among Adverse Life Experiences, Empathy, Compassion, and Prosocial Behavior," *Emotion* 16, no. 2 (2016): 175.

4장 ㅣ 식단, 황홀, 숙취

1. "Obama's Tearful 'Thank You' to Campaign Staff," YouTube video, 5:25, November 8, 2012, https://www.youtube.com /watch ?v= 1NCzUOWuu A.

2. Julie Hirschfeld Davis, "Obama Delivers Eulogy for Beau Biden," the *New York Times*, June 6, 2015, https://www.nytimes.com /2015 /06 /07 /us /beau-biden-funeral-held-in-delaware.html.

3. Julie Hirschfeld Davis, "Obama Lowers His Guard in Unusual Displays of Emotion," the *New York Times*, June 22, 2015, https://www.nytimes.com /2015 /06 /23 /us /politics /obama-lowers-his-guard-in-unusual-displays-of-emotion.html.

4. Chris Cillizza, "President Obama Cried in Public Today. That's a Good Thing," *Washington Post*, April 29, 2016, https://www.washingtonpost.com /news /the-fix /wp /2016 /01 /05 /why-men-should-cry-more-in-public/.

5. Kenneth Walsh, "Critics Say Obama Lacks Emotion," *US News and World Report*, December 24, 2009, https://www.usnews.com /news /obama /articles /2009 /12 /24 /critics-say-obama-lacks-emotion.

6. James Fallows, "Obama Explained," the *Atlantic*, March 2012, https://www.theatlantic.com /magazine /archive /2012 /03 /obama-explained /308874/.

7. Walter Mischel, *The Marshmallow Test: Understanding Self-Control and How to Master It* (London: Corgi Books, 2015).

8. 극단적인 상황론자들의 주장에 이의를 제기하는 것은 쉽다. 짐바르도의 교도소 연구에는 방법론적인 함정이 있었다. 짐바르도가 교도관들에게 무자비하고 폭압적인 태도를 보이라고 가르치는 녹취록이 등장했고, 애초에 교도소 연구에 자원하는 사람들의 전형적인 성격의 소유 여부에 대한 의문이 제기되었다. 그리고 심리학자 미셸과는 반대로 사람들이 상황에 적응한다는 것이 분명해졌다. 그러나 만약 여러분이 오랜 시간 동안 그리고 여러 상황에 걸쳐 그들을 관찰해 보면 평균적으로 그들은 외향적으로, 또는 공격적으로, 또는 친근하게 등등 나름대로 행동할 뿐만 아니라 그 강도도 변화를 보인다는 것을 알 수 있을 것이다.

9. Kyle S. Sauerberger and David C. Funder, "Behavioral Change and Consistency across Contexts," *Journal of Research in Personality* 69 (2017): 264–272.

10. Jim White, "Ashes 2009: Legend Dennis Lillee Says Mitchell Johnson Could Swing It for Australia," the *Telegraph*, June 26, 2009, https://www.telegraph. co.uk /sport /cricket /international /theashes /5650760 /Ashes-2009-legend-Dennis-Lillee-says-Mitchell-Johnson-could-swing-it-for-Australia.html.

11. Nick Pitt, "Deontay Wilder: 'When I Fight There Is a Transformation, I Even Frighten Myself, '" the *Sunday Times* (London), November 11, 2018, https://www.thetimes.co.uk /article /when-i-fight-there-is-a-transformation-i-even-frighten-myself-h2jpq9x9t.

12. Mark Bridge, "Mum Says I'm Starting to Act Like Sherlock, Says Cumberbatch," the *Times* (London), December 27, 2016, https://www.thetimes.co.uk/article /mum-says-i-m-starting-to-act-like-sherlock-57ffpr6dv.

13. Tasha Eurich, *Insight: The Power of Self-Awareness in a Self-Deluded World* (London: Pan Books, 2018).

14. Katharina Geukes, Steffen Nestler, Roos Hutteman, Albrecht C. P. Küfner, and Mitja D. Back, "Trait Personality and State Variability: Predicting Individual Differences in Within- and Cross-Context Fluctuations in Affect, Self-Evaluations, and Behavior in Everyday Life," *Journal of Research in Personality* 69 (2017): 124–138.

15. Oliver C. Robinson, "On the Social Malleability of Traits: Variability and Consistency in Big 5 Trait Expression across Three Interpersonal Contexts," *Journal of Individual Differences* 30, no. 4 (2009): 201–208.

16. Dawn Querstret and Oliver C. Robinson, "Person, Persona, and Personality Modification: An In-Depth Qualitative Exploration of Quantitative Findings," *Qualitative Research in Psychology* 10, no. 2 (2013): 140–159.

17. Melissa Dahl, "Can You Blend in Anywhere? Or Are You Always the Same You?" the *Cut*, March 15, 2017, https://www.thecut.com /2017 /03 /heres-a-testto-tell-you-if-you-are-a-high-self-monitor.html.

18. Mark Snyder and Steve Gangestad, "On the Nature of Self-Monitoring: Matters of Assessment, Matters of Validity," *Journal of Personality and Social Psychology* 51, no. 1 (1986): 125.

19. Rebecca Hardy, "Polish Model Let Off for Harrods Theft Gives Her Side," *Daily Mail Online*, August 12, 2017, http:// www.dailymail.co.uk /femail / article-4783272 /Polish-model-let-Harrod-s-theft-gives-side.html.

20. Robert E. Wilson, Renee J. Thompson, and Simine Vazire, "Are Fluctuations in Personality States More Than Fluctuations in Affect?" *Journal of Research in Personality* 69 (2017): 110–123.

21. Noah Eisenkraft and Hillary Anger Elfenbein, "The Way You Make Me Feel: Evidence for Individual Differences in Affective Presence," *Psychological Science* 21, no. 4 (2010): 505–510.

22. Jan Querengässer and Sebastian Schindler, "Sad But True? How Induced Emotional States Differentially Bias Self-Rated Big Five Personality Traits," *BMC Psychology* 2, no. 1 (2014): 14.

23. Maya Angelou, *Rainbow in the Cloud: The Wit and Wisdom of Maya Angelou* (New York: Little, Brown Book Group, 2016).

24. Thomas L. Webb, Kristen A. Lindquist, Katelyn Jones, Aya Avishai, and Paschal Sheeran, "Situation Selection Is a Particularly Effective Emotion Regulation Strategy for People Who Need Help Regulating Their Emotions," *Cognition and Emotion* 32, no. 2 (2018): 231–248.

25. Zhanjia Zhang and Weiyun Chen, "A Systematic Review of the Relationship Between Physical Activity and Happiness," *Journal of Happiness Studies* 20, no. 4 (2019): 1305–1322.

26. L. Parker Schiffer and Tomi-Ann Roberts, "The Paradox of Happiness: Why Are We Not Doing What We Know Makes Us Happy?" *Journal of Positive Psychology* 13, no. 3 (2018): 252–259.

27. Kelly Sullivan and Collins Ordiah, "Association of Mildly Insufficient Sleep with Symptoms of Anxiety and Depression," *Neurology, Psychiatry and Brain Research* 30 (2018): 1–4.

28. Floor M. Kroese, Catharine Evers, Marieke A. Adriaanse, and Denise T. D. de Ridder, "Bedtime Procrastination: A Self-Regulation Perspective on Sleep Insufficiency in the General Population," *Journal of Health Psychology* 21, no. 5 (2016): 853–862.

29. Ryan T. Howell, Masha Ksendzova, Eric Nestingen, Claudio Yerahian, and Ravi Iyer, "Your Personality on a Good Day: How Trait and State Personality Predict Daily Well-Being," *Journal of Research in Personality* 69 (2017): 250–263.

30. Brad J. Bushman, C. Nathan DeWall, Richard S. Pond, and Michael D. Hanus, "Low Glucose Relates to Greater Aggression in Married Couples," *Proceedings of the National Academy of Sciences* 111, no. 17 (2014): 6254–6257.

31. Rachel P. Winograd, Andrew K. Littlefield, Julia Martinez, and Kenneth J. Sher, "The Drunken Self: The Five-Factor Model as an Organizational Framework for Characterizing Perceptions of One's Own Drunkenness," *Alcoholism: Clinical and Experimental Research* 36, no. 10 (2012): 1787–1793.

32. Rachel P. Winograd, Douglas L. Steinley, and Kenneth J. Sher, "Drunk Personality: Reports from Drinkers and Knowledgeable Informants," *Experimental and Clinical Psychopharmacology* 22, no. 3 (2014): 187.

33. Rachel P. Winograd, Douglas Steinley, Sean P. Lane, and Kenneth J. Sher, "An Experimental Investigation of Drunk Personality Using Self and Observer Reports," *Clinical Psychological Science* 5, no. 3 (2017): 439–456.

34. Rachel Pearl Winograd, Douglas Steinley, and Kenneth Sher, "Searching for Mr. Hyde: A Five-Factor Approach to Characterizing 'Types of Drunks,'" *Addiction Research and Theory* 24, no. 1 (2016): 1–8.

35. Emma L. Davies, Emma-Ben C. Lewis, and Sarah E. Hennelly, "'I Am Quite Mellow But I Wouldn't Say Everyone Else Is': How UK Students Compare Their Drinking Behavior to Their Peers," *Substance Use and Misuse* 53, no. 9 (2018): 1549–1557.

36. Christian Hakuline and Markus Jokela, "Alcohol Use and Personality Trait Change: Pooled Analysis of Six Cohort Studies," *Psychological Medicine* 49, no. 2 (2019): 224–231.

37. Stephan Stevens, Ruth Cooper, Trisha Bantin, Christiane Hermann, and Alexander L. Gerlach, "Feeling Safe But Appearing Anxious: Differential Effects of Alcohol on Anxiety and Social Performance in Individuals with Social Anxiety Disorder," *Behaviour Research and Therapy* 94 (2017): 9–18.

38. Fritz Renner, Inge Kersbergen, Matt Field, and Jessica Werthmann, "Dutch Courage? Effects of Acute Alcohol Consumption on Self-Ratings and Observer Ratings of Foreign Language Skills," *Journal of Psychopharmacology* 32, no. 1 (2018): 116–122.

39. Tom M. McLellan, John A. Caldwell, and Harris R. Lieberman, "A Review of Caffeine's Effects on Cognitive, Physical and Occupational Performance," *Neuroscience and Biobehavioral Reviews* 71 (2016): 294–312.

40. Kirby Gilliland, "The Interactive Effect of Introversion-Extraversion with Caffeine Induced Arousal on Verbal Performance," *Journal of Research in Personality* 14, no. 4 (1980): 482–492.

41. Manuel Gurpegui, Dolores Jurado, Juan D. Luna, Carmen Fernández-Molina, Obdulia Moreno-Abril, and Ramón Gálvez, "Personality Traits Associated with Caffeine Intake and Smoking," *Progress in Neuro-Psychopharmacology and Biological Psychiatry* 31, no. 5 (2007): 997–1005; Paula J. Mitchell and Jennifer R. Redman, "The Relationship between Morningness-Eveningness, Personality and Habitual Caffeine Consumption," *Personality and Individual Differences* 15, no. 1 (1993): 105–108.

42. Taha Amir, Fatma Alshibani, Thoria Alghara, Maitha Aldhari, Asma Alhassani, and Ghanima Bahry, "Effects of Caffeine on Vigilance Performance in Introvert and Extravert Noncoffee Drinkers," *Social Behavior and Personality* 29, no. 6 (2001): 617–624; Anthony Liguori, Jacob A. Grass, and John R. Hughes, "Subjective Effects of Caffeine among Introverts and Extraverts in the Morning and Evening," *Experimental and Clinical Psychopharmacology* 7, no. 3 (1999): 244.

43. Mitchell Earleywine, *Mind-Altering Drugs: The Science of Subjective Experience* (Oxford: Oxford University Press, 2005).

44. Antonio E. Nardi, Fabiana L. Lopes, Rafael C. Freire, Andre B. Veras,

Isabella Nascimento, Alexandre M. Valença, Valfrido L. de-Melo-Neto, Gastão L. Soares-Filho, Anna Lucia King, Daniele M. Araújo, Marco A. Mezzasalma, Arabella Rassi, and Walter A. Zin, "Panic Disorder and Social Anxiety Disorder Subtypes in a Caffeine Challenge Test," *Psychiatry Research* 169, no. 2 (2009): 149–153.

45. "Serious Health Risks Associated with Energy Drinks: To Curb This Growing Public Health Issue, Policy Makers Should Regulate Sales and Marketing towards Children and Adolescents and Set Upper Limits on Caffeine," *Science-Daily*, November 15, 2017, www.sciencedaily.com /releases /2017 /11 /171115124519. htm.

46. "MP Calls for Ban on High-Caffeine Energy Drinks," *BBC News*, January 10, 2018, http:// www.bbc.co.uk /news /uk-politics-42633277.

47. Waguih William Ishak, Chio Ugochukwu, Kara Bagot, David Khalili, and Christine Zaky, "Energy Drinks: Psychological Effects and Impact on Well-Being and Quality of Life: A Literature Review," *Innovations in Clinical Neuroscience* 9, no. 1 (2012): 25.

48. Laura M. Juliano and Roland R. Griffiths, "A Critical Review of Caffeine Withdrawal: Empirical Validation of Symptoms and Signs, Incidence, Severity, and Associated Features," *Psychopharmacology* 176, no. 1 (2004): 1–29.

49. 2020년 기준으로 미국 15개 주와 워싱턴 D.C.에서 대마초의 사용이 합법화되었다.

50. Samantha J. Broyd, Hendrika H. van Hell, Camilla Beale, Murat Yuecel, and Nadia Solowij, "Acute and Chronic Effects of Cannabinoids on Human Cognition: A Systematic Review," *Biological Psychiatry* 79, no. 7 (2016): 557–567.

51. Andrew Lac and Jeremy W. Luk, "Testing the Amotivational Syndrome: Marijuana Use Longitudinally Predicts Lower Self-Efficacy Even After Controlling for Demographics, Personality, and Alcohol and Cigarette Use," *Prevention Science* 19, no. 2 (2018): 117–126.

52. Bernard Weinraub, "Rock's Bad Boys Grow Up But Not Old; Half a Lifetime on the Road, and Half Getting Up for It," the *New York Times*, September 26, 2002, https://www.nytimes.com /2002 /09 /26 /arts /rock-s-bad-boys-grow-up-butnot- old-half-lifetime-road-half-getting-up-for-it.html.

53. John Wenzel, "Brian Wilson on Weed Legalization, What He Thinks of His 'Love & Mercy' Biopic," the *Know*, October 23, 2016, https://theknow. denverpost.com /2015 /07 /02 /brian-wilson-on-weed-legalization-what-he-thinks-of-hislove-mercy-biopic /105363 /105363/.

54. Gráinne Schafer, Amanda Feilding, Celia JA Morgan, Maria Agathangelou, Tom P. Freeman, and H. Valerie Curran, "Investigating the Interaction

between Schizotypy, Divergent Thinking and Cannabis Use," *Consciousness and Cognition* 21, no. 1 (2012): 292–298.

55. Emily M. LaFrance and Carrie Cuttler, "Inspired by Mary Jane? Mechanisms Underlying Enhanced Creativity in Cannabis Users," *Consciousness and Cognition* 56 (2017): 68–76.

56. 대마초 사용이 어떤 사람에게는 이후 정신병을 경험하는 취약성을 높인다는 증거가 많이 나오고 있지만, 여전히 논란의 여지가 있고 많은 연구가 필요하다.

57. US Dept of Justice Drug Enforcement Administration 2016 National Threat Assessment Summary https://www.dea.gov/sites/default/files/2018-07/DIR-001-17_2016_NDTA_Summary.pdf.

58. Mark Hay, "Everything We Know About Treating Anxiety with Weed," *Vice*, April 18, 2018, https://tonic.vice.com /en us /article /9kgme8 /everything-we-know-about-treating-an.

59. Tony O'Neill, "'My First Time on LSD': 10 Trippy Tales," Alternet.org, June 5, 2014, https://www.alternet.org /2014 /05 /my-first-time-lsd-10-trippy-tales/.

60. Roland R. Griffiths, Matthew W. Johnson, William A. Richards, Brian D. Richards, Robert Jesse, Katherine A. MacLean, Frederick S. Barrett, Mary P. Cosimano, and Maggie A. Klinedinst, "Psilocybin-Occasioned Mystical-Type Experience in Combination with Meditation and Other Spiritual Practices Produces Enduring Positive Changes in Psychological Functioning and in Trait Measures of Prosocial Attitudes and Behaviors," *Journal of Psychopharmacology* 32, no. 1 (2018): 49–69.

61. Mark T. Wagner, Michael C. Mithoefer, Ann T. Mithoefer, Rebecca K. MacAulay, Lisa Jerome, Berra Yazar-Klosinski, and Rick Doblin, "Therapeutic Effect of Increased Openness: Investigating Mechanism of Action in MDMA-Assisted Psychotherapy," *Journal of Psychopharmacology* 31, no. 8 (2017): 967–974.

62. Roland R. Griffiths, Ethan S. Hurwitz, Alan K. Davis, Matthew W. Johnson, and Robert Jesse, "Survey of Subjective 'God Encounter Experiences': Comparisons Among Naturally Occurring Experiences and Those Occasioned by the Classic Psychedelics Psilocybin, LSD, Ayahuasca, or DMT," *PloS One* 14, no. 4 (2019): e0214377.

63. Suzannah Weiss, "How Badly Are You Messing Up Your Brain By Using Psychedelics?" *Vice*, March 30, 2018, https://tonic.vice.com /en us /article /59j97a /how-badly-are-you-messing-up-your-brain-by-using-psychedelics.

64. Frederick S. Barrett, Matthew W. Johnson, and Roland R. Griffiths, "Neuroticism Is Associated with Challenging Experiences with Psilocybin Mushrooms," *Personality and Individual Differences* 117 (2017): 155–160.

65. Lia Naor and Ofra Mayseless, "How Personal Transformation Occurs

Following a Single Peak Experience in Nature: A Phenomenological Account," *Journal of Humanistic Psychology* 60, no. 6 (2017): 865–888.

66. James H. Fowler and Nicholas A. Christakis, "Dynamic Spread of Happiness in a Large Social Network: Longitudinal Analysis over 20 Years in the Framingham Heart Study," *BMJ* 337 (2008): a2338.

67. Trevor Foulk, Andrew Woolum, and Amir Erez, "Catching Rudeness Is like Catching a Cold: The Contagion Effects of Low-Intensity Negative Behaviors," *Journal of Applied Psychology* 101, no. 1 (2016): 50.

68. Kobe Desender, Sarah Beurms, and Eva Van den Bussche, "Is Mental Effort Exertion Contagious?" *Psychonomic Bulletin and Review* 23, no. 2 (2016): 624–631.

69. Joseph Chancellor, Seth Margolis, Katherine Jacobs Bao, and Sonja Lyubomirsky, "Everyday Prosociality in the Workplace: The Reinforcing Benefits of Giving, Getting, and Glimpsing," *Emotion* 18, no. 4 (2018): 507.

70. Angela Neff, Sabine Sonnentag, Cornelia Niessen, and Dana Unger, "What's Mine Is Yours: The Crossover of Day-Specific Self-Esteem," *Journal of Vocational Behavior* 81, no. 3 (2012): 385–394.

71. Rachel E. White, Emily O. Prager, Catherine Schaefer, Ethan Kross, Angela L. Duckworth, and Stephanie M. Carlson, "The 'Batman Effect': Improving Perseverance in Young Children," *Child Development* 88, no. 5 (2017): 1563–1571.

5장 ㅣ 변화를 선택하기

1. John M. Zelenski, Deanna C. Whelan, Logan J. Nealis, Christina M. Besner, Maya S. Santoro, and Jessica E. Wynn, "Personality and Affective Forecasting: Trait Introverts Underpredict the Hedonic Benefits of Acting Extraverted," *Journal of Personality and Social Psychology* 104, no. 6 (2013): 1092.

2. Michael P. Hengartner, Peter Tyrer, Vladeta Ajdacic-Gross, Jules Angst, and Wulf Rössler, "Articulation and Testing of a Personality-Centred Model of Psychopathology: Evidence from a Longitudinal Community Study over 30 Years," *European Archives of Psychiatry and Clinical Neuroscience* 268, no. 5 (2018): 443–454.

3. "Change Goals Big-Five Inventory," Personality Assessor, accessed November 11, 2019, at http:// www.personalityassessor.com /measures /cbfi/.

4. Constantine Sedikides, Rosie Meek, Mark D. Alicke, and Sarah Taylor, "Behind Bars but Above the Bar: Prisoners Consider Themselves More Prosocial Than Non-Prisoners," *British Journal of Social Psychology* 53, no. 2 (2014): 396–403.

5. Nathan W. Hudson and Brent W. Roberts, "Goals to Change Personality

Traits: Concurrent Links Between Personality Traits, Daily Behavior, and Goals to Change Oneself," *Journal of Research in Personality* 53 (2014): 68–83.

6. Oliver C. Robinson, Erik E. Noftle, Jen Guo, Samaneh Asadi, and Xiaozhou Zhang, "Goals and Plans for Big Five Personality Trait Change in Young Adults," *Journal of Research in Personality* 59 (2015): 31–43.

7. Nathan W. Hudson and R. Chris Fraley, "Do People's Desires to Change Their Personality Traits Vary with Age? An Examination of Trait Change Goals Across Adulthood," *Social Psychological and Personality Science* 7, no. 8 (2016): 847–856.

8. Marie Hennecke, Wiebke Bleidorn, Jaap J. A. Denissen, and Dustin Wood, "A Three-Part Framework for Self-Regulated Personality Development Across Adulthood," *European Journal of Personality* 28, no. 3 (2014): 289–299.

9. 2020년에 발표된 연구를 보면, 성격의 유연성에 대한 믿음과 상관없이 성격 특성은 시간이 흐름에 따라서 변화한다는 것을 알 수 있다. 하지만 이 연구는 **의도적인** 성격 변화에 중점을 둔 것이 아니라는 점에 주목하라. Nathan W. Hudson, R. Chris Fraley, Daniel A. Briley, and William J. Chopik, "Your Personality Does Not Care Whether You Believe It Can Change: Beliefs About Whether Personality Can Change Do Not Predict Trait Change Among Emerging Adults," *European Journal of Personality*, published online July 21, 2020.

10. Carol Dweck, *Mindset: Changing the Way You Think to Fulfil Your Potential* (UK: Hachette, 2012).

11. Krishna Savani and Veronika Job, "Reverse Ego-Depletion: Acts of Self-Control Can Improve Subsequent Performance in Indian Cultural Contexts," *Journal of Personality and Social Psychology* 113, no. 4 (2017): 589.

12. 한 예로 오스틴 텍사스 대학이 주도한 2017년 연구에 의하면, 성격은 변화 가능하다고 가르침을 받은 십 대들이 성격은 고정되어 있다고 가르침을 받은 십 대들보다 고교 진학 후 스트레스를 더 잘 견디고 신체적 건강도 더 잘 유지한다고 한다. 또 다른 연구는 성격의 변화 가능성을 믿는 사람이 연애의 이별 고통을 더 잘 견딘다고 한다. 왜냐하면 이런 이별을 자신의 근본적인 성격에 대한 것으로 해석하지 않기 때문이다.

13. Nathan W. Hudson, R. Chris Fraley, William J. Chopik, and Daniel A. Briley, "Change Goals Robustly Predict Trait Growth: A Mega-Analysis of a Dozen Intensive Longitudinal Studies Examining Volitional Change," *Social Psychological and Personality Science* 11, no. 6 (2020): 723–732.

14. Ted Schwaba, Maike Luhmann, Jaap J. A. Denissen, Joanne M. Chung, and Wiebke Bleidorn, "Openness to Experience and Culture: Openness Transactions across the Lifespan," *Journal of Personality and Social Psychology* 115, no. 1 (2018): 118.

15. Berna A. Sari, Ernst H. W. Koster, Gilles Pourtois, and Nazanin Derakshan, "Training Working Memory to Improve Attentional Control in Anxiety:

A Proof-of-Principle Study Using Behavioral and Electrophysiological Measures," *Biological Psychology* 121 (2016): 203–212.

16. Izabela Krejtz, John B. Nezlek, Anna Michnicka, Paweł Holas, and Marzena Rusanowska, "Counting One's Blessings Can Reduce the Impact of Daily Stress," *Journal of Happiness Studies* 17, no. 1 (2016): 25–39.

17. Prathik Kini, Joel Wong, Sydney McInnis, Nicole Gabana, and Joshua W. Brown, "The Effects of Gratitude Expression on Neural Activity," *NeuroImage* 128 (2016): 1–10.

18. Brent W. Roberts, Jing Luo, Daniel A. Briley, Philip I. Chow, Rong Su, and Patrick L. Hill, "A Systematic Review of Personality Trait Change through Intervention," *Psychological Bulletin* 143, no. 2 (2017): 117.

19. Krystyna Glinski and Andrew C. Page, "Modifiability of Neuroticism, Extraversion, and Agreeableness by Group Cognitive Behaviour Therapy for Social Anxiety Disorder," *Behaviour Change* 27, no. 1 (2010): 42–52.

20. Cosmin Octavian Popa, Aural Nireș¸tean, Mihai Ardelean, Gabriela Buicu, and Lucian Ile, "Dimensional Personality Change after Combined Therapeutic Intervention in the Obsessive-Compulsive Personality Disorders," *Acta Med Transilvanica* 2 (2013): 290–292.

21. Rebecca Grist and Kate Cavanagh, "Computerised Cognitive Behavioural Therapy for Common Mental Health Disorders, What Works, for Whom Under What Circumstances? A Systematic Review and Meta-Analysis," *Journal of Contemporary Psychotherapy* 43, no. 4 (2013): 243–251.

22. Julia Zimmermann and Franz J. Neyer, "Do We Become a Different Person When Hitting the Road? Personality Development of Sojourners," *Journal of Personality and Social Psychology* 105, no. 3 (2013): 515.

23. Jeffrey Conrath Miller and Zlatan Krizan, "Walking Facilitates Positive Affect (Even When Expecting the Opposite)," *Emotion* 16, no. 5 (2016): 775.

24. Ashleigh Johnstone and Paloma Marí-Beffa, "The Effects of Martial Arts Training on Attentional Networks in Typical Adults," *Frontiers in Psychology* 9 (2018): 80.

25. Nathan W. Hudson and Brent W. Roberts, "Social Investment in Work Reliably Predicts Change in Conscientiousness and Agreeableness: A Direct Replication and Extension of Hudson, Roberts, and Lodi-Smith (2012)," *Journal of Research in Personality* 60 (2016): 12–23.

26. Blake A. Allan, "Task Significance and Meaningful Work: A Longitudinal Study," *Journal of Vocational Behavior* 102 (2017): 174–182.

27. Marina Milyavskaya and Michael Inzlicht, "What's So Great About Self-Control? Examining the Importance of Effortful Self-Control and Temptation in Predicting Real-Life Depletion and Goal Attainment," *Social*

Psychological and Personality Science 8, no. 6 (2017): 603–611.

28. Adriana Dornelles, "Impact of Multiple Food Environments on Body Mass Index," *PloS One* 14, no. 8 (2019).

29. Richard Göllner, Rodica I. Damian, Norman Rose, Marion Spengler, Ulrich Trautwein, Benjamin Nagengast, and Brent W. Roberts, "Is Doing Your Homework Associated with Becoming More Conscientious?" *Journal of Research in Personality* 71 (2017): 1–12.

30. Joshua J. Jackson, Patrick L. Hill, Brennan R. Payne, Brent W. Roberts, and Elizabeth A. L. Stine-Morrow, "Can an Old Dog Learn (and Want to Experience) New Tricks? Cognitive Training Increases Openness to Experience in Older Adults," *Psychology and Aging* 27, no. 2 (2012): 286.

31. Wijnand A. P. van Tilburg, Constantine Sedikides, and Tim Wildschut, "The Mnemonic Muse: Nostalgia Fosters Creativity through Openness to Experience," *Journal of Experimental Social Psychology* 59 (2015): 1–7.

32. Yannick Stephan, Angelina R. Sutin, and Antonio Terracciano, "Physical Activity and Personality Development Across Adulthood and Old Age: Evidence from Two Longitudinal Studies," *Journal of Research in Personality* 49 (2014): 1–7.

33. Anna Antinori, Olivia L. Carter, and Luke D. Smillie, "Seeing It Both Ways: Openness to Experience and Binocular Rivalry Suppression," *Journal of Research in Personality* 68 (2017): 15–22.

34. 만약 너무 친화적인 점이 경쟁 분야에서 방해가 되지 않을까 하고 걱정된다면, 7장에서 몇 가지 유용한 조언을 찾을 수 있을 것이다.

35. Anne Böckler, Lukas Herrmann, Fynn-Mathis Trautwein, Tom Holmes, and Tania Singer, "Know Thy Selves: Learning to Understand Oneself Increases the Ability to Understand Others," *Journal of Cognitive Enhancement* 1, no. 2 (2017): 197–209.

36. Anthony P. Winning and Simon Boag, "Does Brief Mindfulness Training Increase Empathy? The Role of Personality," *Personality and Individual Differences* 86 (2015): 492–498.

37. David Comer Kidd and Emanuele Castano, "Reading Literary Fiction Improves Theory of Mind," *Science* 342, no. 6156 (2013): 377–380.

38. David Kidd and Emanuele Castano, "Different Stories: How Levels of Familiarity with Literary and Genre Fiction Relate to Mentalizing," *Psychology of Aesthetics, Creativity, and the Arts* 11, no. 4 (2017): 474.

39. Gregory S. Berns, Kristina Blaine, Michael J. Prietula, and Brandon E. Pye, "Short- and Long-Term Effects of a Novel on Connectivity in the Brain," *Brain Connectivity* 3, no. 6 (2013): 590–600.

40. Loris Vezzali, Rhiannon Turner, Dora Capozza, and Elena Trifiletti, "Does

Intergroup Contact Affect Personality? A Longitudinal Study on the Bidirectional Relationship Between Intergroup Contact and Personality Traits," *European Journal of Social Psychology* 48, no. 2 (2018): 159–173.

41. Grit Hein, Jan B. Engelmann, Marius C. Vollberg, and Philippe N. Tobler, "How Learning Shapes the Empathic Brain," *Proceedings of the National Academy of Sciences* 113, no. 1 (2016): 80–85.

42. Sylvia Xiaohua Chen and Michael Harris Bond, "Two Languages, Two Personalities? Examining Language Effects on the Expression of Personality in a Bilingual Context," *Personality and Social Psychology Bulletin* 36, no. 11 (2010): 1514–1528.

43. 만약 당신이 강박 사고 또는 강박 행동을 보이는 경향이 있다면 이런 접근 방식을 피하는 것을 고려해 보라.

44. Alison Wood Brooks, Juliana Schroeder, Jane L. Risen, Francesca Gino, Adam D. Galinsky, Michael I. Norton, and Maurice E. Schweitzer, "Don't Stop Believing: Rituals Improve Performance by Decreasing Anxiety," *Organizational Behavior and Human Decision Processes* 137 (2016): 71–85.

45 Mariya Davydenko, John M. Zelenski, Ana Gonzalez, and Deanna Whelan, "Does Acting Extraverted Evoke Positive Social Feedback?" *Personality and Individual Differences* 159 (2020): 109883.

46. John M. Malouff and Nicola S. Schutte, "Can Psychological Interventions Increase Optimism? A Meta-Analysis," *Journal of Positive Psychology* 12, no. 6 (2017): 594–604.

47. Olga Khazan, "One Simple Phrase That Turns Anxiety into Success," the *Atlantic*, March 23, 2016, https://www.theatlantic.com /health /archive /2016 /03 /can-three-words-turn-anxiety-into-success /474909.

48. Alison Wood Brooks, "Get Excited: Reappraising Pre-Performance Anxiety as Excitement," *Journal of Experimental Psychology: General* 143, no. 3 (2014): 1144.

49. Sointu Leikas and Ville-Juhani Ilmarinen, "Happy Now, Tired Later? Extraverted and Conscientious Behavior Are Related to Immediate Mood Gains, But to Later Fatigue," *Journal of Personality* 85, no. 5 (2017): 603–615.

50. William Fleeson, Adriane B. Malanos, and Noelle M. Achille, "An Intraindividual Process Approach to the Relationship Between Extraversion and Positive Affect: Is Acting Extraverted as 'Good' as Being Extraverted?" *Journal of Personality and Social Psychology* 83, no. 6 (2002): 1409.

51. Nathan W. Hudson and R. Chris Fraley, "Changing for the Better? Longitudinal Associations Between Volitional Personality Change and Psychological Well-Being," *Personality and Social Psychology Bulletin* 42, no. 5 (2016): 603–615.

52. William Fleeson and Joshua Wilt, "The Relevance of Big Five Trait Content

in Behavior to Subjective Authenticity: Do High Levels of Within-Person Behavioral Variability Undermine or Enable Authenticity Achievement?" *Journal of Personality* 78, no. 4 (2010): 1353–1382.

53. Muping Gan and Serena Chen, "Being Your Actual or Ideal Self? What It Means to Feel Authentic in a Relationship," *Personality and Social Psychology Bulletin* 43, no. 4 (2017): 465–478.

54. A. Bell Cooper, Ryne A. Sherman, John F. Rauthmann, David G. Serfass, and Nicolas A. Brown, "Feeling Good and Authentic: Experienced Authenticity in Daily Life Is Predicted by Positive Feelings and Situation Characteristics, Not Trait-State Consistency," *Journal of Research in Personality* 77 (2018): 57–69.

55. Alison P. Lenton, Letitia Slabu, and Constantine Sedikides, "State Authenticity in Everyday Life," *European Journal of Personality* 30, no. 1 (2016): 64–82.

6장 | 구원 : 나쁜 사람이 좋은 사람이 될 때

1. Maajid Nawaz, *Radical: My Journey out of Islamist Extremism* (Maryland: Rowman & Littlefield, 2016).

2. 나와즈가 현재 이슬람 극단주의에 대항하는 캠페인을 벌이고 있다는 점을 고려할 때, 그가 논란이 많은 인물이라는 것은 별로 놀라운 일이 아니다. 하지만 그는 자신의 명예를 훼손하고 폄하하는 사람들에게서 사과와 보상을 받는 버릇이 있다. 가장 최근인 2018년 남부 빈곤 법 센터(Southern Poverty Law Center)는 나와즈를 반이슬람 극단주의자로 비난한 다음 약 400만 달러의 보상금을 지급하겠다는 공식 사과문을 발표했다. 다음을 보라. Richard Cohen, "SPLC Statement Regarding Maajid Nawaz and the Quilliam Foundation," Southern Poverty Law Center, June 18, 2018, https://www.splcenter.org /news /2018 /06 /18 /splc-statement-regarding-maajid-nawaz-and-quilliam-foundation.

3. https://www.quilliaminternational.com.

4. 브라이언 리틀의 "개인 프로젝트 분석" 방법에 영감을 받았다. 다음을 보라. Justin Presseau, Falko F. Sniehotta, Jillian Joy Francis, and Brian R. Little, "Personal Project Analysis: Opportunities and Implications for Multiple Goal Assessment, Theoretical Integration, and Behaviour Change," *European Health Psychologist* 5, no. 2 (2008): 32–36.

5. 브라이언 리틀의 연구와 저서에 근거한다. 그의 저서인 *Me, Myself, and Us: The Science of Personality and the Art of Well-Being* (New York: Public Affairs Press, 2014)을 보라.

6. Catra Corbett, *Reborn on the Run: My Journey from Addiction to Ultramarathons* (New York: Skyhorse Publishing, 2018).

7. Emma Reynolds, "How 50-year-old Junkie Replaced Meth Addiction with

Ultrarunning," News.com.au, September 28, 2015, https://www.news.com.au /lifestyle /fitness /exercise /how-50yearold-junkie-replaced-meth-addiction-with-ultrarunning /news-story /9b773ee67ffecf27f5c6f3467570 fa20.

8. Chip Heath and Dan Heath, *The Power of Moments: Why Certain Experiences Have Extraordinary Impact* (London: Bantam Press, 2017). (『순간의 힘-평범한 순간을 결정적 기회로 바꾸는 경험 설계의 기술』, 칩 히스, 댄 히스 지음, 박슬라 옮김, 웅진지식하우스, 2018)

9. Nick Yarris, *The Fear of 13: Countdown to Execution: My Fight for Survival on Death Row* (Salt Lake City: Century, 2017).

10. Nick Yarris, *The Kindness Approach* (South Carolina: CreateSpace Independent Publishing Platform, 2017).

11. Based on items published in the Psychological Inventory of Criminal Thinking Styles Part I. See Glenn D. Walters, "The Psychological Inventory of Criminal Thinking Styles: Part I: Reliability and Preliminary Validity," *Criminal Justice and Behavior* 22, no. 3 (1995): 307–325.

12. Susie Hulley, Ben Crewe, and Serena Wright, "Re-examining the problems of long-term imprisonment," *British Journal of Criminology* 56, no. 4 (2016): 769–792.

13. Matthew T. Zingraff, "Prisonization as an inhibitor of effective resocialization," *Criminology* 13, no. 3 (1975): 366–388.

14. Jesse Meijers, Joke M. Harte, Gerben Meynen, Pim Cuijpers, and Erik J. A. Scherder, "Reduced Self-Control after 3 Months of Imprisonment; A Pilot Study," *Frontiers in Psychology* 9 (2018): 69.

15. Marieke Liem and Maarten Kunst, "Is There a Recognizable Post-Incarceration Syndrome Among Released 'Lifers'?" *International Journal of Law and Psychiatry* 36, nos. 3–4 (2013): 333–337.

16. T. Gerhard Eriksson, Johanna G. Masche-No, and Anna M. Dåderman, "Personality Traits of Prisoners as Compared to General Populations: Signs of Adjustment to the Situation?" *Personality and Individual Differences* 107 (2017): 237–245.

17. Jack Bush, Daryl M. Harris, and Richard J. Parker, *Cognitive Self Change: How Offenders Experience the World and What We Can Do About It* (Hoboken, NJ: Wiley, 2016).

18. Glenn D. Walters, Marie Trgovac, Mark Rychlec, Roberto DiFazio, and Julie R. Olson, "Assessing Change with the Psychological Inventory of Criminal Thinking Styles: A Controlled Analysis and Multisite Cross-Validation," *Criminal Justice and Behavior* 29, no. 3 (2002): 308–331.

19. Jack Bush, "To Help a Criminal Go Straight, Help Him Change How He Thinks," NPR, June 26, 2016, https://www.npr.org /sections /health-

shots /2016 /06 /26 /483091741 /to-help-a-criminal-go-straight-help-him-change-how-he-thinks.

20. 가상의 트롤리 딜레마를 예로 들면, 그들은 보통 다섯 명의 생명을 구하기 위해 뚱뚱한 남자를 과속하는 트롤리의 길로 밀어 넣어 죽이는 것을 매우 기뻐하는 반면, 정상적인 반응은 더 큰 이익을 제공한다 하여도 뚱뚱한 사람을 고의로 해치는 것은 수용하기 어렵다는 점을 발견하는 것이다.

21. Daniel M. Bartels and David A. Pizarro, "The Mismeasure of Morals: Antisocial Personality Traits Predict Utilitarian Responses to Moral Dilemmas," *Cognition* 121, no. 1 (2011): 154–161.

22. 도덕 재활성화 치료의 효과에 대한 33개 연구를 검토한 결과, 대단하지는 않지만 통계적으로 유의성이 있는 재발의 감소 효과가 있다는 것을 알 수 있다. See L. Myles Ferguson and J. Stephen Wormith, "A Meta-Analysis of Moral Reconation Therapy," *International Journal of Offender Therapy and Comparative Criminology* 57, no. 9 (2013): 1076–1106.

23. Steven N. Zane, Brandon C. Welsh, and Gregory M. Zimmerman, "Examining the Iatrogenic Effects of the Cambridge-Somerville Youth Study: Existing Explanations and New Appraisals," *British Journal of Criminology* 56, no. 1 (2015): 141–160.

24. Eli Hager, "How to Train Your Brain to Keep You Out of Jail," *Vice*, June 27, 2018, https://www.vice.com /en us /article /nekpy8 /how-to-train-your-brain-to-keepyou-out-of-jail.

25. Christian Jarrett, "Research Into The Mental Health of Prisoners, Digested," *BPS Research Digest*, July 13, 2018, https://digest.bps.org.uk/2018/07/13/research-into-the-mental-health-of-prisoners-digested/.

26. 이것은 공식적인, 성인의 정신과적 진단이다. 이 기준을 충족시키려면 15세 이상의 나이에 법적으로 일반적인 사회적 행동의 실패, 즉 사기, 충동성 또는 계획의 실패, 짜증과 공격성, 자신 또는 타인의 안전에 대한 무시, 지속적인 무책임, 자책감의 부족 등이 있어야만 한다.

27. Holly A. Wilson, "Can Antisocial Personality Disorder Be Treated? A Meta-Analysis Examining the Effectiveness of Treatment in Reducing Recidivism for Individuals Diagnosed with ASPD," *International Journal of Forensic Mental Health* 13, no. 1 (2014): 36–46.

28. Nick J. Wilson and Armon Tamatea, "Challenging the 'Urban Myth' of Psychopathy Untreatability: The High-Risk Personality Programme," *Psychology, Crime and Law* 19, nos. 5–6 (2013): 493–510.

29. Adrian Raine, "Antisocial Personality as a Neurodevelopmental Disorder," *Annual Review of Clinical Psychology* 14 (2018): 259–289.

30. Rich Karlgaard, "Lance Armstrong—Hero, Doping Cheater and Tragic Figure," *Forbes*, July 31, 2012, https://www.forbes.com /sites / richkarlgaard /2012 /06 /13 /lance-armstrong-hero-cheat-and-tragic-figure/#38d88c94795c.

31. "Lance Armstrong: A Ruinous Puncture for the Cyclopath," the *Sunday Times*, June 17, 2012, https://www.thetimes.co.uk /article /lance-armstrong-a-ruinous-puncture-for-the-cyclopath-vh57w9zgjs2.

32. Joseph Burgo, "How Aggressive Narcissism Explains Lance Armstrong," the *Atlantic*, January 28, 2013, https://www.theatlantic.com /health /archive /2013 /01 /how-aggressive-narcissism-explains-lance-armstrong /272568/.

33. Will Pavia, "Up close with Hillary's aide, her husband and that sexting scandal," the *Times*, June 21, 2016, https://www.thetimes.co.uk/article/ a-ringside-seat-for-the-sexting-scandal-that-brought-down-anthony-weiner-gp9gjpsk9.

34. David DeSteno and Piercarlo Valdesolo, *Out of Character: Surprising Truths About the Liar, Cheat, Sinner (and Saint) Lurking in All of Us* (New York: Harmony, 2013). (『숨겨진 인격-우리 안에 숨은 거짓말쟁이, 사기꾼, 죄인에 관한 놀라운 진실』, 데이비드 데스테노·피에르카를로 발데솔로 지음, 이창신 옮김, 김영사, 2012)

35. 스탠리 밀그램(Stanley Milgram)의 "권위에 대한 복종" 실험을 보자. 그 실험에서 자원자들은 과학자의 지시에 따라서 자신들 생각에 치명적으로 여겨지는 전기 충격을 다른 사람에게 가하였다. 심리학자들은 실험 후 자원자들의 설문조사를 최근 분석한 결과, 많은 사람들이 과학을 돕는다는 대단한 명분, 즉 "그들 스스로 도덕적이고 선하게 행동하고 있다는 명분"으로 동기부여를 받았다고 한다. 이것은 악명 높은 짐바르도의 스탠퍼드 교도소 실험과 비슷하다. 실험에서 교도관 역할을 하기 위해 채용된 평범한 자원자들이 죄수들을 학대하기 시작하면서 이 실험은 조기에 중단되지 않을 수 없었다. 최근의 연구 결과를 보면, 학대하는 교도관 역할을 한 자원봉사자들이 자신의 나쁜 행동이 실제의 교도소 개혁의 필요성을 입증하는 데 도움이 될 것이라고 생각했다고 한다. 다시 말하면 급격한 성격의 변화로 잘못된 행위를 하는 것이 아니라, 마치 선을 행하는 착각에서 잘못된 행위를 하는 것이다.

36. Roger Simon, "John Edwards Affair Not to Remember," *Boston Herald*, November 17, 2018, https://www.bostonherald.com /2008 /08 /18 /john-edwards-affair -not-to-remember/.

37. Jeremy Whittle, "I Would Probably Dope Again, Says Lance Armstrong," the *Times*, January 27, 2015, https://www.thetimes.co.uk /article /i-would-probably-dope-again-says-lance-armstrong-j5lxcg5rtb; Matt Dickinson, "Defiant Lance Armstrong on the Attack," the *Times* (London), June 11, 2015, https://www.thetimes.co.uk / article /defiant-lance-armstrong-on-the-attack-9sgfszkzr5t; Daniel Honan, "Lance Armstrong: American Psychopath," *Big Think*, October 6, 2018, https://bigthink.com /think-tank / lance-armstrong-american-psychopath.

7장 | 어둠의 교훈

1. Arelis Hernández and Laurie McGinley, "Harvard Study Estimates

Thousands Died in Puerto Rico Because of Hurricane Maria," June 4, 2018, https:// www.washingtonpost.com /national /harvard-study-estimates-thousands-diedin-puerto-rico-due-to-hurricane-maria /2018 /05 /29 /1a82503a-6070-11e8-a4a4-c070ef53f315 story.html.

2. Kaitlan Collins, "Trump Contrasts Puerto Rico Death Toll to 'a Real Catastrophe like Katrina,'" CNN, October 3, 2017, https://edition.cnn.com/2017/10/03 /politics/trump-puerto-rico-katrina-deaths/index.html.

3. "Puerto Rico: Trump Paper Towel-Throwing 'Abominable,'" *BBC News*, October 4, 2017, http:// www.bbc.co.uk /news /world-us-canada-41504165.

4. Ben Jacob, "Trump Digs In Over Call to Soldier's Widow: 'I Didn't Say What the Congresswoman Said,'" the *Guardian*, October 18, 2017, https:// www.theguardian.com/us-news/2017/oct/18/trump-allegedly-tells-soldiers-widow-he-knew-what-he-signed-up-for.

5. Alex Daugherty, Anita Kumar, and Douglas Hanks, "In Attack on Frederica Wilson Over Trump's Call to Widow, John Kelly Gets Facts Wrong," *Miami Herald*, October 19, 2017, http:// www.miamiherald.com /news /politics-govern ment /national—politics /article179869321.html.

6. 1973년에 제정된 골드워터 규칙(Goldwater rule)은 정신과 의사 및 심리학자들이 공적 인물에 대해 이런 주장을 하는 것을 금지하고 있다. 이 규칙의 이름은 1964년 공화당 대통령 후보였던 배리 골드워터(Barry Goldwater)에서 따온 것이다. 그는《팩트》지가 2000명의 정신과 의사들을 대상으로 실시한 여론조사에서 의사들 중 절반이 자신이 공직에 "정신적으로 부적합하다"고 판단한 것을 게재한 것에 대해 고소하여 승소하였다. 하지만 트럼프 대통령 재임 기간 동안 트럼프 대통령의 성격적 위험성으로 인해서 골드워터 규칙을 위배하는 것이 정당하다고 생각하는 정신과 의사와 심리학자들이 늘었다.

7. 사이코패스와 나르시시즘 사이에는 많은 공통점이 있지만, 둘은 서로 다르기 때문에 별도로 검사해야 한다.

8. Joshua D. Miller, Courtland S. Hyatt, Jessica L. Maples-Keller, Nathan T. Carter, and Donald R. Lynam, "Psychopathy and Machiavellianism: A Distinction without a Difference?" *Journal of Personality* 85, no. 4 (2017): 439–453.

9. Jessica L. McCain, Zachary G. Borg, Ariel H. Rothenberg, Kristina M. Churillo, Paul Weiler, and W. Keith Campbell, "Personality and Selfies: Narcissism and the Dark Triad," *Computers in Human Behavior* 64 (2016): 126–133.

10. Nicholas S. Holtzman, Simine Vazire, and Matthias R. Mehl, "Sounds Like a Narcissist: Behavioral Manifestations of Narcissism in Everyday Life," *Journal of Research in Personality* 44, no. 4 (2010): 478–484.

11. Simine Vazire, Laura P. Naumann, Peter J. Rentfrow, and Samuel D. Gosling, "Portrait of a Narcissist: Manifestations of Narcissism in Physical Appearance," *Journal of Research in Personality* 42, no. 6 (2008): 1439–1447.

12. Alvaro Mailhos, Abraham P. Buunk, and Álvaro Cabana, "Signature Size Signals Sociable Dominance and Narcissism," *Journal of Research in Personality* 65 (2016): 43–51.

13. Miranda Giacomin and Nicholas O. Rule, "Eyebrows Cue Grandiose Narcissism," *Journal of Personality* 87, no. 2 (2019): 373–385.

14. Adapted from the "short dark triad" personality test available for free use at the website of Delroy Paulhus, accessed November 18, 2019, at http://www2.psych.ubc.ca/~dpaulhus /Paulhus measures/.

15. Sara Konrath, Brian P. Meier, and Brad J. Bushman, "Development and Validation of the Single Item Narcissism Scale (SINS)," *PLoS One* 9, no. 8 (2014): e103469; Sander van der Linden and Seth A. Rosenthal, "Measuring Narcissism with a Single Question? A Replication and Extension of the Single-Item Narcissism Scale (SINS)," *Personality and Individual Differences* 90 (2016): 238–241.

16. Trump: "I have one of the greatest memories of all time," YouTube, accessed January 25, 2021, at https://www.youtube.com/watch?v=wnVpGoyKfKU.

17. Mark Leibovich, "Donald Trump Is Not Going Anywhere," the *New York Times*, September 29, 2015, https://www.nytimes.com /2015 /10 /04 /magazine /donald-trump-is-not-going-anywhere.html.

18. Daniel Dale, "Trump Defends Tossing Paper Towels to Puerto Rico Hurricane Victims: Analysis," *Toronto Star*, October 8, 2017, https://www.thestar.com /news/world/2017/10/08/donald-trump-defends-paper-towels-in-puerto-rico-says-stephen-paddock-was-probably-smart-in-bizarre-tv-interview-analysis.html.

19. Lori Robertson and Robert Farley, "The Facts on Crowd Size," FactCheck.org, January 23, 2017, http:// www.factcheck.org /2017 /01 /the-facts-on-crowd-size/.

20. Harry Cockburn, "도널드 트럼프는 자신의 취임식 때 역사상 가장 많은 인파가 모였다고 방금 말했다. 하지만 여기 그것이 틀렸다는 것을 보여주는 두 장의 사진이 있다." *Independent*, January 26, 2017, http:// www.independent.co.uk /news /world /americas /donald-trump-claims-presidential-inauguration-audience-history-us-presidentwhite-house-barack-a7547141.html.

21. Trump: "I'm the least racist person anybody is going to meet," *BBC News*, January 26, 2018, https://www.bbc.co.uk /news /av /uk-42830165.

22. "Transcript: Donald Trump's Taped Comments about Women," the *New York Times*, October 8, 2016, https://www.nytimes.com /2016 /10 /08 /us /donald-trump-tape-transcript.html.

23. Emily Grijalva, Peter D. Harms, Daniel A. Newman, Blaine H. Gaddis, and R. Chris Fraley, "Narcissism and Leadership: A Meta-Analytic Review of Linear and Nonlinear Relationships," *Personnel Psychology* 68, no. 1 (2015): 1–47.

24. Chin Wei Ong, Ross Roberts, Calum A. Arthur, Tim Woodman, and Sally Akehurst, "The Leader Ship Is Sinking: A Temporal Investigation of Narcissistic Leadership," *Journal of Personality* 84, no. 2 (2016): 237–247.

25. Emanuel Jauk, Aljoscha C. Neubauer, Thomas Mairunteregger, Stephanie Pemp, Katharina P. Sieber, and John F. Rauthmann, "How Alluring Are Dark Personalities? The Dark Triad and Attractiveness in Speed Dating," *European Journal of Personality* 30, no. 2 (2016): 125–138.

26. Anna Z. Czarna, Philip Leifeld, Magdalena ´Smieja, Michael Dufner, and Peter Salovey, "Do Narcissism and Emotional Intelligence Win Us Friends? Modeling Dynamics of Peer Popularity Using Inferential Network Analysis," *Personality and Social Psychology Bulletin* 42, no. 11 (2016): 1588–1599.

27. Harry M. Wallace, C. Beth Ready, and Erin Weitenhagen, "Narcissism and Task Persistence," *Self and Identity* 8, no. 1 (2009): 78–93.

28. Barbora Nevicka, Matthijs Baas, and Femke S. Ten Velden, "The Bright Side of Threatened Narcissism: Improved Performance following Ego Threat," *Journal of Personality* 84, no. 6 (2016): 809–823.

29. Jack A. Goncalo, Francis J. Flynn, and Sharon H. Kim, "Are Two Narcissists Better Than One? The Link Between Narcissism, Perceived Creativity, and Creative Performance," *Personality and Social Psychology Bulletin* 36, no. 11(2010): 1484–1495; Yi Zhou, "Narcissism and the Art Market Performance," *European Journal of Finance* 23, no. 13 (2017): 1197–1218.

30. Ovul Sezer, Francesco Gino, and Michael I. Norton, "Humblebragging: A Distinct—and Ineffective—Self-Presentation Strategy," Harvard Business School working paper series 15-080, April 24, 2015, http:// dash.harvard. edu /handle/1/14725901.

31. Virgil Zeigler-Hill, "Discrepancies Between Implicit and Explicit Self-Esteem: Implications for Narcissism and Self-Esteem Instability," *Journal of Personality* 74, no. 1 (2006): 119–144.

32. Emanuel Jauk, Mathias Benedek, Karl Koschutnig, Gayannée Kedia, and Aljoscha C. Neubauer, "Self-Viewing Is Associated with Negative Affect Rather Than Reward in Highly Narcissistic Men: An fMRI study," *Scientific Reports* 7, no. 1 (2017): 5804.

33. Christopher N. Cascio, Sara H. Konrath, and Emily B. Falk, "Narcissists' Social Pain Seen Only in the Brain," *Social Cognitive and Affective Neuroscience* 10, no. 3 (2014): 335–341.

34. Ulrich Orth and Eva C. Luciano, "Self-Esteem, Narcissism, and Stressful Life Events: Testing for Selection and Socialization," *Journal of Personality and Social Psychology* 109, no. 4 (2015): 707.

35. Joey T. Cheng, Jessica L. Tracy, and Gregory E. Miller, "Are Narcissists Hardy or Vulnerable? The Role of Narcissism in the Production of Stress-Related

Biomarkers in Response to Emotional Distress," *Emotion* 13, no. 6 (2013): 1004.

36. Michael Wolff, *Fire and Fury: Inside the Trump White House* (London: Abacus, 2019). (『화염과 분노 – 트럼프 백악관의 내부』, 마이클 월프 지음, 장경덕 옮김, 은행나무, 2018)

37. Matthew D'Ancona, "Desperate for a Trade Deal, the Tories Are Enabling Donald Trump," the *Guardian*, January 14, 2018, https://www.theguardian.com/commentisfree/2018/jan/14/trade-deal-tories-donald-trump.

38. Ashley L. Watts, Scott O. Lilienfeld, Sarah Francis Smith, Joshua D. Miller, W. Keith Campbell, Irwin D. Waldman, Steven J. Rubenzer, and Thomas J. Faschingbauer, "The Double-Edged Sword of Grandiose Narcissism: Implications for Successful and Unsuccessful Leadership among US Presidents," *Psychological Science* 24, no. 12 (2013): 2379–2389.

39. Charles A. O'Reilly III, Bernadette Doerr, and Jennifer A. Chatman, "'See You in Court': How CEO Narcissism Increases Firms' Vulnerability to Lawsuits," *Leadership Quarterly* 29, no. 3 (2018): 365–378.

40. Eunike Wetzel, Emily Grijalva, Richard Robins, and Brent Roberts, "You're Still So Vain; Changes in Narcissism from Young Adulthood to Middle Age," *Journal of Personality and Social Psychology* 119, no. 2 (2019): 479–496.

41. Joost M. Leunissen, Constantine Sedikides, and Tim Wildschut, "Why Narcissists Are Unwilling to Apologize: The Role of Empathy and Guilt," *European Journal of Personality* 31, no. 4 (2017): 385–403.

42. Erica G. Hepper, Claire M. Hart, and Constantine Sedikides, "Moving Narcissus: Can Narcissists Be Empathic?" *Personality and Social Psychology Bulletin* 40, no. 9 (2014): 1079–1091.

43. Joshi Herrmann, "'I Wouldn't Want to Spend More Than an Hour with Him but He Was…'," *Evening Standard*, November 4, 2014, https://www.standard.co.uk/lifestyle/london-life/i-wouldn-t-want-to-spend-more-than-an-hour-withhim-but-he-was-incredibly-bright-rurik-juttings-old-9837963.html.

44. Paul Thompson, "'The evil that I've inflicted cannot be remedied…'" *Daily Mail*, November 8, 2016, https://www.dailymail.co.uk/news/article-3906170/British-banker-Rurik-Jutting-GUILTY-murder-350-000-year-trader-faces-life-jail-torturing-two-sex-workers-death-luxury-Hong-Kong-apartment.html.

45. Kevin Dutton, The Wisdom of Psychopaths (New York: Random House, 2012). (『천재의 두 얼굴, 사이코패스–내 안의 광기가 때로는 인생에 도움이 된다』, 케빈 더튼 지음, 차백만 옮김, 미래의창, 2013)

46. Hervey Milton Cleckley, *The Mask of Sanity: An Attempt to Clarify Some Issues about the So-Called Psychopathic Personality* (Ravenio Books, 1964).

47. Herrmann, "'I Wouldn't Want to Spend More Than an Hour with Him but He Was…'"

48. Ana Seara-Cardoso, Essi Viding, Rachael A. Lickley, and Catherine L. Sebastian, "Neural Responses to Others' Pain Vary with Psychopathic Traits in Healthy Adult Males," *Cognitive, Affective, and Behavioral Neuroscience* 15, no. 3 (2015): 578–588.

49. Joana B. Vieira, Fernando Ferreira-Santos, Pedro R. Almeida, Fernando Barbosa, João Marques-Teixeira, and Abigail A. Marsh, "Psychopathic Traits Are Associated with Cortical and Subcortical Volume Alterations in Healthy Individuals," *Social Cognitive and Affective Neuroscience* 10, no. 12 (2015): 1693–1704.

50. René T. Proyer, Rahel Flisch, Stefanie Tschupp, Tracey Platt, and Willibald Ruch, "How Does Psychopathy Relate to Humor and Laughter? Dispositions Toward Ridicule and Being Laughed At, the Sense of Humor, and Psychopathic Personality Traits," *International Journal of Law and Psychiatry* 35, no. 4 (2012): 263–268.

51. Scott O. Lilienfeld, Robert D. Latzman, Ashley L. Watts, Sarah F. Smith, and Kevin Dutton, "Correlates of Psychopathic Personality Traits in Everyday Life: Results from a Large Community Survey," *Frontiers in Psychology* 5 (2014): 740.

52. Verity Litten, Lynne D. Roberts, Richard K. Ladyshewsky, Emily Castell, and Robert Kane, "The Influence of Academic Discipline on Empathy and Psychopathic Personality Traits in Undergraduate Students," *Personality and Individual Differences* 123 (2018): 145–150; Anna Vedel and Dorthe K. Thomsen, "The Dark Triad Across Academic Majors," *Personality and Individual Differences* 116 (2017): 86–91.

53. Edward A. Witt, M. Brent Donnellan, and Daniel M. Blonigen, "Using Existing Self-Report Inventories to Measure the Psychopathic Personality Traits of Fearless Dominance and Impulsive Antisociality," *Journal of Research in Personality* 43, no. 6 (2009): 1006–1016.

54. Belinda Jane Board and Katarina Fritzon, "Disordered Personalities at Work," *Psychology, Crime and Law* 11, no. 1 (2005): 17–32.

55. Paul Babiak, Craig S. Neumann, and Robert D. Hare, "Corporate Psychopathy: Talking the Walk," *Behavioral Sciences and the Law* 28, no. 2 (2010): 174–193.

56. Steven Morris, "One in 25 Business Leaders May Be a Psychopath, Study Finds," *Guardian*, September 1, 2011, https://www.theguardian.com /science /2011 /sep /01 /psychopath-workplace-jobs-study.

57. Scott O. Lilienfeld, Irwin D. Waldman, Kristin Landfield, Ashley L. Watts, Steven Rubenzer, and Thomas R. Faschingbauer, "Fearless Dominance and the US Presidency: Implications of Psychopathic Personality Traits for

Successful and Unsuccessful Political Leadership," *Journal of Personality and Social Psychology* 103, no. 3 (2012): 489.

58. J. Pegrum and O. Pearce, "A Stressful Job: Are Surgeons Psychopaths?" *Bulletin of the Royal College of Surgeons of England* 97, no. 8 (2015): 331–334.

59. Anna Katinka Louise von Borries, Inge Volman, Ellen Rosalia Aloïs de Bruijn, Berend Hendrik Bulten, Robbert Jan Verkes, and Karin Roelofs, "Psychopaths Lack the Automatic Avoidance of Social Threat: Relation to Instrumental Aggression," *Psychiatry Research* 200, nos. 2–3 (2012): 761–766.

60. Joshua W. Buckholtz, Michael T. Treadway, Ronald L. Cowan, Neil D. Woodward, Stephen D. Benning, Rui Li, M. Sib Ansari, Ronald M. Baldwin, Ashley N. Schwartzman, Evan S. Shelby, et al., "Mesolimbic Dopamine Reward System Hypersensitivity in Individuals with Psychopathic Traits," *Nature Neuroscience* 13, no. 4 (2010): 419.

61. Anne Casper, Sabine Sonnentag, and Stephanie Tremmel, "Mindset Matters: The Role of Employees' Stress Mindset for Day-Specific Reactions to Workload Anticipation," *European Journal of Work and Organizational Psychology* 26, no. 6 (2017): 798–810.

62. Clive R. Boddy, "Corporate Psychopaths, Conflict, Employee Affective Well-Being and Counterproductive Work Behaviour," *Journal of Business Ethics* 121, no. 1 (2014): 107–121.

63. Tomasz Piotr Wisniewski, Liafisu Yekini, and Ayman Omar, "Psychopathic Traits of Corporate Leadership as Predictors of Future Stock Returns," SSRN 2984999 (2017).

64. Olli Vaurio, Eila Repo-Tiihonen, Hannu Kautiainen, and Jari Tiihonen, "Psychopathy and Mortality," *Journal of Forensic Sciences* 63, no. 2 (2018): 474–477.

65. Natasha Singer, "In Utah, a Local Hero Accused," the *New York Times*, June 15, 2013, http:// www.nytimes.com /2013 /06 /16 /business /in-utah-a-local-hero-accused.html.

66. Sarah Francis Smith, Scott O. Lilienfeld, Karly Coffey, and James M. Dabbs, "Are Psychopaths and Heroes Twigs off the Same Branch? Evidence from College, Community, and Presidential Samples," *Journal of Research in Personality* 47, no. 5 (2013): 634–646.

67. Arielle Baskin-Sommers, Allison M. Stuppy-Sullivan, and Joshua W. Buckholtz, "Psychopathic Individuals Exhibit but Do Not Avoid Regret during Counterfactual Decision Making," *Proceedings of the National Academy of Sciences* 113, no. 50 (2016): 14438–14443.

68. Arielle R. Baskin-Sommers, John J. Curtin, and Joseph P. Newman, "Altering the Cognitive-Affective Dysfunctions of Psychopathic and Externalizing Offender Subtypes with Cognitive Remediation," *Clinical Psychological*

Science 3, no. 1 (2015): 45–57.

69. Arielle Baskin-Sommers, "Psychopaths Have Feelings: Can They Learn How to Use Them?" *Aeon*, November 18, 2019, https://aeon.co /ideas / psychopathshave-feelings-can-they-learn-how-to-use-them.

8장 ㅣ 성격 재발명의 10가지 원칙

1. Amber Gayle Thalmayer, Gerard Saucier, John C. Flournoy, and Sanjay Srivastava, "Ethics-Relevant Values as Antecedents of Personality Change: Longitudinal Findings from the Life and Time Study," *Collabra: Psychology* 5, no. 1 (2019).

2. 이것은 5장에서 언급한 것이다. 즉 심리학자들이 "평균 이상 효과" 혹은 "워비곤 효과 (Lake Wobegon effect)"라고 부르는 현상이다. 이 가상의 마을에서는 "모든 여자들은 강하고, 모든 남자들은 잘생기고, 모든 아이들이 평균 이상이다."

3. Alice Mosch and Peter Borkenau, "Psychologically Adjusted Persons Are Less Aware of How They Are Perceived by Others," *Personality and Social Psychology Bulletin* 42, no. 7 (2016): 910–922.

4. Tasha Eurich, *Insight: The Power of Self-Awareness in a Self-Deluded World* (New York: Macmillan, 2017). (『자기통찰-어떻게 원하는 내가 될 것인가』, 타샤 유리크 지음, 김미정 옮김, 저스트북스, 2018)

5. Nathan W. Hudson, Daniel A. Briley, William J. Chopik, and Jaime Derringer, "You Have to Follow Through: Attaining Behavioral Change Goals Predicts Volitional Personality Change," *Journal of Personality and Social Psychology* 117, no. 4 (2019): 839.

6. Jeffrey A. Kottler, *Change: What Really Leads to Lasting Personal Transformation* (Oxford: Oxford University Press, 2018).

7. Phillippa Lally, Cornelia H. M. Van Jaarsveld, Henry W. W. Potts, and Jane Wardle, "How Are Habits Formed? Modelling Habit Formation in the Real World," *European Journal of Social Psychology* 40, no. 6 (2010): 998–1009.

8. James Clear, *Atomic Habits: An Easy & Proven Way to Build Good Habits & Break Bad Ones* (New York: Penguin, 2018).

9. Brent W. Roberts, "A Revised Sociogenomic Model of Personality Traits," *Journal of Personality* 86, no. 1 (2018): 23–35.

10. Richard Wiseman, 59 Seconds (London: Pan Books, 2015); Gary Small and Gigi Vorgan, *Snap! Change Your Personality in 30 Days* (West Palm Beach, FL: Humanix Books, 2018).

11. Jeffrey A. Kottler, *Change: What Really Leads to Lasting Personal Transformation* (Oxford: Oxford University Press, 2018), 63.

12. Lester Luborsky, Jacques Barber, and Louis Diguer, "The Meanings of Narratives Told during Psychotherapy: The Fruits of a New Observational Unit," *Psychotherapy Research* 2, no. 4 (1992): 277–290.

13. Kottler, *Change*, 92.

14. Alex Fradera, "When and Why Does Rudeness Sometimes Spread Round the Office?" *BPS Research Digest*, May 4, 2018, https://digest.bps.org.uk /2016 /10 /11 /when-and-why-does-rudeness-sometimes-spread-round-the-office/.

15. Joseph Chancellor, Seth Margolis, Katherine Jacobs Bao, and Sonja Lyubomirsky, "Everyday Prosociality in the Workplace: The Reinforcing Benefits of Giving, Getting, and Glimpsing," *Emotion* 18, no. 4 (2018): 507.

16. David Kushner, "Can Trauma Help You Grow?" the *New Yorker*, June 19, 2017, https://www.newyorker.com /tech /annals-of-technology /can-trauma-help-yougrow.

17. Yuanyuan An, Xu Ding, and Fang Fu, "Personality and Post-Traumatic Growth of Adolescents 42 Months after the Wenchuan Earthquake: A Mediated Model," *Frontiers in Psychology* 8 (2017): 2152; Kanako Taku and Matthew J. W. McLarnon, "Posttraumatic Growth Profiles and Their Relationships with HEXACO Personality Traits," *Personality and Individual Differences* 134 (2018): 33–42.

18. Rodica Ioana Damian, Marion Spengler, Andreea Sutu, and Brent W. Roberts, "Sixteen Going on Sixty-Six: A Longitudinal Study of Personality Stability and Change across 50 Years," *Journal of Personality and Social Psychology* 117, no. 3 (2019): 674.

19. Jessica Schleider and John Weisz, "A Single-Session Growth Mindset Intervention for Adolescent Anxiety and Depression: 9-Month Outcomes of a Randomized Trial," *Journal of Child Psychology and Psychiatry* 59, no. 2 (2018): 160–170.

20. "Anthony Joshua v Andy Ruiz: British Fighter Made 'Drastic Changes' after June Loss," *BBC Sport*, https://www.bbc.co.uk /sport /boxing /49599343.

에필로그

1. Martin Selsoe Sorensen, "Reformed Gang Leader in Denmark Is Shot Dead Leaving Book Party," the *New York Times*, November 21, 2018, https://www. nytimes .com /2018 /11 /21 /world /europe /denmark-gang-leader-book-nedim-yasar.html.

2. Marie Louise Toksvig, *Rødder: En Gangsters Udvej: Nedim Yasars Historie*(Copenhagen: People'sPress, 2018).

3. "Newsday—Former Gangster Shot Dead—as He Left His Own Book Launch—BBC Sounds," *BBC News*, November 22, 2018, https://www.bbc. co.uk /sounds/play /p06shwwm.

4. Jill Suttie, "Can You Change Your Personality?" *Greater Good*, February 20, 2017, https://greatergood.berkeley.edu /article /item /can you change your personality.

• **찾아보기**

ㄱ

가소성 ☞)유연성
감옥화 243
감정적 공감 287
개리슨 케일러 188
개방적 성향
　~의 변화 51, 91, 128, 177, 262
　~의 부정적인 변화 256, 257
　~의 의도적인 향상 307
　~의 중요성 34
　~의 특성 45-47
　건강 및 웰빙 183
　결혼과~ 78, 79
　고용과~ 77
　기본적인 심리 과정 212-215
　기분과~ 148, 149
　나와즈와~ 231, 232
　뇌손상과~ 96
　대마초와~ 168
　변화의 이유 181, 182
　사이키델릭과~ 170-172
　신경퇴행성 질환과~ 102-104
　알코올 효과와~ 157
　어두운 면의 특성 변화 304
　외상 후 성장과~ 124, 125
　이야기 정체성과~ 88
　자신감과~ 214, 262
　정신 질환과~ 112

주요 특징 25-27
투옥 243
개인적 프로젝트 분석 232, 233, 237
결혼 78-80 *구체적 특성 참조.
경계성 인격 장애(BPD) 120
경조성 성격 110, 111
고든 알포트 24
공감
　나르시시즘과~ 263-265, 271,
　　281-283
　친화성과~ 106, 183, 196, 215-217
공동체적 마음 자세(공동체적 사고방식
　수용) 283
『광기의 가면(The Mask of Sanity)』
　(허비 클렉클리) 286
교육 33, 181, 230, 236, 245, 249, 308
구원 시퀀스 87, 88
『그릿(Grit)』(더크워스) 60
글렌 월터스 241
긍정적인 스트레스 마음 자세 297

ㄴ

나르시스 265
나르시시즘 narcissism
　~에 대한 263-270
　~의 장점과 단점 271-281
　공감과~ 264, 265, 272, 281-284
　세 가지 어두운 특성 26, 259
　자기애와~ 281-284
나탈리아 시코르스카 147
"내 남편의 뇌 안에 테러리스트가 숨어
　있다"(슈나이더와 윌리엄스) 103
냉혈함 286

네딤 야사르 340
뇌 손상 92-100
니콜 키드먼 108
니콜로 마키아벨리 266
닉 야리스 239-240, 342

ㄷ

단기적 성격 변화 140-142
대마초 166-169
대마초 동기 상실 증후군 167
댄 P. 맥아담스 42, 86, 89
댄 래더 278
댄 히스 238
〈더 베리오(The Verrio)〉(베리오) 52
W. 토머스 보이스 60
데니스 릴리 136
데이브 이츠코프 102
데이비드 데스테노 254
데이비드 캐머런 230
데이비드 쿠슈너 332
도널드 J. 트럼프 264-266, 271,
    273-280, 343
도덕성 회복 요법 246
도전적인 마음 자세 273-280, 343
『동물농장』(조지 오웰) 230
두려움 없는 지배욕구 267
디온테이 와일더 136

ㄹ

라 데이비드 존슨 264, 272
라파엘 나달 30, 135
『래디컬(Radical)』(나와즈) 228-230

랜스 암스트롱 249, 250
레몬주스 인성 검사 38, 39
로널드 레이건 293
로디카 데미안 63
로렌 채프먼 110
로렌스 칼훈 122
로버트 루이스 스티븐슨 117
로버트 브라우닝 71
로버트 해리스 218
로빈 윌리엄스 100-103
로제 소더랜드 97, 98
롤프 해리스 251
루릭 저팅 285
루이 소체 치매 102, 103, 106
리처드 브랜슨 63
리처드 테데스키 122
릭 오버튼 101
린든 존슨 62

ㅁ

마리사 메이어 63
마시멜로 테스트 실험 57, 58
마야 안젤루 151
〈마이 뷰티풀 브레인(My Beautiful
    Brain)〉 97
마이클 월프 272
미이클 에보다 19
마지드 나와즈 228-233, 256
마크 라이보비치 272
마크 스나이더 142, 143
마크 에크브라드 110
마키아벨리즘 26, 259, 265-267
매우 민감한 어린이 지수 61

매튜 단코나 280
메틸렌디옥시-엔-메틸암페타민
 (MDMA)/일명 엑스타시 169
멜라니 굿윈 118
명상 훈련 216-217
모니카 벨루치 71, 72
물질 사용 155-172
 대마초 165-169
 사이키델릭 169-172
 알코올 157-161
 정신 각성제 161-165
 혈당 156
미셸 오바마 108
미켈란젤로 효과 329

ㅂ

반사회적 성격 장애 229, 248, 249
〈박물관의 밤, 무덤의 비밀(Night at the
 Museum: Secret of the Tomb)〉 101
발달적 성격 변화 53-71
 경험적 및 유전적 영향 54, 55,
 82-85
 부모의 영향 58-61
 사춘기 68-70
 유아의 기질과~ 55-58
 형제자매의 영향 62-66
 환경적 영향 66-68
뱅상 카셀 71, 72
버락 오바마 62, 129, 139
범죄자 사고 스타일의 심리학적
 목록(PICTS) 241
베네딕트 컴버비치 136
벤저민 프랭클린 320

변증법적 행동치료(DBT) 120
『변화(Change)』(제프리 코틀러) 316,
 325, 329
변화
 ~에 대한 장애 241-249
 ~의 이야기 18-22, 235-240
 교육과~ 33, 181, 230, 236, 241,
 245, 249
 나빠지다 249-259
병리학적 변화 92-128
 뇌 손상 92-100
 신경퇴행성 질환 100-107
 정신 질환 107-115
 트라우마 115-128
보 바이든 130
부모 80, 81
브라이언 리틀 136, 232
브라이언 윌슨 168
브래드 피트 71
〈브레이킹 배드(Breaking Bad)〉 251
브렌트 로버츠 63, 200, 341, 345
브루스 엘리스 60
〈브리짓 존스의 일기(Bridget Jones's
 Diary)〉 78
빅5 성격 특성
 ~의 변화 185-188
 ~의 유연성 125, 126, 131, 179,
 180, 189, 323, 324, 336,
 341, 342
 단기적 변동성 138, 139
 세 가지 어두운 특성 25, 26, 259,
 265, 266, 284
 퀴즈 40-49 *구체적 특성 참조.
빌 클린턴 62, 250

ㅅ

사별 81, 82
사이민 바지르 30
사이코패스
　~의 특성 284-292
　~의 형태 289-301
　반사회적 성격 장애와~ 229, 246,
　　248
　성공과~ 298-301
　신경증적 성향과~ 267, 287, 295
　어두운 세 가지 성격 특성 26, 259,
　　265
　외향성과~ 267, 294, 295
　주요 특징 267
『사이코패스의 지혜(Wisdom of
　Psychopaths)』(케빈 더튼) 286, 294
사이키델릭 165-172
사회적 투자 이론 53
사회적 지지 327-339
삶의 사건들 71-89
　경험적 영향과~ 53-55, 82-85
　고용 74-77
　부모 79, 80
　사별 81, 82
　이야기 정체성과~ 85-89
　이혼 73-75
　파트너링 / 결혼 78, 79
상황 선택 전략 151-155
『새로 태어나다(Reborn on the Run)』
　(코베트) 235
선택적 세로토닌 재흡수 억제제(SSRIs)
　113
성격

~의 개념 23-31
~의 레몬주스 인성 검사 38-39
~의 유연성 125, 131, 179-180,
　189, 295, 337, 341, 342
~의 중요성 31-34
빅5 퀴즈 40-49
생물학과~ 26-28
주요 특징 24-26
성격 변화
　~의 심리학 37, 52-55, 131, 132
　~의 원칙 189-194
　~의 형성 35
　기원 이야기와~ 55-58
　단기간 138-141
　변화 이야기들 18-22, 235-240
　질병과 손상과~ 85
　cf. 삶의 사건들; 병리학적 변화;
　　성격 형성; 변화 참조.
성격 신화 30
성격 심리학 38, 131-137
성격의 최적화
　~에 대한 원칙 305-338
　목적 307-309
　사회적 지원 327-330
　자기친절 333-335
　자기평가 310-312
　지속성 316-320
　진행률 추적 320-323
　철학의 변화 189-195, 336-338
　행동하기 313-316
　현실주의 323-327
　회복력 330-333
성격 형성
　~에 대한 이유 180-189

가소성과~ 126, 179-181
개방성 늘리기 212-215
성실성 끌어올리기 206-211
신경증 낮추기 197-205
실행 가능한 단계 49-51, 90, 91,
　126-128, 175-178, 260-262,
　302-304
외향성 늘리기 220-224
의도적 변화 원칙 189-194,
　336-338
인지적 및 생리적 과정 195-197
진정성과~ 225-227
친화성 늘리기 215-219
성실한 성향
　~의 변화 50, 90, 127, 176, 261
　~의 의도적인 향상 307
　~의 중요성 31-33
　건강 및 웰빙 183
　결혼 78, 79
　고용 74-77
　공격성과 성실성 191
　기본적인 심리 과정 206-212
　기분과~ 148, 149
　기원 이야기와~ 57, 58
　나와즈와~ 232
　뇌손상과~ 94-96
　대마초 167
　마키아벨리즘과~ 267
　변화의 이유 181, 182
　부모와~ 81
　부모의 영향 59, 60
　사이코패스와~ 267
　사회적 역할과~ 54
　사회적 접촉과~ 173

신경퇴행성 질환과~ 103
알코올 효과와~ 156, 157
어두운 면의 특성 변화 303
외상 후 성장 122
의지력과~ 25, 60, 127, 208, 209,
　211, 212, 252
정신 각성제와~ 162
정신 질환 109, 112
주요 특징 25-27, 47-49
코베트와~ 28, 237
투옥 243
세 가지 어두운 특성 26, 259, 267-270,
　280, 284
셰릴 샌드버그 62
소셜 미디어 174
수전 슈나이더 101, 103
수전 스토너 169
수전 케인 225
『순간의 힘(The Power of Moments)』
　(히스) 238
스콧 릴리언펠트 119, 293
스콧 배리 카우프만 124
스탠퍼드 교도소 실험 132
〈스트레스가 심한 직업: 외과의는 사이코
　패스인가?〉 294
스티브 린 119
스티븐 갠지스타드 144
시어도어 루스벨트 293
신경증적 성향
　~의 변화 49, 90, 126, 175, 176, 260
　~의 중요성 32
　~의 특성 43, 44
　건강 및 웰빙 182
　결혼과~ 78, 79

기본적인 심리 과정 197-206
기분과~ 148
뇌손상과~ 95-97
대마초와~ 168, 169
변화의 이유 181, 182
부모의 영향 60
불안정과~ 138
사별과~ 82
사이코패스와~ 267, 287, 295
사이키델릭과~ 168-172
사회적 접촉과~ 173
신경퇴행성 질환과~ 103
어두운 면의 특성 변화 302
오염 시퀀스와~ 88
외상 후 성장과~ 122
인지행동치료 114, 115, 200, 201
정서적 안정성과~ 70, 125, 131,
    187, 237
정신 각성제와~ 162, 163
정신 질환과~ 108, 109, 112, 113
주요 특징 24, 25, 27
코베트와~ 236
행복과~ 33, 34
신경증적 악순환 204
신경퇴행성 질환 103
    *구체적 특성 참조.
실로시빈 169
『13의 공포(Fear of 13)』(야리스)
    239

ㅇ

아리엘 배스킨-소머스 301
아요툰데 오바누비 228

『아웃 오브 캐릭터(Out of Character)』
    (데스테노, 발데솔로) 254
안데르 폴머 부헬트 340
안젤리나 졸리 71
알렉스 프라데라 329
알츠하이머병 103
알코올 cf)물질 사용
앙겔라 메르켈 62
앤디 스페이드 108
앤서니 와이너 250
앤서니 올루와페미 올라세니
    조슈아(페미) 18, 19, 342
앤절라 더크워스 60
『앨리게이터 캔디(Alligator Candy)』
    (데이비드 쿠슈너) 332
앨리스 위렌더 92, 96
앨리슨 고프닉 58
에드 후세인 231
에마뉘엘 마크롱 62
H-요인 265
엘리엇 스피처 254
엘리자베스 배럿 브라우닝 71
LSD(acid) 169
엠마 도슨 81
엠마 스톤 20, 21, 342
〈오버보드(Overboard)〉 98
오염 시퀀스 87, 88
OJ 심슨 251
올리버 존 39
올리버 캄 115
〈왕좌의 게임(Game of Thrones)〉 154
외상 후 성장 122, 124, 125
외향적 성향
    ~의 변화 50, 90, 127, 176, 260

~의 부정적인 변화 256, 257
~의 의도적인 향상 306, 307
~의 특성 41-43
건강 및 웰빙 183
결혼과~ 78
기본적인 심리 과정 220-224
기분과~ 148, 149
나르시시즘과~ 267, 275-277
나와즈와~ 232
낙관과~ 222, 223
변화의 이유 181, 182
부모와~ 81
사별과~ 82
사이코패스와~ 266, 267, 294, 295
사회적 접촉과~ 173
신경퇴행성 질환과~ 103, 104
알코올 효과와~ 156, 157, 161
어두운 면의 특성 변화 302, 303
이혼과~ 72, 73
인지행동치료 114, 115
정신 각성제와~ 162
정신 질환과~ 108, 109, 112, 113
주요 특징 24, 25, 32
코베트와~ 236, 237
투옥과~ 243
행복과~ 33, 34
회복력과~ 137-139
요르겐 랍소브 341
우리의 소녀들을 돌려달라는 운동 136
워비곤 호수 효과 188
월터 미셸 57, 132
월터 화이트 251
위협적인 마음 자세 296, 297
윌리엄 제임스 28, 314, 319

윌리엄 태프트 293
유도적 추론 213
유연성 125, 131, 179, 180, 189, 295,
    337, 341, 342
의도적 변화 원칙 189-194, 336-338
의지력 60, 90, 191, 208, 209, 211-213
〈이브의 세 얼굴(The Three Faces of
    Eve)〉 119
이야기 정체성 86-89
이혼 71-74
인비저빌리아(Invisibilia) 21
인생 이야기 쓰기 연습 86-89
인지 재활 훈련 301
인지적 공감 287
인지적 자아 변화 개입 245
인지행동치료(CBT) 114, 115, 200,
    201, 246, 247
일론 머스크 63
임상적 우울증 109

ㅈ

자기 관찰 142-146
자기중심적 충동성 286
자기친절 333-335
『자기통찰(Insight)』(타샤 유리크)
    86, 88, 137, 312
자기평가 310-312
자신감 213, 262
자히누르 이스마일 105
작업 기억 능력 198
잭 부시 245
잭 윌리엄스 102
전두엽 증후군 95-97, 99

전두측두엽 치매 106
정서적 안정성 70, 125, 131, 187, 237
정서적 예측 153
정서적 존재 149, 153
정신 각성제 161-165
정신 질환 107-114
정신적 대조 306
제러미 존슨 300
제임스 건 279
제임스 립튼 100
제임스 클리어 320
제임스 팔로우스 131
제프 베이조스 63
제프리 코틀러 316, 325, 328, 329
조셉 파커 135
조울병 110-112
조지 W. 부시 62, 230, 281, 293
조지프 바이든 130
존 에드워즈 250, 259
존 켈리 264
존 할로 94
존 케네디 293
지미 사빌 251
지미 카터 62
지속성 316-320
『지킬 박사와 하이드 씨』(스티븐슨) 117
진정성 225-227
진행률 추적 320-323

ㅊ

찰리 와츠 167
체리 민스 101
『친절 접근법(The Kindness Approach)』

(닉 야리스) 240
친화적 성향
  ~의 변화 50, 91, 128, 177, 261
  ~의 부정적인 변화 256, 257
  ~의 의도적인 향상 307
  ~의 적합성 140
  ~의 정의 44, 45
  건강 및 웰빙 183
  결혼과~ 78, 79
  경험 형성 83-85
  고용 75
  공감 106, 177, 196, 216-219, 303
  공격성과~ 191
  기본적인 심리 과정 215-220
  기분과~ 148, 149
  나르시시즘과~ 266, 267, 275-277,
    283
  나와즈와~ 231, 232
  뇌손상과~ 95, 96
  마키아벨리즘과~ 267
  변화의 이유 181
  사이코패스와~ 267
  사이키델릭과~ 170-172
  신경퇴행성 질환과~ 104-106
  알코올 효과와~ 157
  어두운 면의 특성 변화 303
  외상 후 성장과~ 125
  이야기 정체성과~ 88
  이혼과~ 73
  정신 질환과~ 112
  주요 특징 26, 27, 32
  투옥과~ 243
  형제자매의 영향 65
칩 히스 238

ㅋ

카르멘 율린 크루즈 264
카페인 cf)정신 각성제
카페인에 기인한 불안 장애 164, 165
캐롤 드웩 191, 337
캐트라 코베트 235-237, 342
캠브리지-소머빌 청소년 연구 246
케네스 월시 131
케빈 더튼 286, 287, 297
케빈 레만 62
케이트 스페이드 108
케타민 169
코르티솔 27
『콰이어트(Quiet)』(케인) 225
퀼리암 230-232
크리스 코스트너 시즈모어 118
크리스토퍼 보이스 75
크리스토퍼 소토 39

ㅌ

〈타라의 미국(United States of Tara)〉
   116
타샤 유리크 86, 88, 137, 312
타이거 우즈 19, 258
터닝 리프 프로젝트(Turning Leaf Project)
   247
테리사 메이 342
토니 콜레트 117
톰 하디 76
투옥 243
트라우마 115, 116

ㅍ

패트릭 말버러 109
〈펫 사운즈(Pet Sounds)〉(윌슨의 앨범)
   168
폴 바비악 293
폴 브룩스 96
『폼페이(Pompeii: A Novel)』(로버트
   해리스) 218
표현형 유연성 324
프랭클린 루스벨트 293
플로렌스 오조 137
피니어스 게이지 94, 95
피어스 모건 273
피에르카를로 발데솔로 254
〈필라델피아(Philadelphia)〉 150
필립 라킨 58
필립 짐바르도 132

ㅎ

한스 아이젠크 38
해리 트루먼 62
해리 허트 280
해리성 정체성 장애(DID) 116-119
행동
   ~에 대한 사회적 영향 139-142
   ~의 설명 129-137
   기분과~ 146-150
   불안정성 대 적응성 137-139
   상황 선택 전략 151-155
   소셜 네트워크와~ 173-175
허비 클렉클리 286
헨리 오드버트 24

현실주의 323-327
『화염과 분노(Fire and Fury)』(월프) 273
회복력 137-139, 330-333

최고 버전의 나를 찾아라
── 성격 재발명의 10가지 원칙

초판 1쇄 발행 2022년 3월 21일

지은이 크리스천 재럿
옮긴이 이성동
펴낸이 최윤영 외 1인
펴낸곳 책봇에디스코
편집주간 박혜선
표지 디자인 허희향 eyyy.design

출판등록 2020년 7월 22일 제 2020-000116호
전화 02-6353-1517 | 팩스 02-6353-1518
이메일 ediscobook@gmail.com
인스타그램 instagram.com/edisco_books
블로그 blog.naver.com/ediscobook
페이스북 facebook.com/ediscobook.1

ISBN 979-11-971270-7-6 03180